河北省社会科学基金项目“余家菊国家主义教育学研究”（HB17JY018）成果

河北大学教育学院教育学一级学科建设经费资助出版

余家菊

国家主义教育学研究

吴洪成　闫倩　等著

中国社会科学出版社

图书在版编目（CIP）数据

余家菊国家主义教育学研究 / 吴洪成等著. —北京：中国社会科学出版社，2022. 3

ISBN 978 -7 -5203 -9989 -0

Ⅰ. ①余… Ⅱ. ①吴… Ⅲ. ①教育学派—研究—中国—民国
Ⅳ. ①G40 -02

中国版本图书馆 CIP 数据核字（2022）第 056247 号

出 版 人　赵剑英
责任编辑　周晓慧
责任校对　刘　念
责任印制　戴　宽

出　　版　中国社会科学出版社
社　　址　北京鼓楼西大街甲 158 号
邮　　编　100720
网　　址　http://www.csspw.cn
发 行 部　010 -84083685
门 市 部　010 -84029450
经　　销　新华书店及其他书店

印刷装订　北京君升印刷有限公司
版　　次　2022 年 3 月第 1 版
印　　次　2022 年 3 月第 1 次印刷

开　　本　710 × 1000　1/16
印　　张　18
插　　页　2
字　　数　278 千字
定　　价　99.00 元

凡购买中国社会科学出版社图书，如有质量问题请与本社营销中心联系调换
电话：010 -84083683

序

本书是河北省社会科学基金规划项目研究成果，主要探讨现代教育家余家菊的国家主义教育学理论和思想主张，以弥补学界对该领域研究的薄弱和不足。

余家菊生活在清末民国时期，此期发生的重大历史事变和教育风潮都成为他生命历程中的重要部分。新旧变革、社会转型以及思想矛盾和抗争在他身上留下了深深的烙印。相对于激进的民族主义者、社会革命论者以及马克思主义理论家而言，余家菊显示出中庸、平和、折中乃至于某种程度的保守、学术专业型思想家本色。他所加入的社会团体——中国青年党、国家主义派，以及其所宣传的国家主义教育学恰流行于五四新文化运动前后，正值20世纪20年代末30年代初南京国民政府重组和巩固统治的特殊历史时期。这些团体及其所开展活动的相当部分与北伐战争和共产党领导的农村工农武装割据政权及革命根据地建设并不协调一致，所以作为现代中国思想家和教育家的余家菊，长期被人们忽视，在中国现代教育家谱系中被边缘化了。对特殊社会历史背景下所出现的这种人物形象地位的差异性评价是自然的，也是可以理解的。

中国共产党成立迄今已经有100年历史了。中国的社会主义制度已经巩固，小康社会阶段目标得以实现，人类命运共同体和“一带一路”倡议正在不断推进。党的集中领导和国家的统一管理成为国家社会制度优越性的突出特征。在这种新的形势下，余家菊的教育理论内容，尤其是国家主义教育学的许多观点和理性思考，就有了新时代的特定价值。这就为重新梳理和探讨现代著名教育家余家菊国家主义教育学的理论和思想方法提供了合理空间及时代契机。本书的研究和撰写工作正是在这样的背景下展开的。

余家菊出身和成长在中国号称荆楚大地、千湖之省、九省通衢的中南部省份湖北省。在这里，长江与汉江以及众多的河道交织形成江汉平原，江汉平原拥有古老的文明和厚重的儒学思想积淀。同时，便利的长江航运系统，为输入西方文化和思想观念提供了便利条件。这就使得余家菊一方面受儒学思想文化的熏陶，坚持捍卫本土文化和国家民族的地位；另一方面又使其勇于接受西方思想文化和科学以及新社会思潮。近现代中西文化思想的交汇有矛盾、抗争，也有融合、吸收，这在不同的人物身上表现出差异。余家菊的思想体系就反映了这种特殊的印迹，但主要是融合与互补。典型的例证表现在他的国家主义教育学建构中，一方面出于捍卫国家教育主权的需要，他极力主张收回教育权，反对帝国主义的文化侵略；但另一方面，他又对西方的教育制度和思想流派持吸收和借鉴的包容态度。甚至在他的理论学说中，西方的科学、民主、理性和工具应用特色与中国教育的国家民族化、本土性以及乡俗道德的传统保留、儒学文化的现代重构，是不相违背的。它们之间可以相安无事，同台演出，而且声情并茂。

从教育学理论上分析，余家菊的国家主义教育学具有抵御西方自由主义、个性主义以及实用主义教育学偏向学生、兴趣、活动以及本位管理等放任自流、缺乏引导的教育偏颇；它强调群体社会、控制管理、方向引导的有目的、有计划的教育规范性以及国家社会与教育彼此的互动性。也许，余家菊过于偏重教育的工具性和社会性取向，但这无疑是对教育消极、随意、学生自我的一种矫枉过正，在当时中国风行美国式教育理论的时代背景下，不失为一种清醒和有理性的选择。即使在今天，在过分宣扬教育主体、学生自我和个性放任自流的氛围下，国家主义教育学派的思想主张同样也是有意义的。

当然，余家菊是现代中国教育史上一个较为复杂和有着不同争议的思想家。但经过细细的考察和客观的审视，就会发现他的人生活动重心在教育，尤其是在大学任职和期刊编辑行业。人才培养、教育科学研究和思想文化传媒活动成为他的主要职业。在教育学的众多领域，如中国教育史、比较教育、教育学理论、师范教育、乡村教育以及学科课程与教学方法等领域撰写了一系列论著，成果十分丰富，并在教育学界产生了深远影响。教育学无疑是带有很强的专业性和科学性的学科，教育虽然与政治经济文化形成互动的复杂联系，但同时还具有自身的内在规律性以及教育活动自身的相对独立性，不能完全从社会政治或其他领域来代替教育领域的贡献和学术专业的价值。正是从这个意义上说，余家菊的国家主义教育学是值得我们进行思考和探究的。

余家菊的国家主义教育学理论既是历史的存在，也是现实的可资借鉴的资源。本书作为一次尝试性的探索，能够起到抛砖引玉，发挥教育学术研究和现实教育参考的作用，将是我们的愿景所在。

吴洪成

2021 年 7 月 10 日于保定古城河北大学教育学院

目　录

第一章

余家菊国家主义教育学产生的历史场域

国家主义产生于18世纪的欧洲，是现代世界范围内重要的社会思潮之一。国家主义思潮包括经济、政治、文化、教育等各方面。国家主义教育思潮是国家主义思潮的组成部分，是近代社会变革、民族国家自我意识觉醒的产物。国家主义教育思潮的基本主张在于教育的发展以国家为本位，教育与一国政治、经济、文化相交融，并为其服务。教育主权在国家，教育要由国家兴办，教育经费、教育管理的责任由国家统一承担；教育的功用是为国家培养国民的爱国情怀，以文化底蕴积淀民族凝聚力；教育的目的在于谋求强国固本，对外保卫国家主权安全，延系国脉；对内则维系社会安定，推动社会进步。

国家主义教育思潮在19世纪中后期广泛流传于欧美国家，在清末民初传入中国。中国传统儒家文化“建国君民，教学为先”以及“忠孝仁义”等思想具有朴素的国家主义教育因素，为其孕育了发展的土壤。鸦片战争后，中国社会矛盾日益加剧，国家到了生死存亡之际，各派爱国人士纷纷建言献策，以期挽救国家危亡于水火之中。梁启超认识到教育在国家生存与发展中的重要性，他在其《学校总论》中即指出“亡而存之，废而举之，愚而智之，弱而强之，条理万端，皆归本于学校”①。据此提出其教育救国思想。到20世纪二三十年代国家主义教育思潮达到顶峰，在抵御列强侵略，抑制军阀独裁，维护国家独立与统一，收回教育权等方面起到了一定的积极作用，并形成了以曾琦、李璜、余家菊等为代表的国家主义派，

① 梁启超：《学校总论》，载舒新城《中国近代教育史资料》（下），人民教育出版社1961年版，第932页。

而该流派在教育学领域的代表当推现代教育家余家菊。

余家菊认为，国家主义教育之“真髓”在于：教育应由国家办理或监督；教育应保卫国权，奠定国基，发扬国风，鼓铸国魂，融洽民情。[①]中国的教育目标应集中于服务精神、民治态度和科学精神：“吾人欲改造学风，转移民习，今后教育宗旨第一标的，当为服务精神之培养；欲遏今日之乱源而培成未来之生机，则中国的教育目标，第二当为民治态度之发扬；第三当为科学精神之鼓铸。”[②] 也就是说，教育“第一标的”要使人有利他心，投桃报李，自爱沉稳而后爱人，这与墨子的“兼爱”思想有异曲同工之妙；“第二标的”则需要为自己的政治理想而奋斗，正如孔子所言：“三军可夺帅也，匹夫不可夺志也。”对待异己，要持尊重宽容态度，且要形成有组织、有纪律的团体概念，切勿以一人之志凌驾于大众之上。“第三标的”需要持正本心，以科学的态度求是。

第一节　西方国家主义教育思潮的兴起及其在中国的传播

近现代科学教育学的创建开始于17世纪捷克教育家夸美纽斯（Jan Amos Komensky，1592—1670），以国家办学为主体，降低教会办学比重这一理念则源于马丁·路德（Martin Luther，1483—1546）宗教改革运动所倡导的“信仰得救”和世俗国民教育。西方的国家主义教育学属近现代教育学的分支流派，各国甚至西化的日本均有支脉学派。现今中国教育主要学习、仿效、引进以及实验西方教育学及其指引下的学制，自然包括国家主义教育学。

一　西方国家主义教育思潮产生的社会背景

18世纪，随着农业、手工业技术进步和商品经济的发展，欧洲由封建专制社会向资本主义社会转型，欧洲各国的资产阶级革命频发。英国早在

① 余家菊：《国家主义下之教育行政》，载《余家菊（景陶）先生教育论文集》（上），慧炬出版社1997年版，第363—364页。

② 余家菊：《教育原论》，大陆书局1933年版，第31—36页。

17 世纪就完成了资产阶级革命，确立了君主立宪制，走上了资本主义道路，并在 17 世纪下半叶，点亮了启蒙运动的火种。1764 年，哈格里夫斯（James Hargreaves，1721—1778）发明“珍妮纺纱机”，标志着西方工业革命的开始，由此英国大踏步地走在世界前列。在 18 世纪的法国，随着资产阶级财富的积累，阶级矛盾日益加剧，由于不满于天主教会和王权贵族统治，代表资产阶级利益的启蒙运动蓬勃发展起来，以伏尔泰（François-Marie Arouet，1694—1778）、孟德斯鸠（Baron de Montesquieu，1689—1755）、卢梭（Jean-Jacques Rousseau，1712—1778）与狄德罗（Denis Diderot，1713—1784）等为代表，宣扬民主、自由、平等、理性等思想学说。1789 年，法国大革命爆发，结束了 1000 多年的封建统治，开始了资本主义确立和发展时期。同一时期的德意志正处于严重的封建割据状态，由众多分裂的邦国组成，经济落后，但受马丁·路德宗教改革思想的影响，各邦先后颁布有关国家办学和普及义务教育的法令。

从 17 世纪到 18 世纪上半叶，英国殖民者在北美洲逐渐建立殖民统治。随着社会矛盾的不断加剧，美国独立战争最终爆发，1776 年《独立宣言》发表，标志着摆脱西欧殖民统治的美利坚合众国的诞生。在这种背景下，如何稳固政权、维护新的国家政权统治成为美国新的历史需要。

日本是一个后起而勃发的资本主义工业化国家。近代以来，和中国同样闭关锁国的日本在 19 世纪中期处于德川幕府时代，1853 年，西方的炮舰逐渐打开了日本国门，让日本了解到世界资本主义经济的腾飞及军事实力，以及日本与欧美列强的巨大差距。差不多同时与中国面临相类似的亡国灭种的民族危机的日本，在近代思想家、教育家福泽谕吉（ふくざわゆきち，1835—1901）“文明开化”“脱亚入欧”思想的引导下，迅速展开了与古代仿效唐代制度文化不同取向的明治维新西化运动，走上了全面向西方学习的道路，使日本快速跻身于资本主义列强行列。日本的国家主义思想适应了现实需要，助长了日本的野心，为之后的军国主义、法西斯主义埋下了伏笔。

中国近现代以余家菊为代表的国家主义教育学是在吸收、借鉴欧美、日本，尤其是德国的民族主义思想的基础上产生的。

二　西方各国及日本国家主义教育思想述要

西方的国家主义教育思想因素可以追溯到古希腊、罗马时期。前 8

世纪至前6世纪，古希腊城邦制开始形成，其中有代表性的城邦是以奴隶制农业贵族专制政体为特征的斯巴达和以奴隶制工商业民主政体为特征的雅典。斯巴达的国家统一军事化教育与雅典的民主制和谐发展教育模式共同规范、影响了西方教育的进程及内容。更多地体现着斯巴达教育图景或教育活动的思想家、哲学家柏拉图（Platon，前427—前347年）在其哲学名著《理想国》中设计了具有公民教育、卫国者教育、哲学家教育等国家主义观念及精神的学说主张。古罗马帝国时期（前30—476年）建立的国家教育行政管理制度体现了国家主导教育的发展，教育为国家统治服务的思想。为此，国家鼓励兴办学校，并在各地区设立公立学校；把许多私立文法学校和修辞学校改为国立公办；由学校培养国家各级官吏，以及忠于帝国的顺民；规定各城市文法教师和修辞教师的数额，并由国家支付教师薪金，给予教师免服兵役、免税等特权。

上述典型案例蔚为西方古代国家主义教育的重要资源，成为西方近现代民族国家主义教育开创的渊源及生存的土壤。

（一）德国的国家主义教育思想

国家主义起源于18世纪，兴盛于19世纪，是一种民族主义的社会思潮。18世纪以前，在欧洲的许多国家里，教会被认为是当然的教育管理者，各级教育掌握在教会手中，政府无权过问教育。随着现代民族国家制度的建立，国家逐渐在人民生活中发挥着越来越重要的作用。具体表现为政治、经济文化、教育等活动日益受到国家管理，教会的领导权力慢慢交付到国家手中，欧洲国家城市工商业经济发展对学校教育提出新的要求，促使人们注意民众的教育以及国家办理教育的问题。各个国家先后采用不同的方式从教会手中夺取学校教育的领导权。

针对当时社会上存在大批生活贫困且愚昧无知的人的现实，许多社会人士呼吁采取改革的措施来保证国民教育的实施，并寄希望于国家政府去解决国民教育的问题。因此，出现了学校教育领导权从教会向国家转移的趋势，国家在教育上的作用日益加强。国家主义教育思想逐渐在欧洲大陆兴起。最具代表性的是德国费希特（Johann Gottlieb Fichte，1762—1814）的国家主义教育思想，同时，他的思想在后来为余家菊国家主义教育学的形成发挥了奠基作用。

费希特生于德国动荡的年代，但是他希望用教育的力量挽救处于危难中的国家。1807 年 8 月，费希特开始着手建立柏林大学，同时制定了《在柏林建立一个高等教育机构的设想计划》。这一年的冬季，他慷慨激昂地作了题为“告德意志国民”的一系列演讲，内容涉及德意志民族的历史及在政治、宗教及文艺领域所取得的成就。在演讲过程中，他的国家主义教育思想得到阐述，同时也在民众中激起了强烈的国家主义情感。他主张每个公民都应该忠于自己的国家，为国家做贡献。“所谓民族，乃是一个神圣的道德组织，而为各分子真我的表现，精神生活的源泉和安身立命的所在地。一个人要想实现自我，满足精神的要求，获得生生不已之道，只有尽忠于他的民族和祖国，使之屹立于宇宙间”“忠爱祖国乃是一种神圣的宗教生活”[①]。一个民族的振兴，关键在于民族性的自觉、恢复和发展。由于国家被占领，德意志民族本身所具有的强大的民族复兴力量未能发挥出来，因此光大自己的民族文化，发展自己的民族性，实为复兴德意志民族的根本要途。

费希特认为，教育是维护民族独立与国家统一安定的手段，只有通过教育，才能唤醒人们的民族认同感和自豪感，引导国民爱他人、爱社会、爱祖国。他在关于对德意志民族的演讲中即对教育的功用大为肯定：“能够拯救德意志的独立性的，绝对仅仅是教育，而不是其他可能拥有的手段。”[②] 只有教育可以力挽狂澜地拯救德意志民族的生存和延续。由此，受裴斯泰洛齐（Johan Heinrich Pestalozzi，1746—1827）“母爱教育”和“要素教育论”思想的影响，费希特提出教育要培养人完善的德行，要使理性的精神深入人心，对公民的德智体美等各个方面进行教育，以实现人的全面发展。教育应由国家主导，国家应普及教育，“把新的教养施给一切德意志人，以致这种教养不是成为一个特殊阶层的教养，而是不折不扣地成为这个民族本身的教养，并且毫无例外地成为它的一切单

---

① 贺麟：《德国三大哲人歌德、黑格尔、费希特的爱国主义》，商务印书馆 1989 年版，第 42 页。

② ［德］费希特：《对德意志民族的演讲》，梁志学、沈真、李理译，商务印书馆 2010 年版，第 141 页。

个成员的教养”[①]。只有点燃每一位公民的爱国星火，整个社会才能形成燎原之势，发挥 1 + 1 > 2 的结构功能作用，才有望实现民族独立与国家富强。但费希特国家主义教育思想也有过分夸大日耳曼民族优越性的倾向。

黑格尔（Georg Wilhelm Friedrich Hegel，1770—1831）受康德（Immanuel Kant，1724—1804）和费希特古典哲学的影响，提出其国家主义教育命题。国家是每一个个体普遍意志的理性结合，是“实体性意志的现实”，国家“这个实体性的统一是绝对的不受推动的自身目的，在这个自身目的中自由达到它的最高权力。正如这个最终目的对单个人具有最高权力一样，成为国家成员是单个人的最高义务。个人本身只有成为国家成员才具有客观性、真理性和伦理性”[②]。

赫尔巴特（Johann Friedrich Herbart，1776—1841）师从费希特研习哲学，是西方继夸美纽斯以后又一位近代科学教育学的奠基者，是近代传统教育派教育学家。由于当时心理学还没有从哲学中分离出来，其教育心理学化、统觉论等思想不免受到德国古典哲学的影响，具有强烈的哲学思辨特征。赫尔巴特把伦理学和心理学作为教育学的理论基础。他深受启蒙时代思想的熏陶，将伦理学的社会需要与人的个性发展结合起来，通过设置广泛的课程来促进人的多方面发展，提出较完整的教育学思想体系，是德国国家主义教育思想的发展。此后，德国教育家凯兴斯泰纳（Georg Kerschensteiner，1854—1932）提出的公民教育和劳作学校理论，更是沿此思想轨迹向教育内容和学制方面前行，明显反映出国家主义教育的实践倾向。

因为德国非常重视教育，进行国民教育，把国民教育权控制在国家政府手中，所以德国，确切地说是普鲁士，成了世界上最早实行世俗性义务教育和最早从教会手中收回教育权的国家。[③]

---

① ［德］费希特：《对德意志民族的演讲》，梁志学、沈真、李理译，商务印书馆 2010 年版，第 21 页。

② ［德］黑格尔：《法哲学原理》，范扬、张企泰译，商务印书馆 1961 年版，第 253—254 页。

③ 张斌贤、褚洪启：《西方教育思想史》，四川教育出版社 1994 年版，第 444 页。

（二）法国的国家主义教育思想

十七八世纪的法国还是具有浓厚封建专制性的国家。此期法国的教育状况如下：天主教会主要掌管教育；势力弱小的基督教派、新教派在初等教育上参与涉足；作为社会中下层民众子弟受教育的机构，慈善学校错落地点缀其间。1789 年，法国爆发资产阶级大革命，推翻了封建专制制度，建立资产阶级民主共和政权。随着资产阶级力量不断壮大，统治者相继颁布了《塔列兰教育方案》《康多塞教育方案》《雷佩尔提教育方案》。其教育理念——“由国家建立教育制度、普及教育、使教育世俗化和科学化”成为时代强音，传播弥远，深入人心。同时，在资产阶级启蒙运动展开的世纪，法国的一些启蒙思想家和学者强烈抨击教会控制的教育，拉夏洛泰（La Chalotais，Louis Ren de Caradeuc de，1701—1785）、狄德罗（Denis Diderot，1713—1784）、爱尔维修（Claude Adrien Helvétius，1715—1771）、孔多塞（Marie Jean Antoine Condorcet，1743—1794）、罗兰（Jean-Marie Roland de La Platière，1734—1793）和塔列朗（Prince de Talleyrand，1754—1838）等，纷纷主张建立国家教育制度，提出较为完整的国家主义教育学说，一时间形成了国家主义教育思潮。

拉夏洛泰是 18 世纪中期法国启蒙思想家和教育家，他大力抨击法国天主教耶稣会教育对国家、社会和公民的束缚和控制。他曾两次为高等法院草拟关于《耶稣会规程》的报告，以大量事实揭露耶稣会奉行的教皇至上主义，说明它的全部权力都在罗马而不在法国，它的所作所为都是按教皇的训谕、敕令、信函进行的。拉夏洛泰认为，必须解散耶稣会教团，使它的每个成员都变成服从自己国家法律的普通公民。

1763 年，拉夏洛泰《论国民教育》一书问世，该书认为，教育是为国家培养公民：“每个国家的教育目的都应该是激发公民精神；而对我国来说，教育的目的应是培养法国人，是为了形成法国人，努力将他们造就成人。”[①] 真正的教育应该促进人的思想解放，使人在理解和遵守社会规则的基础上发挥创造力。拉夏洛泰主张由国家管理教育。国家管理本国的教育是天经地义的事，通过制定符合时代需要的课程，向公民教授

---

① ［法］拉夏洛泰：《论国民教育》，载任钟印主编《世界教育名著通览》，湖北教育出版社 1994 年版，第 421 页。

丰富的科学文化知识、提高道德修养，改变教会统治下的思想愚昧状态，培养资本主义所需要的新国民，推进教育世俗化。拉夏洛泰的国家主义教育思想对法国近代国家教育体制的建立发挥了积极作用。

爱尔维修是18世纪法国著名的启蒙思想家和唯物主义哲学家。他强烈反对由教会掌管国家教育，揭露宗教教育的弊端，主张用道德教育取代宗教教育，推进教育的世俗化发展。人生而平等，人人都可以通过教育向善，走向探索真理的道路。所以每一位公民都有受教育的权利，要给予公民完善的、全面的、适应社会需要的教育。强调国家办教育的重要性，国家对教育培养人才应给予高度重视。

孔多塞是18世纪下半叶法国哲学家和数学家。1792年，他发表《国民教育组织计划纲要》，提出关于建立国民教育体系的设想。国家应该把教育当作一项重要的社会事业，教育能够启迪智慧，开阔视野，使人们理解社会规则，承担自己应有的社会义务，如此才能谈得上追求自由与民主，赶上时代潮流，实现国家发展。所以，国家要承担起公共教育的任务，对所有儿童实行免费初等教育，建立符合儿童身心发展需要、相互衔接的国家教育体制。

由上可见，法国18世纪教育家的国家主义教育思想相对德国而言更为系统化、体系化。孔多塞、狄德罗和塔列兰等教育家的教育思想都提出了建立国民教育体系的设想。这些教育主张的共同点不乏教育普及、免费、平等、适应社会需要等进步性特征。

（三）英国的国家主义教育思想

和法国同时期系统化、理论化的国家主义教育思想不同，英国只有部分学者提出了含有国家主义因素的教育思想。近代重商主义经济学家亚当·斯密（Adam Smith，1723—1790）在其著作《国富论》中阐述说：国家应建立一定的制度使全体人民都能接受基本教育。所谓“基本教育”主要是指诵读、书写、算术等基本知识和技能的训练。[①] 他还认为，教育对国计民生有诸多益处，教育能够开启民智，掌握生存和发展所需要的基础知识和工作技能。教育投资作为一种人力资本是一笔巨大的社

① 张斌贤、褚洪启：《西方教育思想史》，四川教育出版社1994年版，第446页。

会财富，能够提高生产效率和劳动者素质，使社会运行更加有序和高效。亚当·斯密从经济学的研究中看到了国家掌管教育，建立国民教育体系的重要性，从而提供国家主义教育思想的新视角。

继亚当·斯密之后，后续许多思想家如马尔萨斯（Thomas Robert Malthus，1766—1834）、明塞尔（Jacob Mincer，1922—2006）、贝克尔（Garys Becker，1930—2014）等都对国家主义教育思想进行了不同层面的思考。

（四）美国的公共教育思想

在17世纪至18世纪上半叶的一个多世纪里，英国殖民者陆续在北美新大陆大西洋沿岸地区建立了13个殖民地，伴随着欧洲列强移民者的不断涌入，北美洲成为由不同种族文化、宗教信仰、经济模式以及社会结构所组成的大熔炉。随着社会生产力水平的提高，英国的殖民统治严重阻碍了北美经济的发展。1775年莱克星顿一声枪响，标志着美国独立战争的爆发。1776年7月4日，美国大陆会议起草并发表了《独立宣言》，标志着美利坚合众国的诞生。如何在新的历史条件下，使教育适应国家的政治、经济、文化需要，通过教育来增强公民的国家认同感和归属感，使新的政权趋于稳定，成为国家面临的严峻挑战。对此，教育家纷纷发表见解，其中以托马斯·杰斐逊（Thomas Jefferson，1743—1826）和贺拉斯·曼（Horace Mann，1796—1859）为代表。

杰斐逊是美国著名的政治家、思想家、教育家。受18世纪英国启蒙思想家洛克（John Locke，1632—1704）"人民主权"及自由、平等思想的影响，他认为教育是公民神圣不可侵犯的自然权利，通过普及教育提高公民权利意识，是民主社会公民自治的基石。基于教育的巨大功用，他认为应该建立初级教育、公立教育以及高等教育等相对完善的教育体系。

杰斐逊的国家主义教育思想贯彻着平等、义务、普及的教育理念，对美国近现代公共教育制度的建立产生了深刻影响，也奠定了美国民主精神的基石。

贺拉斯·曼是19世纪美国杰出的政治家和教育家，被誉为"美国公立学校之父"。他认为教育对维护社会稳定和国家建设具有举足轻重的作用。通过教育培养合格的社会公民，使其具有爱国意识和民族精神，才能巩固国家统治。国家兴办教育，使其适应生产力发展的需要，公民因此掌握必备的知识和技能，树立正确的价值观，为国家繁荣富强服务。基于强烈地推广公共教育的热情，贺拉斯·曼在马萨诸塞州各处演讲，主张应以国家税收的形式，普遍建立由公共机构管理，面向所有公众的公立小学和公立中学，从而切实保障民众子弟受教育的权利。他的公共教育思想成为美国社会后期民众的共同“信仰”。

（五）日本的国家主义教育思想

19 世纪中叶，西方国家坚船利炮的攻击，使日本思想精英意识到只有推翻封建专制的幕府统治，全面学习西方，才能赢得民族独立与国家富强。于是，近代日本倒幕运动狂飙突起。

1868 年，日本明治维新成功，明治政权建立。近代日本新政府以“富国强兵，殖产兴业，文明开化”为口号，大刀阔斧地进行社会改革，并宣布“求知识于世界”，开始推行全面倒向西方的政策，学习欧美的政治、经济、法律、思想文化和科学技术。国家主义教育思想正是借此传入日本，加藤弘之（かとうひろゆき，1836—1916）、森有礼（もりありのり，1885—1889）为其力倡者。

加藤弘之受社会达尔文主义的影响，认为“物竞天择，适者生存”生物进化论法则同样适用于人类社会。不同民族之间有优劣等级之分，优等民族淘汰劣等民族是社会演化规律。社会进化论思想为他的国家主义思想提供了理论基础。1893 年，加藤弘之发表《强者的权利的竞争》，标志着其强权国家主义思想正式确立。

加藤弘之主张教育是国家维护社会稳定、促进经济发展的工具，培养人才的最终目的是促进国家富强，教育的方方面面都要以国家利益为最终考量。教育要由政府严格把控，培养学生忠君爱国、顺从服务的品质，造就各方面人才为国家利益奉献。

森有礼 1847 年生于萨摩藩鹿儿岛，是日本明治初期著名的外交官、启蒙思想家和教育家。1885 年伊藤博文（いとうひろぶみ，1841—1909）组建内阁，任文部省大臣。受德国国家主义思想的影响，他推行国家主义教育体制改革。1886 年 3 月，主持颁布《学校令》《帝国大学令》，4 月又发布《师范学校令》《中学校令》《小学校令》及其他学校通例，确立了日本以国家主义教育思想为特征的近代教育体制。

《帝国大学令》规定，帝国大学为国家培养各方面高等技术人才，为国家文明富强服务，满足国家选拔官吏的需要。《中学校令》和《小学校令》规定对普通国民实行道德教育，培养学生爱国信念，为国家建设提供劳动者。《师范学校令》揭明师范学校旨在培养教师优良品德和学识，以及顺良、信爱、威重的气质。由此，师范教育承担着复兴社会道德风气，训练学生体格，塑造忠君爱国臣民的使命。

上述法令规程把国家主义教育贯彻到学校教育的方方面面。但日本国家主义教育思想过分强调教育的社会国家功利性和实用性，泯灭了教育的人文关怀，把教育当作维护国家机器的冰冷工具。国家主义在日本明治后期发生变态转向，催发了日本种族主义膨胀和侵略扩张的狼子野心，对近现代中国、亚洲乃至世界带来深重的灾难。

三 西方国家主义教育思想在中国的传播

清末民初，西方国家主义教育思想通过一些先进的知识分子、留学归国学者和报纸杂志等多种途径传入中国，并开始形成一种重要而流行的教育思潮。

被誉为“开眼看世界之第一人”的严复，1895年在《直报》上发表如《论世变之亟》《原强》《救亡决论》等多篇论文，又翻译英国科学思想家、高等教育家赫胥黎（Thomas Henry Huxley，1825—1895）《天演论》，经济学家亚当·斯密《原富》（即《国富论》），法学家孟德斯鸠《法意》（即《论法的精神》）以及科学教育家斯宾塞（Herbert Spencer，1820—1903）《群学肄言》等多部西方名著。通过译作传播、介绍西方各国的政治经济、民族文化、国情士风以及近代的社会变革成就，使先进知识分子开始关注亚当·斯密经济学教育资本生产理论、斯宾塞“社会有机论”的科学教育观。上述种种为清末民初国家主义教育思想传播及产生提供了理论依据。

维新派另一代表人物梁启超在戊戌变法失败后流亡日本。在日期间，他感慨于近代日本的崛起，与落后的清王朝形成鲜明对比，于是潜心研究日本与西方各民族国家的兴国之道。他将瑞士法学家伯伦知理

(Bluntchli Johann Caspar，1808—1881）的《国家论》加以阐发、介绍，连续在《清议报》上刊出，借以阐发国家主义思想。

1902—1906 年梁启超在《新民丛报》上发表《新民说》。其中，对卢梭和伯伦知理评价云："卢氏立于十八世纪，而为十九世纪之母；伯氏立于十九世纪，而为二十世纪之母。自伯氏出，然后定国家之界说，知国家之性质、精神、作用为何物，于是国家主义，乃大兴于世。前之所谓国家，为人民而生者，今则转而云人民为国家而生焉。使国民皆以爱国为第一之义务，而盛强之国乃立。"①

《新民说》中有专篇《论国家思想》，其中指出："国家思想者何？一曰对于一身而知有国家；二曰对于朝廷而知有国家；三曰对于外族而知有国家；四曰对于世界而知有国家。"② 他对国家观念的这三层含义做如下解读：第一，国家的建立有其历史的必然性，个体力量再大也不可能长存，唯有依附于国家，对内方可谋求合作分工，提高社会运转效率，对外则可共筑深沟高壁，防范外敌入侵。第二，国家是相对于他国而存在的，一国的国民应不甘于被外族所侵略、奴役，这是国家观念的应有之义。第三，世界主义、大同思想通常被认为是高尚的、仁德的，但是只有竞争才会推动社会发展，国家之间竞争是文明的助推器，国与国之间的竞争与合作关系才具有现实意义。在国家观念的基础上，梁启超主张在国家临危受难之际，国民要增强国家观念，梁启超的国家观念是他国家主义教育思想的源泉。

1903 年 10 月 12 日，梁启超由美返航，对德国费希特的民族国家主义思想产生浓厚的兴趣，发表《菲斯的人生天职论述评》一文。首次将费希特国家主义思想引入中国，把中华民族所面临的深重危难类比于昔日德国，以期唤醒国人爱国复国热情。

此后，许多知识分子和留学归国的爱国学者以报纸杂志为宣传工具，纷纷在吸收西方、日本诸国国家主义教育思想的基础之上，阐明自己的国家主义教育主张。1906 年，《新民丛报》发表署名"光益"的《国家

① 梁启超：《论学术之势力左右世界》，载《饮冰室文集全编》（第 1 册卷 1），广益书局 1948 年版，第 230 页。

② 梁启超：《新民说》，载《梁启超全集》（1—10），北京出版社 1999 年版，第 663 页。

主义教育》，该文为日本人八目光贯的原著译本，此为“国家主义教育”名词最早见于中国教育界。其中将国家主义之起源、发展、变迁等系统地介绍给国人。

作者指出：“此教育主义，谓教育之目的，在于国家，保持国家之安宁幸福，力图其荣繁进步者，国家主义教育之理想也。又国家主义之教育，以教育当为国家之事业，凡教育必要之准备，皆在国家事业之中。盖谓教育所以为国家养成有用之人物，而其事业乃国家宜自当其任者，此国家主义教育之本领也。”① 文章阐述国家主义教育古已有之，实践上有斯巴达全民皆兵的公民教育，思想上有柏拉图《理想国》的国家理想教育设计，近代以后费希特对民族国家主义教育大力倡导，在欧美等一些国家广为流传。此外，又表明国家主义教育并非凌驾于个人意志之上，而是在倡导国家观念的同时，兼具尊重个体的意义与价值。

1907 年 7 月，《东方杂志》第 4 卷第 8 期刊登“社说”《论平民主义与国家主义之废兴》，极力推崇国家主义，思考在帝国主义茹毛饮血、敲骨吸髓的残暴行径下我们何以生存？得出的答案是：“唯有国家主义盛行，则上下一心，遐迩一体，国人皆互相团结，壮其合群之魄力，发其爱国之精神，然后众志成城，急公仇而缓私仇，先国事而后家事，其国未有不盛，其种未有不昌者也。故欲致和平之幸福，为伟大之国民，必自尊重国家主义始。”② 这就将国家主义教育提升到了救亡图存的高度。

1912 年 7 月 25 日，《时报》刊登刘以钟《论民国教育宜采相对的国家主义》，该文详细阐述了其相对国家主义的教育主张。1923—1925 年，《教育杂志》刊登常导之《教育上所需要的国家主义》（第 15 卷第 9 期）、《从什么地方看出国家主义的教育之需要》（第 15 卷第 12 期）、《为怀疑国家主义者解惑（一）》（第 16 卷第 5 期），彭家煌《论国家主义的教育》（第 17 卷第 8 期）等宣传国家主义教育的论文，进一步解读国家主义教育思想观点。

国家主义派将国家主义教育推向高潮。国家主义派是中国在 20 世纪 20 年代由一批资产阶级知识分子组成的政治派别，代表人物是曾琦

---

① ［日］八木光贯：《国家主义教育》，“光益”译，《新民丛报》1906 年第 4 卷第 22 期。

② 社说：《论平民主义与国家主义之废兴》，《东方杂志》1907 年第 4 卷第 8 期。

(1892—1951)、左舜生（1893—1969）、李璜（1895—1991）、陈启天(1893—1984)、余家菊（1898—1976）。他们通过报纸杂志、图书、演讲等形式不遗余力地宣传国家主义教育，并创办宣传工具《醒狮周报》。

1924年，《中华教育界》刊文李璜《再谈国家主义的教育》（第13卷第9期)、陈启天《新国家主义与国民教育的改造》（第14卷第3期)。同年，《新教育》杂志刊登陈启天的《国家主义与教育》（第8卷第1期)，详细阐述教育与国家的关系。国家主义教育的目的在于“以教育的能力唤醒国民对于国家的自觉；以教育鼓励国民扞衡国家正义的勇气；以教育培养国民对于国家服务的观念态度。”国家主义对于中国教育有三大贡献：“创设国家的教育行政机关；建立国家学校制度；宣示国家的教育宗旨。”① 因此，中国教育亟应采用国家主义。

1925年，《中华教育界》刊登朱经农的《关于国家主义的教育与收回教育权问题的讨论》（第14卷第12期)，祝其乐的《论教育上之国家主义》（第15卷第1期)，余家菊的《教育建国论发微》（第14卷第7期)、《教育上的国家主义与其他三种主义之比较》《国家主义下之教育行政》（第15卷第1期)。余家菊在其文中剖析个人主义、世界主义与平民主义教育的局限性，并阐述其与国家主义教育之关系，最后得出结论“国家主义非徒于事实上为最适国情之主义，实亦于理论上为最圆满而涵括之主义也”②。

在此前后，以余家菊为代表的知识界人士分别阐发、传播国家主义学说，竭诚努力，收效显著。1923年，余家菊、李璜合著的《国家主义的教育》出版，1933年，上海大陆书局出版余家菊《教育原论》，探讨国家主义的教育目的。1925年，余家菊在国立暨南大学、东南大学暑期学校作《国耻的教育》《国家主义的教育之意义》的演讲。由此，至20世纪20年代，西方国家主义教育思想在中国的传播达到高潮。

综上所述，国家主义教育思想学说是教育学一大流派，严格的学派思想观点形成于近代欧美及日本，以其教育的国家—民族功能及心理精

---

① 陈启天:《国家主义与教育》,《新教育》1924年第8卷第1期。

② 余家菊:《教育上的国家主义与其他三种主义之比较》，载《余家菊（景陶）先生教育论文集》(上)，慧炬出版社1982年版，第339页。

神培植为中心，在教育的社会利益、功利取向和工具作用的主导下，并不废弃、中断教育的自然性、个体化及情意价值。清末民初，该种教育流派思想见解广为传播至中国，在中国社会思想界流行，成为民国时期国家主义教育学的背景氛围及立论建构的“他山之石”，足以取得“可以攻玉”之成效。而国家主义派，尤其是余家菊自身投入其教育学思想的传播活动中，促使该派思想的宣传效力提升，使其更成为后期国家主义教育学的重要资源。

第二节　国家主义教育学的儒学思想因素

余家菊国家主义教育学的外源在于近代西方及日本国家主义教育思想的引进和传播，内源则在于深刻悠远的中华传统文化土壤的孕育。儒家学说作为中华传统文化的主流形态，在政治、经济、哲学、教育等各方面广泛渗透，经过朝代更替、时代变迁而不断丰富、嬗变，沉潜于中国人的思想观念、价值理念乃至人生信仰之中。国家主义派的代表人物曾琦、李璜倾向于从政治学、社会学发展国家主义，陈启天从法家思想追溯国家主义的理论基础，余家菊则深受儒家哲学思想和教育理念的影响。本节从余家菊国家主义教育学内容及核心观点的本土文化渊源挖掘或追根溯源，探索国家主义教育学与传统儒家学说的关系。

一　“忠恕”与“仁爱”观

（一）“忠恕”观

“忠恕”一词出于《论语·里仁》，子曰：“参乎！吾道一以贯之。”曾子曰：“唯。”子出，门人问曰：“何谓也?”曾子曰：“夫子之道，忠恕而已矣。”曾子把忠恕作为孔子一以贯之的处世原则。“忠”也就是孔子《雍也》篇所言：“己欲立而立人，己欲达而达人。”即自己想要得以生存、追求显贵，也要尽力使别人如此。“恕”则出于《论语·卫灵公》中孔子答子贡“有一言而可以终身行之者乎”时所言：“其恕乎！己所不欲，勿施于人。”即自己不想做的事，也不要强加给别人。

中国古代宗法制度背景下建构的封建伦理体系把“忠恕”观念延伸

为等级礼制背景下下属对上层的绝对服从，国家、集体利益至上，强调个人的献身精神。儒家的道德规范“忠恕”观为修身、齐家、治国、平天下的政治理想和社会抱负提供了安身立命的支撑，也为稳定社会统治秩序提供了理论基础。这些都是与国家主义教育学目的指向一致的。

余家菊认为：“关于中国固有的维系人心的东西，抽象一点，还有很多可以适用的。孔子的忠恕、孟子的集义，两方结合起来，我看就很够用。”① 孔子的“忠恕”观已成为一种民族心理，贯穿于人们生活的方方面面，中国人对朋友、对职业、对国家都讲求一个“忠”字。“我相信，忠以处己，恕以待人，是中国人之真精神，亦是救中国之必要方法。假使我们都能忠于所信，不屈不挠以身赴之，同时又能不念小隙，同心协力以求共济；我不信，中国民族之品格——至少也是信念——不足以自立于廿世纪。”② “忠恕”观实际上成为国家主义学派共同的思想基础。

“忠恕”观念在余家菊国家主义教育学中有明显体现。他设计从传统文化中挖掘爱国历史事件，如岳飞精忠报国、抗倭名将戚继光，借以陶冶学生的爱国情感；同时，其他各学科，如地理、音乐、数学等也要与爱国教育相结合，发挥学科特性优长，共同培养学生立志报国、舍小家为大家的高尚情操。为此，余家菊在《教育建国论发微》中主张将“精忠报国”作为教育宗旨贯彻执行之。“吾国教育应有之宗旨。愚意当定为：（一）精忠报国，（二）慈祥恺悌，（三）独立进取。以其颇合于国家性，且又鲜明而易于把握并实施也。”③

（二）“仁爱”观

“仁”的思想贯穿孔子思想体系的各方面，是儒家思想的核心。《论语·颜渊》中樊迟问仁，子曰：“爱人”；又言“克己复礼为仁。一日克己复礼，天下归仁焉。”孔子把“仁”解释为“爱人”“克己复礼”的含义。从教育哲学分析，儒学以“仁爱”观构建了教育所追求的道德品质目标。

---

① 余家菊：《中华民族的教育要养成忠恕集义的理念》，载余子侠、郑刚《中国近代思想家文库：余家菊卷》，中国人民大学出版社 2013 年版，第 208 页。

② 余家菊：《中华民族的教育要养成忠恕集义的理念》，载余子侠、郑刚《中国近代思想家文库：余家菊卷》，第 208 页。

③ 余家菊：《教育建国论发微》，载余子侠、郑刚《中国近代思想家文库：余家菊卷》，第 306 页。

孟子在孔子“仁爱”说基础上，提出“仁政”说，主张君王以民为本，施行仁政。通过教育向民众传输社会伦理道德规范，形成讲礼崇德的社会风尚，自然人人能够自觉约束自己的行为，使社会趋于稳定。这恰是儒家主张以教化为途径施行民本、仁政思想的体现。

宋明理学在历史发展过程中对儒学进行了更深入的理性思辨，兼容佛道之长，使儒学适应封建社会后期统治者的需要，形成涵盖自然、人生、社会管理等内容的更为理性化、思辨化的思想体系。通过他们的努力，进一步完善了封建社会伦理道德体系，使“仁爱”思想根深蒂固，塑造了中华民族的性格，为维护封建社会后期的统治奠定了思想根基，推动了“先天下”“精忠报国”等国家民族主义思想的成熟。

余家菊出生于儒家礼法家庭，儿时启蒙于家塾，时值废科举、兴学堂的新旧教育制度交替之际。他与同时代的发蒙者一样，学习了“四书”“五经”、历史、地理等方面的经典及学科知识，受儒家仁义礼法观念习染较深。儿时的经历奠定了他儒者的底色。在中华大学读书时，他和恽代英共建社团“进德会”，以完善个人道德修养、改良社会风气为宗旨，也体现了儒学的文化底蕴。对于“仁爱”学说积极提倡，最早见于1923年底的《理想与训育》中“仁、义、礼、智、信五常，实为五等之德”。而仁位于五德之首，“只有仁心是道德的本原；心若不仁，则一切义、礼，一切智，一切信，都是奸宄弄人之具。所以道德似有等级，为上一级的道德而牺牲下一级的，在不得已时，是使精神安宁的唯一方法”①。“仁”本源于人深厚真挚的情感，之后发展为善心善意，具有北宋理学家张载所创“为天地立心，为生民立命，为往圣继绝学，为万世开太平”的儒者民胞物与情怀，具有维护社会稳定的功用。在《孟子教育学说》的《仁论》中，余家菊认为：“仁为人心之所固有，仁之端，见于恻隐之心。仁之实，见于事亲之中。仁主于爱，爱莫切于事亲，而教民亲爱亦莫善于孝也。”②

余家菊上述仁爱思想体现在他所持改良主义的政治主张中，反对激烈的革命运动和阶级斗争方式，而主张采用温和的教育救国措施，向国

---

① 余家菊：《理想与训育》，载余子侠、郑刚《中国近代思想家文库：余家菊卷》，中国人民大学出版社2013年版，第288页。

② 余家菊：《孟子教育学说》，上海中华书局1935年版，第34—36页。

民宣传爱国思想，激发强烈的爱国热情，使教育成为国家复兴的强劲工具。这就是通过教育培养人才为国家服务，以实现民族振兴与独立。历史证明，他所谋求的社会道路并非可取而有效的，但其间苦心孤诣、激情动机以及实践努力所取得的实际教育行动的业绩，实有历史价值及现实的启迪作用，似不可一概抹杀。

二　人性论与教育

孔子人性论述为“性相近，习相远”说，即人天生的素质是相近的，后天的教育和社会环境才造成人发展的差异。但同时，又依据人知识程度和求学态度将人性分为上智、中人和下愚三等，上智是“生而知之者”，中人是“学而知之者”与“困而学者”，下愚是“困而不学者”。并由此引申出学习者须勤勉努力，“学不可以已”。孔子关于人性的认识影响了一代又一代读书人“学而优则仕”的求学动机取向。

孟子认为，人皆有“良知”“良能”的本性，是一种善性的潜质。恻隐之心、羞恶之心、恭敬之心、是非之心，是人生而具有的本性，而非外铄于我。但恻隐、羞恶、恭敬、是非之性虽为善之端，却需要通过学习受教育才能发扬本心，使善性得到扩充，即“存心养性”以“求放心”，寻求人失落的良心，这就是教育的作用。

对教育要使人追求的理想人格，孟子称其为“大丈夫”，即不为富贵、贫贱、威武而有所动，按照自己内心的坚守行为处世，有“浩然之气”，即“受信念指导的情感和意志相混合的一种心理状态或精神境界。这是一股凛然正气，是对自己行为的正义性的自觉，具有伟大的精神力量”①。

余家菊认为，孟子的“集义”说为中国人才教育培养提供了有益资源，“集义”名为积累善事，做事合乎道义。近代中华民族屡遭灾难，西方列强认为中国人缺乏刚毅的品质。孟子提出的教育理想人格“大丈夫”学说令余家菊心驰神往。1923 年 3 月 30 日，余家菊在英国留学期间给李璜的回信中这样写道：“他（孟子）所形容的浩然之气，常令我景仰而玄想；他所指出的路径，又是至为平易，就是天天朝正路上

① 孙培青：《中国教育史》，华东师范大学出版社 2009 年版，第 69 页。

走——集义。”[①] 其中文句词义在于弘扬正气、品格及节操维系社会秩序和国家进步的目标追求。

荀子则不同意孟子的性善论，他认为人性分为“性”和“伪”。性是人与生俱来的自然属性，不存在理智或道德的潜质，是一些人类的生理机能和自然属性，但是在后天的环境中如果不加以节制和规范，人性就会趋向恶。而环境和教育是人性走向的决定性因素。孟子和荀子人性论的共同点在于都强调了教育在人发展中的重要作用，不同点是孟子认为，人性中有善的因素，后天的教育是引导人发扬本心；荀子认为人性与生俱来就是恶的，应该经由教育和环境规约、训练，使之变化为善。

后世儒学家阐释人性，有的结合时代的统治需要，有的结合自家学理，大多认为性有善有恶，秉持两端。董仲舒的“性三品”说提出，圣人之性自觉向善，中民之性通过教育向善，斗宵之性只能惩以刑罚。朱熹在“二程”（程颐、程颢）理学思想的基础上阐述人性，把人性分成“天命之性”和“气质之性”。天命之性完美无缺，气质之性有善有恶，教育就是改造、转变气质之性为天命之性的“复道”过程，即去除气质之性中的污浊，净化气质，而复归于天地，达到扬善除恶的“明人伦”之境。

至20世纪20年代，余家菊在《教育原理》一书中初谈人性，从英国生物学家达尔文（Charles Robert Darwin，1809—1882）进化论的观点考察人性。余家菊包容孟、荀两派对立人性论见解。他认为人性可为善可为恶，人的行动为适于生存之需，具有多样性，言人性善但确实有恶的行为，言人性恶但通过教育又会澄明心性，有向善的可能。

20世纪30年代后，余家菊潜心研究儒家教育学说，作《孔子教育学说》《孟子教育学说》《荀子教育学说》和《陆象山教育学说》，从中挖掘传统儒学人性论与国家主义教育学的相互关系。

余家菊主张，人性善恶观与国家治理方式和教育组织方法紧密联系在一起。“为政者以为性善，则将听人民之自由发展而民有欢娱之象。为政者以为性恶，则将箝束人民使其强就驰驱而民有愁苦之情。施教者以为性善，则将诱掖扶持而听其自造自得。施教者以为性恶，则将禁錮摧

---

① 余家菊：《中华民族的教育要养成忠恕集义的理念》，载余子侠、郑刚《中国近代思想家文库：余家菊卷》，中国人民大学出版社2013年版，第208—209页。

抑而强其谨守范围。”所以，人性的本质探讨实关乎教育之于人、社会功能作用选择的态度及原则。余家菊总结了“性善”“性恶”“性中立”“有善有不善”四类人性论，并对性的本义进行探讨。其中重点阐述“性善”“性恶”两种人性论的教育含义。

“性善”当“可然而不必然也”“人之性可因教而明，人之情可因教而通，禽兽则虽教不明，虽教不通”[①]。其实，这里是在说明“性善”论教育观的理想化浪漫。

而对于“性恶”论的理解为：“第一，人性偏险悖乱，故有用于圣王礼义；第二，苟去礼义政刑，则必乱亡。”性善当“可以”为善，而不必然为善。苟去礼义刑政，则实为“无政府状态”，无政府状态下必然社会动乱，可以证明国家刑罚的设置之必要，但不能将极少数狂暴悖乱之徒的行为归根于人之本性。[②] 看来，余家菊更多地趋向于“性恶论”与教育训练的命题，较诸宋明理学的人性与教育作用论而言，更偏荀学，在恶性的控制、改造方面更多地诉诸教育手段或工具。

正是余家菊上述人性论影响了他的国家主义教育学，通过教育凝聚涣散的人心，克服个体和家族的狭隘与自私，激发国人的爱国热情、民族独立意识，振奋精神，最终实现共御外侮、民族富强的理想社会目标。

三 中庸之道

中庸思想传递的是一种以中持正、不偏激、不懈怠，注重适度和分寸协调的道德行为和处世方式。孔子把中庸奉为最高的道德准则，认为中庸是“德之至矣”。思孟学派作《礼记·中庸》篇，对其进行详尽阐释，其意为中庸是不偏不倚、执两用中的概念，只有赋予“中和”，才能为天下之“本”和“道”。

北宋理学家程颐、程颢所作诗文，后人编为《二程集》，其中有文评价《中庸》，为学者追求的理想境界，得之则终生受用，流露出对中庸之道的推崇之情。南宋最负盛名的理学家朱熹注《中庸》《大学》《论

---

① 余家菊：《性论》，载余家菊《孟子教育学说》，上海中华书局 1935 年版，第 23—31 页。

② 余家菊：《性论》，载余家菊《荀子教育学说》，第 11—13 页。

语》《孟子》，汇编成《四书章句集注》，使《中庸》作为经典教材代代相传，大大提高了其在儒家教育和科举考试中的地位，也成为一代代学子立身处世的道德准则。

余家菊从小就深受儒家文化的熏陶，但早年对儒家学说的认识还停留在经验感知层面。抗战爆发后，他开始深入研究儒家文化。20 世纪 30 年代末，余家菊在其著作《中华文化要义》中详尽论述了他独具特色的中庸思想。“何谓中庸？庸者常也，恒也。中庸主义者，中而可常之道也。”[①] 也就是说，不偏不倚就是持中，不轻易改变就是庸者，且中之所在是随地而异、随时而异和随人而异的，是主观感情和客观形势两方面的持中。他对于中庸的心理及教育价值给予充分肯定：中庸可以“产生优美而健康的生活”，使“心与事物之相应适如其分：不为情动，不为物摇”，可以“察理周密而见其关键”[②]。“中庸的生活为优美的生活，为健康的生活，为持平的生活。在个人则愉快而趣味繁多；在人群则相安而共保生存；在时间上，则生趣盈溢而历久不弊；在态度上，则审时度势而允执其中。诚人类智慧之最高表现，人类经验之宝贵结晶。”[③] 依他所言，第一，中庸处世可以使身心和谐发展，不至偏激；第二，心不被物欲所蒙蔽，物不被感情所左右，保持认识的中正；第三，在各种错综复杂的势力中寻求其平衡点，把握事物的主要矛盾，针对关键点安排活动。中庸主义和世界主义、个人主义是不相同的。对此，余家菊 1925 年在其《教育上的国家主义与其他三种主义之比较》中有详细阐述，中庸主义不是各种势力的拼盘，而是努力寻求其中的契合点，使得各种抗争的势力在这一中点协调之下，最终达成一种和谐的统一体状态，抑或取道有别，也能“和而不同”，不致拆台离析。

余家菊的国家主义教育学彰显着中庸文化底蕴，以中庸之道为立足点，目的是重振颓废的社会风气。他总结中国民众心理上所存在的

---

① 余家菊：《论中庸主义》，载《余家菊（景陶）先生论著》第六辑（二）《中华文化要义》，慧炬出版社 2001 年版，第 181 页。

② 余家菊：《论中庸主义》，载《余家菊（景陶）先生论著》第六辑（二）《中华文化要义》，第 183—184 页。

③ 余家菊：《论中庸主义》，载《余家菊（景陶）先生论著》第六辑（二）《中华文化要义》，第 185 页。

中庸理性，中国“民性尚持中而不喜偏激，实际而旷达，雍容而不怠，重利而不苟，多情而崇义，好名而服理，尊己而扬人——持中之性，随处表现。”[①] 他在名目繁多、观点斑驳、歧义不断的教育思想流派中把握“国家”“教育”这两个核心用词，作为“中点”，利用时代主题挽救民族危亡，解决中国向何处去的路向探索问题，建构国家主义教育学，其中具有明显的中庸文化基本理路。

第三节 中国近代国家主义教育思潮的嬗变

国家主义教育学以中华民族内忧外患为背景，借鉴、吸收西方的国家主义教育因素，经本土儒家为正统的中华传统文化的融合与改造，经清末民国初期思想家、教育家的传播与演绎，逐渐融入时代教育救国洪流中跌宕起伏，终成以余家菊为代表的一种重要的现代教育学学派，不仅在教育学史上有重要地位，而且对中国教育实践有显著作用。以中国近代教育发展史立场展示国家主义教育思潮嬗变历程有益于梳理余家菊国家主义教育学产生和建构的历史轨迹，并在其思想元素外源和本土渊源交织下呈现出相关的历史史实和图谱。

一 清末国家主义教育思想之缘起

1898 年，康有为在维新变法期间撰写的《请开学校折》奏稿中，提出确立国家基础教育体制，全国 7 岁以上的儿童必须入学；县设立中学，14 岁的儿童进入中学，并主张建立学部，统管全国教育事务。其中的强迫国民教育、国家管理教育等思想渗透着国家主义教育思想因素。

梁启超继承了其师康有为有关国民教育的思想，并对其内涵进行丰富和扩充。他认为，面对坚船利炮的资本主义列强的侵犯，敌我力量悬殊，只有举全国之力才能谋求抵抗。这就需要国民具有一定的文化知识水平和强烈的国家观念。古之教育是为了培养德才兼备的政治人才，维护封建统治，其实指向人才教育，广大劳动者子弟往往缺乏接受系统完

① 余家菊：《论中庸主义》，载《余家菊（景陶）先生论著》第六辑（二）《中华文化要义》，慧炬出版社 2001 年版，第 179 页。

善教育的机会，且由于地理环境、朝代更替等其他因素的影响，国民普遍没有国家观念和意识。所以梁启超从增强国家观念、塑造国民性的角度出发阐述自己的国家主义教育主张。

1902 年 12 月，梁启超发表《论教育当定宗旨》一文，认为一个国家的教育可以养成一国特色之国民，这是国家自立于民族世界之林的基础。“凡有志于教育之业者，先不可不认清教育二字之界说，知其为制造国民之具。凡一国之能立于天地，必有其固有之特性，感之于地理，受之于历史，胎之于思想，播之于风俗。”进而提出：“要之使其民备有人格，享有人权，能自动而非木偶；能自主而非傀儡；能自治而非土蛮；能自立而非附庸，为本国之民，而非他国之民；为现今之民，而非陈古之民；为世界之民，而非陬谷之民，此则普天下文明国教育宗旨之所同，而吾国亦无以易之者也。”① 从研究雅典、斯巴达和英吉利的教育宗旨出发思考中国教育宗旨，主张培养自治自立的具中华特色之国民，这正是国家主义教育思想之要旨。

通过康有为、梁启超等人的宣传和鼓动，国民教育受到清末思想界、教育界的广泛关注。一大批爱国知识分子投身于国民兴学运动中，并纷纷提出自己的教育主张。具有代表性的人物有浙江地区孙诒让的师范教育、蒙学教育，早期资产阶级革命派邹容的革命教育观，女权革命的振兴者秋瑾的女子教育主张。国民教育思潮中实行强迫教育、义务教育、塑造国民性、培养国家观念等主张成为社会各界的共识，为国家主义教育学的产生做了基础性工作。

二　民国初期的相对国家主义教育观

1912 年 7 月 10 日，中华民国临时政府教育部在北京召开临时教育会议。会议期间，刘以钟、吴曾禔在讨论教育宗旨的过程中，提议以相对国家主义作为民国教育方针，受到与会者的关注。② 他们撰写了《请决定相对的国家主义教育方针案》一文，详细阐述其相对国家主义教育主张。

相对的国家主义与绝对的国家主义比较而言，其要点在强调国家主

① 梁启超：《乙丑重编饮冰室文集》册二十九，上海中华书局 1926 年版，第 8 页。

② 《各省教育总会联合会议决案》，载舒新城《近代中国教育史料》（第三册），上海中华书局 1928 年版，第 200—212 页。

义教育要义的同时，不背世界进化原则，不妨碍个性发展。刘以钟、吴曾禔认为，当时国内教育家所论之实利主义、军国民主义、人道主义、德育主义、美育主义及世界观主义均为“内容上主义”，而当时中国亟须揭明教育的方向、教育与社会的关系等“形式上主义”，后者恰根源于国家主义教育。

刘以钟、吴曾禔集中从以下四方面论述民国教育应采相对国家主义的缘由：

1. 教育理论上的考虑。从国家本位观点出发，对卢梭、洛克、裴斯泰洛齐等所持的个人本位教育观作出批评。认为人成其为人，并非孤立自由，而是隶属一定的社会团体。国家是最高的社会团体，故教育应注重国家方面，采用国家主义教育。

2. 历史与国势的考察。清代政治腐败在于散漫敷衍，不在专制；人民之弱点，在于自由放弃，徒谋个人利益，对国家社会漠不关心。辛亥革命，就其政治意义而言，即在破坏庸懦无能的政府，代之以坚强巩固的新政权；就教育而言，即在改造自由放弃、个人主义的国民，以信守纪律、富于进取的国民取而代之。因此，个人主义教育不宜于民国，国家主义教育的选择应属理智思考。

3. 国民性问题。中国国民素乏国家思想，其原因主要为：（1）国家组织一向未完全，政府对于民众常取放任态度；（2）国家为一人所有物，与民众关系浅薄；（3）革命后结果，不外政权之授受，与社会组织、国民精神无多大影响；（4）伦理趋向，常偏重个人道德。上述原因遂使国民薄于国家观念，由此国本易于动摇。民国成立伊始，欲组织完全国家，非使国民富有国家思想不可。

4. 从国体上观察。中国是个多民族的国家，各族宗教、言语、风俗习惯各有差异，欲求民族精神的统一，非施以强固而严肃的国家教育，不可能收到这样的效果。

他们进一步阐述国家主义教育的主要内容：第一，教育方针当视国家行政方针为转移。因为当时财力单薄，生计困难，政府行政方针以振兴实业为要途，唯军国民教育与人道主义相背驰，故在教育上主张采其形式方面，即采军事训练之精神养成信守纪律。第二，国民道德以国家为中心，其道德目标为爱国爱群，信守纪律，勇往进取。第三，教育行政权集中于中央，具体分四个方面：高等专门学校及大学由教育部设立管理；省立中等及地方立之中等以下学校由教育部巡视监督而辅助之；外国留学生概由教育部派遣；法定教育机关之组织及权限，悉由教育部规定。第四，小学教育为国民共同基础，故主张采用单轨制，统一教育要旨。第五，教育与宗教分离，一切学校均须受国家监督，不得施宗教及宗教仪式，除大学哲学科外不得有违反国定道德要旨的宗教讲演。①

辛亥革命胜利以后，以孙中山、蔡元培为首的资产阶级民主革命派立即着手对清末封建教育进行资产阶级性质的改革。这次改革体现了孙中山的革命教育思想以及第一任民国教育总长蔡元培的资产阶级全面和谐发展的教育思想及自由民主主义的教育理论，顺应了时代发展的潮流，适应了当时中国政治、经济变化发展的需要。但改革内容侧重于以“自由、平等、博爱”为“要旨”的公民道德教育以及以“陶冶感情为目的”的审美教育。对此，在1912年7月10日至8月10日全国临时教育会议讨论教育宗旨的过程中，持反对意见者不在少数。刘以钟、吴曾禔等人从国家的统一、精神的一致、民族的团结以及国力的增强等角度提出以相对国家主义作为教育方针的议案。而另有实业派教育家，如黄炎培、陆费逵、庄俞等，则针对蔡元培侧重世界观教育、美感教育而发出商榷性意见，主张“民国教育方针宜以实利主义为标帜”②，力图通过实利主义教育，发展国民经济，提高社会生产力，富国强兵。所有这些都是对中国教育现代化的一种积极性探索。

刘以钟、吴曾禔从教育的社会功能、宏观规划和有效调控的角度，强调教育以国家为中心，统一宗旨、计划、材料及思想，但并非绝对排斥世界范围内的“进步教育思潮”，反对个性发展。如何处理个人主义与国家主义的关系？刘以钟在其《请决定相对的国家主义教育方针案》中指出：“吾辈所主张之国家主义，只以国家为精神界之中心，非如绝对的国家主义者，蔑视人权，使其纯粹隶属于政治也。故于不妨国家发达之范围，尊重个人之自由及其特性之发展，是又谓之个人的

① 上海经世文社：《民国经世文编》，台湾文海出版社1966年版，第4158—4166页。
② 陆费逵：《民国教育方针当采实利主义》，《教育杂志》1912年第3卷第11期。

国家主义可也。”[①] 可见，刘以钟、吴曾禔所提倡的国家主义是不妨碍个性发展的，调和、相对的国家主义。

在民国初期，国家主义思想产生之初，如何界定国家主义，如何处理好国家主义与个人主义的关系，以及国家主义的优劣势分析，一直是舆论界争论的焦点。

1918 年，《东方杂志》刊登杜亚泉的《国家主义之考虑》一文，从分析国家主义潜在诸多弊端的角度出发，倡导“保守的国家主义”，而非侵略的国家主义。“则此国家观念，当贮之以沉静之头脑，不当中之以虚憍之感情。当用之以勤事赴功，不当借之以矜心作气。”对于国家主义的教育更应当慎重，要在激发青年爱国之心的基础上，使青年积学储能，为国家发挥效用。“而稍涉狭隘酷烈之理论，均不宜加入。盖青年时代，感情意气，易走极端，若予以行动感情助长意气之教育，不独妨其正当之修养，且恐如上文所虑，于社会道德有所妨害也。”[②] 也就是国家主义教育要注意养成青年温和沉稳之性，缓以青年感情意气之质。

1921 年 11 月，徐则陵在南京高等师范学校教育研究会发表讲演时提出：“教育无宗旨，故教材教法都无根据。欲教育改良，须即定宗旨，以养成吾国‘文化’，为国性之寄托，同时并提倡大同主义以救其偏。”[③]

1924 年 6 月，郑宗海在《教育汇刊（南京 1921）》上发表《教育上应有之国家主义》一文，认为近年教育思想中的国家主义倾向约而论之为三类：“第一种以教育制度为出发点，严格论之，多为方法问题。第二种以政治为出发点，其所含之相对的国家主义，亦为国有主义。第三种以文化为出发点，发展国性，庶有所贡献于世界，则国家主义而兼有世界主义之意味者矣。”[④] 上述见解较好地总结了国家主义教育发展初期学界争论的焦点。

清朝末年，以天朝上国自诩的清王朝受到来自西方资本主义列强的侵扰，割地赔款，签订各种丧权辱国的条约。由于世界历史进程的推进

---

① 刘以钟：《论民国教育宜采相对的国家主义》（续），《时报》1912 年 7 月 27 日第 2 版。

② 高劳：《国家主义之考虑》，《东方杂志》1918 年第 15 卷第 8 期。

③ 徐则陵、张绳祖、诸葛龙：《教育上之国家主义》，《教育汇刊（南京 1921）》1921 年第 1 期“讲坛”。

④ 郑宗海：《教育上应有之国家主义》，《教育汇刊（南京 1921）》1924 年第 2 卷第 2 期。

而被迫打开中国国门的清王朝狼狈不堪，在震惊于列强坚兵利甲的先进军事后，也开始了近代中国自我觉醒的漫漫征程。清末在这一征程中处于模仿期，在教育思想上表现为西文教育、西艺教育、西政教育、师范教育、女子教育及实业教育。然而，因流于形式，未触及内核的清末“新政”并未能力挽狂澜，致使这些思想所发挥的作用十分有限。辛亥革命胜利，推翻了清王朝的封建统治，成立中华民国，中国的政治面貌焕然一新。在新的政治基础上，教育思想随之进入自觉期，民国时期的教育思想如军国民教育思想、实利主义教育思想、美感教育思想、大同教育思想、职业教育思想等则为新时期的教育问题提供了解决方案，呈各种思想此消彼长、纷繁错杂之势。

中国国家主义教育思潮起源于学术上的国家主义思想，清末梁启超主张国民应具有国家观念，出现“国家主义教育”一词，民国初年学界多从国家主义的含义及作用方面进行探讨，主张相对的而非绝对的，保守的而非侵略的，关注个体的而非蔑视人权的国家主义。清末民初尚属于国家主义教育发展初期，从民族自决的国家意识中分化出来，具有零散的、未成体系的特点。

五四运动前后，国家主义教育思潮在起起伏伏中向前推进。此时，国际上受欧战影响，战争所带来的满目疮痍、颓败不堪，精神备受创伤、充满动乱和绝望情绪的人们迫切需要安全、稳定的环境，世界主义、和平主义的呼声日高。

1919 年 5 月，美国实用主义教育大师、顶尖级现代教育派代表人物杜威来华讲学，其世界级哲学家的影响力、令人耳目一新的实用主义教育思想、来往各地的精彩演讲，使国内掀起自由主义、实用主义教育思潮。一时间，反对封建教育束缚，关注儿童兴趣，学校即社会，教育即生活，儿童本位、在做中学以及设计教学法等成为文教界的“口头禅”。而这种狂热偏激的价值走向，使国内教育流派聚焦于关注儿童以及个体利益。国家主义思想因其为第一次世界大战侵略国德、日所信仰而遭人贬低，国家主义教育流派遂在欧战后受到冷落。诚如近代著名教育家舒新城所言：此期国家主义“曾一度隐失于教育界”。

1924 年 1 月，陈启天在《少年中国》杂志发文《新国家主义与中国前途》该文开篇即言：

> 自欧战结局以来文人谈士莫不痛抵国家主义的流毒可以扰乱世界的和平，可以摧毁人类的文化，可以杀伤好生的人类，可以消耗无数的金钱，可以淆乱宇宙的真理，可以恶化国民的心理，几若国家主义为万恶之所归，无复存在之余地者，是未免反动过激耳。在欧美国民苦于战事者数年，一旦欧战告终自必讲叹和平，而向慕世界大同至呼声大噪一时，此自然之趋势也。①

民国初年，国家主义教育被时代潮流的矛盾与斗争裹挟着前进。但隐忍时期很短暂。由于弱国无外交，1919 年“巴黎和会”上中国外交的失败，山东主权的丧失使得国内报国救国呼声高涨。随着国内“醒狮派”逐渐发展壮大，以及 1925 年“五卅运动”的刺激，在国家主义派骨干成员曾琦、左舜生、李璜、陈启天、余家菊等人的极力鼓吹下，国家主义教育思潮激变，转而成为一场教育运动，得到蓬勃发展，在 20 世纪二三十年代竟臻盛极一时。

第四节　民国时期国家主义教育运动与国家主义教育思想

国家主义教育运动是国家主义运动的重要组成部分，同时也是国家主义教育思潮社会化影响扩大化的结果。1923 年，中国青年党在法国巴黎诞生。1924 年，该团体的活动重心转移至国内，创办报纸杂志、成立各种分支组织机构、举办国家主义讲演，国家主义教育运动如火如荼地开展起来。随着参与者人数的激增、组织机构的壮大，逐渐形成了较为系统、完善的国家主义教育思想体系。在国家主义教育运动开展的过程中，国家主义教育学应运而生，而理论成果丰富、颇具典型性的代表人物无疑当推本书的主人公，一位受人忽略甚至被边缘化的现代教育家余家菊。

---

① 陈启天：《新国家主义与中国前途》，《少年中国》1924 年第 4 卷第 9 期。

一　国家主义教育运动

国家主义教育运动的产生、发展及转向主要集中在20世纪20年代至30年代初的十多年时间里，由前期的社会活动、组织宣传及理论探讨转向后期的教育学术研究及教育实践关怀。

（一）中国青年党的产生

1923年12月2日，中国青年党在法国巴黎玫瑰村诞生，发起人为曾琦、李璜、张子柱、何鲁之等，他们都是留学法国、德国的爱国青年。该团体初名为“中国国家主义青年团”，以后正式定名为“中国青年党”。因以国家主义为政治信仰，被称为“国家主义派”，以“外抗强权、内除国贼”为活动宗旨。1924年，该派系组织在上海创办《醒狮》周报作为其宣传工具，因此又名“醒狮派”。国家主义派的主要成员是从少年中国学会分化出来的，关于少年中国学会的成立及相关内容等在下章余家菊生平活动中将作呈现。此处引证常燕生《从王光祈先生想到少年中国学会》一文中的一段内容对其历史地位加以展示：

> 少年中国学会在当时是一个纯粹学术，并从事社会运动的团体，当时青年界中的优秀分子，差不多全网罗在内。他们所发刊的《少年中国》杂志，是当时最富于生力，最有价值的杂志。这个学会本有变为中国革新运动大本营的可能，不幸从民国十三年以后，因为国内政治社会的急剧变化，和大家思想观点之不同，分化为若干派别，彼此互相仇视，甚至成为正面的敌人。有的是国民党；有的是共产党；有的是青年党；有的是新中国党；也有的专心学术，超然于党派之外。在国民党的有周佛海等人；在共产党的有李大钊，邓康，恽代英，黄日葵，毛泽东，刘仁静，赵世炎，杨贤江，沈泽民，张闻天等人；在青年党的有左舜生，曾琦，李璜，陈启天，余家菊等人；在新中国党的有康白情，孟寿椿等人（此党早已解散）；在学术及教育界专心研究超然于党派之上的，便是王光祈先生和周太玄，魏嗣銮，田汉，宗白华，方东美，杨钟健，吴俊升，郃爽秋，常道直，杨效春，谢循初等人。我们试把这十几年来，中国政治上、思想上所发生的大变化统

计一下，把其中领导和参加的著名的人检点一过，就可以知道少年中国学会在中国新时代史上的重要地位了。①

国家主义运动在国内迅速兴起，左舜生、陈启天、余家菊等成为国家主义派的生力军。

（二）国家主义教育运动的蓬勃发展

大致在“五卅运动”及其之后若干年内，国家主义教育运动呈现出如火如荼之态势，各种社会活动、教育演讲讨论、学派特色思想构建均相当活跃。20 世纪 30 年代学派的各种活动减少，以余家菊为代表的教育家开展的教育学术活动及成果成为新特色。

1. 国家主义派的宣传活动

1925 年 5 月 30 日在上海发生的“五卅运动”是中国共产党领导的群众性的反帝爱国运动，资本家与工人阶级矛盾的激化迅速将国民革命推向高潮，举国上下爱国救国的呼声高涨。国家主义派主张全民政治，采取自下而上的方式进行革新，做了大量舆论宣传工作。除《醒狮》周报外，还创办了一系列宣传国家主义思想的地方性刊物，如南京《国光》旬刊，北京《新国家》《国魂》《新少年旬刊》，天津《先导》周报，广州《狮声》《独一》旬刊，重庆《救国青年》，成都《振华报》；在国外则有纽约《侨声日报》、巴黎《先声》周报等。

同时，国内一些重要教育刊物也刊登宣传或研究国家主义教育的文章，如《中华教育界》《少年中国》《教育杂志》《新教育》《教育与人生周刊》《新教育评论》《江苏小学教育月刊》《国家与教育》《学灯》以及《湖南教育杂志》等。还有一些受到国家主义派影响的团体发行的刊物，如浙江宁波的“爱国青年社”发行《爱国青年》半月刊；江苏南京的“中华教育主权收回运动同志会”推出《黄镜》旬刊。

1925 年，余家菊、李璜等人分赴杭州、嘉定、南京、青浦、北京等地进行国家主义讲演。1 月 10 日，李璜在浦东中学演讲《我所理想的中学生》，在国立武昌大学演讲《我们怎样预备作战》。3 月 13 日，陈启天

① 王光祈先生纪念委员会编：《王光祈先生纪念册》（图书二期），王光祈先生纪念委员会，1936 年，第 25—26 页。

在扬州第五师范演讲《国家主义与中国师范教育之改造》。7 月 8 日，余家菊在东南大学暑期学校演讲《国家主义的教育之意义》，在国立暨南大学讲演《国耻的教育》《国家主义释疑》。曾琦在上海国立暨南大学讲演《国家主义与中国青年》《军事教育的精神》。醒狮社编《国家主义讲演集》（第 1 集）收录上述 8 篇演讲稿。

2. 国家主义派的组织活动

国家主义派加紧进行组织建设。1923 年 7 月 17 日中国少年自强会正式宣告成立，以宣传国家主义为宗旨，1925 年后由最初入会者 14 人发展到 7000 多人，淞沪、北京、南京、武汉、长沙均设有支部，并创立《自强》《行健》杂志。

为了联合各国家主义团体，扩大影响，1925 年 12 月 25 日，曾琦、李璜等人在“中华少年自强会”“光华学会”“爱国青年社”“国魂社”“国光社”“自强团”“醒狮社”“巴黎先声周报社”“巴黎救国杂志社”等众多国家主义小团体基础上组织“中国国家主义团体联合会”，并且在北京、南京、武汉设立 3 个分会。其他赞同或声援国家主义思想的团体还有很多，如河南开封“河南收回教育主权促进会”、湖南“固中学会”、河南“光华学会”、上海“少年自强团”、复旦“青年团”、云南“复社”、安徽“安庆青年社”、北京“国魂社”、南京“国光社”、武汉“国锋社”、成都“惕社”以及重庆“起舞社”等。

1925 年 7 月，余家菊、李璜、左舜生、陈启天等 39 人发起成立国家教育协会，该协会宗旨为“本国家主义的精神以谋教育的改进”。国家教育协会成立后，于《醒狮》周报公布“第一年进行计划大纲”，准备开展六项活动：一是发行教育特刊；二是发行教育专刊；三是发行国家教育协会丛书；四是分组研究编辑教育用书；五是组织各地分会；六是分赴各地讲演。① 教育特刊附于《醒狮》周报，教育专刊附于《中华教育界》出版，《中华教育界》第十五卷第一、二两期刊行“国家主义的教育研究号”。国家教育协会在南京、武昌、北京、美国等多地设有分会。

① 余家菊：《国家教育协会第一年进行计划大纲》，《醒狮》1925 年 12 月 12 日第 7 版。

3. 国家主义派的书籍出版

国家主义派出版的书籍主要有：国家教育协会编辑出版《国家与教育》周刊。协会出版了余家菊《国家主义教育学》、周调阳《教育统计学》、陈启天《国家教育概论》、杨廉《西洋教育史》、祝其乐《国家主义与乡村教育》、常道直《德国教育与国家主义》、陈启天《国家主义与近代欧美教育》、舒新城《收回教育权运动》[①]，译著有李璜《菲斯的告德意志民族》等。余家菊、李璜《国家主义的教育》收录了余家菊的《民族主义的教育》《中国教育的统一与独立》《圣基督教与感情生活》《教会教育问题》《国庆日之教育》，李璜的《国民小学教师对于今日中国国家的使命》《国民教育与国民道德》共7篇文章。

少年中国学会编撰的《国家主义论文集》（第2集，1925年）收录李璜的《释国家主义》《国家主义正名》《国家主义答客难》《再谈国家主义的教育》，由陈逸凡讲、吴俊升记的《国家主义之今昔观》，陈启天的《国家主义与中国前途》《国家主义与教育》《醒狮运动发端》《中国教育宗旨问题》《国家教育政策发端》《国家主义与国民教育的改造》，余家菊的《教育建国论发微》，曾琦的《内除国贼外抗强权释义》等17篇文章。

少年中国学会编撰的《国家主义论文集》（第2集，1926年）收录李璜的《国家主义与世界大势及中国问题》《国家主义的建国方针》《政治生活与国家生活》《伦理教育与宗教教育》，邓叔耘的《法国近代的两个国家主义学者》、胡国伟的《国家主义者的道德观》、胡云翼的《国家主义与新文艺》、余家菊的《国家主义与军事教育》、曾琦的《国家主义者之四大论据》等17篇文章。陈启天的《建国政策发端》（1926年）阐述了建国三大要义，国家主义及其科学，哲学、历史根据，政治、经济、教育原理及政策等。

国家主义派创办报纸杂志、著书立说、骨干成员奔赴各地进行演讲，国家主义团体在全国各地广泛建立，国家主义教育运动在此期达到高潮。

4. 国家主义派的主要教育主张

（1）国家主义教育的必要性

1925年10月，曾琦在无锡第三师范学校发表讲演《国家主义者之

① 杨思信：《对20世纪20年代国家主义教育学派的历史考察》，《学术研究》2008年第7期。

四大论据》，其中对提倡国家主义教育的缘由做如下分析：

> （甲）就世界大势论，英、日、法、美、意五大强国，吾人无论从何方面观察，皆不能不承认“二十世纪之世界为国家主义极盛时代”。
>
> （乙）就本国情形论，一言以蔽之曰“内不统一，外不独立”而已。因内不统一之故，于是各省督军据地称雄，拥兵作乱，形同藩镇，势等寇盗！因外不独立之故，于是关税不能自主，司法不能完全，财政频遭干涉，外交亦受牵制。然欲吾国贯彻独立自主之真精神，其法在使国民明了国家根本立足点之所在，使全国国民尽能透彻了解国家主义之真意而信仰之，使尽人都有为国效力之爱国观念。
>
> （丙）就社会道德论，吾人非讲“国家主义”不足以救中国之亡。自消极言：凡破坏国家者，国民应群起而诛之，自积极言：凡为国建设者，国民应群起而助之，使不肖者有所恐，而贤者有所劝。
>
> （丁）就人类本性论，爱国为人之良能，合乎人心，顺乎自然。人类惟能自爱其群，是以能驱虎豹犀象而远之，导洪水而注之海，驱龙蛇而放之沮，然后人得安居而乐业。①

以上曾琦从国际比较、国内现状、社会道德及个人本性论述国家主义思想的价值，其中包含着国家主义派的教育诉求。

（2）国家主义教育的内容

1925 年 7 月 8 日，余家菊在东南大学暑期学校演讲《国家主义的教育之意义》，对国家主义教育内容加以简要说明：“一、国家主义主张发扬国魂——国家精神；二、国家主义主张国的民养成自尊的精神；三、国家主义主张国民应服务于国家；四、国家主义要求统一；五、国家主义主张独立；六、国家主义要求国家的昌荣。”② 可见，国家主义教育服

---

① 曾琦：《国家主义者之四大论据》，载少年中国学会编《国家主义论文集》（第 2 集），上海中华书局 1926 年版，第 133—139 页。

② 余家菊：《国家主义的教育之意义》，载《余家菊（景陶）先生教育论文集》（上），慧炬出版社 1997 年版，第 311—313 页。

膺于德意志民族教育救国的基本逻辑，即发扬民族优越性，振奋民族精神，推崇国家至上，激发国民为国奋斗、不怕流血牺牲的大无畏精神，以完成国家的独立与统一。

陈启天在批判平民教育、职业教育的基础上，借国民教育的改造提出他的国家主义教育主张：第一，“须确定国民教育的宗旨”。国民教育作为培育国民的工具，如没有统一的旨向，何以培养国民性，促进民族团结？第二，“收回国民教育的主权”。国民教育应由国家操办，制定统筹全局的计划与标准，抵抗基督教对中国的文化侵略。第三，“划清国民教育的责任”。他认为应该由“国家立一个全国国民教育的计划书，明定国民教育的宗旨、标准、步骤、责任、考成方法与奖进方法而切实实行”。国家应承担国民教育经费。第四，“厘定国民教育的材料”。要旨如下：“言文科内的国语教材须多取自本国而非取自世界者，当直接或间接有助于国家思想的养成；社会科内的历史应着重本国史，引起祖国的观念与民族的思想；体育科应着重雄健的体质之养成”。第五，“改正国民教育的训练”。对五四前后重个性而忽视国性的教育进行纠偏，要以严肃、严格的训育方法，教育学生遵守纪律，敬爱师长。①

陈启天在这里涉及教育宗旨、教育主权、教育责任、教育素材及教育组织方法诸多方面的国家主义教育诠释。

（3）国家主义教育宗旨

余家菊在对个人主义、国际主义进行批驳后，认为教育宗旨必须满足五种性质，才能发挥其效用：“（1）时间性，合于此时之需要者也；（2）空间性，合于此地之需要者也；（3）历史性，合于此民族之需要者也；此三者合名之曰国家性；（4）透彻性，可以贯彻于各项教育活动者也；（5）确定性，可以明示教育者以努力方针者也。”由此，他提出教育宗旨应定为：“（1）精忠报国；（2）慈祥恺悌；（3）独立进取。”②精忠报国出自南宋爱国名将岳飞舍身赴死、报效祖国的典故，非常突出教育宗旨的国家性。慈祥恺悌为慈爱友善、和乐协调之意，体现出国家主义

---

① 陈启天：《新国家主义与国民教育的改造》，《中华教育界》1924 年第 14 卷第 3 期。

② 余家菊：《教育建国论发微》，载《余家菊（景陶）先生教育论文集》（上），慧炬出版社 1997 年版，第 361—362 页。

教育宗旨对传统文化优秀因素的汲取及弘扬，主张独立进取；强调对外抵御侵略，谋求实现国家的独立与统一，对内谋求养成优秀之国民。

1925 年 7 月，《中华教育界》刊余家菊《国家主义下之教育行政》，该文再论教育宗旨，提出时下教育救亡背景的教育宗旨中应涵括以下必备部分："一曰国民之独立性，对外能抗强御暴，不失其大国民之风；二曰国民之责任心，对内能奉公守法，克尽其国民之天职；三曰国民之和谐性，彼此相扶相助而发挥其休戚与共之情谊。"①

据此，教育宗旨被拟订为"养成健全人格，发挥国家精神，培植共和思想"②。这是对上述教育宗旨和思想的丰富，更是从教育功能论整体视域对国家主义教育宗旨的深刻提练。

5. 国家主义派与收回教育权运动

据 1921 年《教育公报》第 8 卷第 2 期刊载的陈倣达译自日本《帝国教育杂志》上的《欧美人在中国之教育的设施》一文，可知"中国学校学生人数"与"外国人所设学校学生人数"（见表 1 – 1 所示）。

表 1 – 1　**中外所设学校学生人数对比**

	中国学校	外国学校	外国学校学生占中国学校学生的%	备考
初等教育	3500000	130000	4	
中等教育	120000	12500	11	若只就中学校而论则占 52%
高等教育	15000	12000	80	加医科学生除专门学校别科生
平均			32	以种类分别比例为平均数

资料来源：《欧美人在中国之教育的设施》，陈倣达译，载《教育公报》1921 年第 8 卷第 2 期；原载日本《帝国教育杂志》。

"由初等教育起，逐渐增加，比例至高等教育，则外国学校学生数约合中国学校学生数百分之八十，其势力已在伯仲间也。"③ 可见，截至五

---

① 余家菊：《国家主义下之教育行政》，载余子侠、郑刚《中国近代思想家文库：余家菊卷》，中国人民大学出版社 2013 年版，第 350 页。

② 余家菊：《教育建国论发微》，载《余家菊（景陶）先生教育论文集》（上），第 368 页。

③ 《欧美人在中国之教育的设施》，陈倣达译，《教育公报》1921 年第 8 卷第 2 期。

四运动前后，西方人在华办学明显呈强势。

其中，英国人经营的学校有香港大学、博学书院、新学大书院等，美国人设立的大学有清华学校、文华大学、圣约翰大学等，英美人合办的学校有北京汇文大学、金陵大学、齐鲁大学，法国人经营的学校有震旦大学、天津工商大学、辅仁大学及若干中等学校。外国人在中国办教育皆由教会及所属教派所经营，以神学传道为目的，美其名曰帮助中国教育事业的发展，实则以他国文化灌输中国国民，奴役学生思想，腐蚀中国青少年的国家民族观念，教会学校实则为欧美帝国主义经济侵略、文化侵略的工具。

1924年4月22日，《民国日报》刊发《广州“圣三一”学生宣言》，学生自发成立学生会，对“奴隶式”的教会教育加以强烈反抗。“圣三一”学校是英国教会所办学校。该宣言提出：“我们很知道帝国主义者在中国办教育的用意，而受过那种教育的更是明了。他们所需要的，是制造几个洋奴，好替他们做买卖，替他们宣传，侵略中国，这是从他们平时灌输给我们——宣传与科学，可以知道的。他们是想引我们背着进化的道路后退，制造成头脑简单奴隶性的民族，任从他们宰割。”教会学校大都由牧师、神父带领学生读经、做礼拜，学习宗教教义，诱导学生信仰宗教，供外国资本家驱遣役使。该宣言主张：“在校内争回集会结社自由；反对奴隶式的教育，争回教育权；反对帝国主义者的侵略。”①1924年6月18日，广州学生收回教育权运动委员会发表《收回教育权运动宣言》：（1）所有外人在华所办之学校，须要经中国政府注册与核准；（2）所有课程及编制，须受中国教育机关支配及取缔；（3）凡外人所办之学校，不许其在课程上正式编入教授宗教，同时也不许其强迫学生赴礼拜堂念圣经；（4）不许压迫学生，剥夺学生之集会、结社、言论、出版等自由。②

随着国家主义运动的蓬勃发展，以宣传国家民族观念为要旨的国家

① 广州“圣三一”学校全体学生：《广州“圣三一”学生宣言》，《民国日报》1924年4月22日第7版。

② 广州学生收回教育权运动委员会：《广州学生收回教育权运动委员会宣言》，《中华教育界》1924年第14卷第3期。

主义者如余家菊、陈启天等纷纷倡导收回教育权，对该场运动起到推波助澜作用。1924 年 7 月，中华教育改进社第三届年会于南京召开，余家菊、左舜生、陈启天等国家主义者与谢循初、常道直等教育界人士提出《请求力谋收回教育权案》。

余家菊就国家教育权谋求收回的原因做如下分析：第一，“为国家之安全计”不得不收回。帝国主义在中国通过教会教育蛊惑国民崇洋媚外，曲解历史，摧毁国民民族观念与爱国精神。第二，“为国民性之发扬”不得不收回。教会教育培养的学生“丧失其中国人之特性”“全无中国人的修养”，以西方文明为时髦，以中华文化为卑劣。第三，“为国民情意之融洽”不得不收回。在国家危难之际，无民族文化认同感、无休戚与共的情意何以同仇敌忾，共御外侵。第四，“为立国理想之凝成”不得不收回。立国理想为实现独立与统一之先决条件，而教会教育打压、摧残国民爱国精神。第五，“为保障国权拥护国民人格”不得不主张收回。教会学校侵害中国权益，侮辱中国国民，毒害民族文化。[①]

同年 10 月，全国教育联合会开封年会通过《教育实行与宗教分离案》和《取缔外人在国内办理教育事业案》。1925 年 7 月，余家菊等人发起成立国家教育协会，利用《醒狮周报》《中华教育界》等刊物讨论收回教育权问题，《中华教育界》第 14 卷第 8 期出“收回教育权运动”号刊发收回教育主权原因、办法等的文章，使全国形成收回教育权运动的热潮。

1925 年 12 月，北洋政府教育部公布《外人捐资设立学校请求认可办法》，其主要内容为：第一，外人捐资设立各等学校须按照相关规定向教育行政官厅请求认可；第二，学校在名称上应冠以“私立”字样；第三，须由中国人担任校长，如原校长是外国人则须以中国人充任副校长；第四，中国人须占学校董事会名额一半以上。[②] 此项办法的规定和实施，使得收回教育权运动取得实际成效。

---

① 余家菊：《收回教育权问题答辩》，载《余家菊（景陶）先生教育论文集》（上），慧炬出版社 1997 年版，第 280—288 页。

② 《教育部布告第一六号（十一月十六日）：布告外人捐资设立学校请求认可办法》，《江苏教育公报》1925 年第 8 卷第 11 期。

自此之后，教会学校纷纷改头换面，改为由中国人出任校长或副校长，收回教育权运动取得阶段性胜利。

（三）国家主义教育运动的转向

1926 年 7 月，北伐战争爆发，经过近 10 个月的征战，至 1927 年 3 月，国民革命军便从广州打到武汉、南京和上海，革命势力迅速扩大，占领了大半个中国。北伐战争胜利后，1928 年，蒋介石在南京建立南京国民政府。国民党实行文化专制政策：在政治上，残酷镇压共产党人和革命群众，坚持实行一党专政的独裁统治，不承认青年党的合法地位；在教育上，则提倡“党化教育”，淡化“国家主义教育”，国家主义派遭受沉重打击。国家主义派根据形势纷纷立言主张开放政治，在教育上则提倡公民教育、乡村教育及师范教育，余家菊、陈启天则倾心于中国教育史研究，表明了国家主义教育运动此后新的转向。

中国教育史的研究旨在弘扬中华文化教育精髓，提高国民文化统一心理，凝聚民族自信及自强，同时为国家主义教育学提供有效的本国资源。

以下就余家菊的公民教育论加以简述。余家菊认为“公民”为“人民之有公权者”。所谓“公权”，应包括集会、结社、出版、言论的自由权、请愿权和选举权，公民在享受公权的同时也需履行纳税、服兵役等义务。他认为公民教育的目标，一是发扬民权。教育性质随国体而异，中国是民主国，自应尊重民权，发扬人民当家做主的权利。二是拥护国权。面对内忧外患，必须打击国贼，抵抗侵略，收回主权，恢复主人翁地位。三是奉公服役。国民是国家的组成部分，国家兴亡，匹夫有责，教育应培养国民关心国事、维护国权的国家意识。四是竭诚守法。全国民众不分等级贵贱，在法律面前一律平等，都要遵守法律，以法律为信条。五是普及教育。国以民为本，本固邦宁，本如何而固，曰唯教育。教育能使国民了解国事，鉴别是非，提高生产力，民强则国强。①

---

① 余家菊：《公民教育之基本义》，载余子侠、郑刚《中国近代思想家文库：余家菊卷》，中国人民大学出版社 2013 年版，第 410—412 页。

二 国家主义派国家主义教育思想主要内容概述

在国家主义教育思潮递嬗及国家主义教育运动中，国家主义者如余家菊、李璜、陈启天倾向于从教育方面宣传国家主义，以加大国家主义思想的渗透力和影响力；同时，又从国家主义思想角度阐述教育，培养国家主义派所期待的人才，并由此形成一套较为体系化的国家主义教育思想学说，包括教育目的、教育政策、师范教育、乡村教育、军事教育、爱国教材等诸多方面，下文将以余家菊、陈启天为代表，对其主要内容加以概述。

（一）教育目的

余家菊认为，教育目的是一个国家教育的风向标，需要纵观古今，把握国民之优劣、时代之必需、人生之常道，以具体、明确的导向指引教育者和受教育者。依他看来，教育目的应具备三层含义：

> 1. 吾人欲改造学风，转移民习，今后教育宗旨第一标的，当为服务精神之培养。
>
> 2. 欲遏今日之乱源而培成未来之生机，则中国的教育目标，第二当为民治态度之发扬。民治态度，本极繁复，第一为因主张而奋斗的气概；第二为宽容态度，对于异己，予以尊重而勿加压迫；第三为团体生活，协同动作。
>
> 3. 欲遏今日之乱源，而培成未来的生机，则中国教育之第三个目标，当为科学精神之鼓铸。所谓科学的精神者何也？第一为必确见其真方认为真；第二为证据充足，始下判断。①

余家菊此处所述的“服务精神”旨在弘扬传统文化中“亲人”“爱人”等观念，使国民互帮互助，增强情感联系，使情意融洽；“民治态度”则是针对党派纷争、打压抹黑不良习风所带来的教育瓦解，力图尝试纠偏；“科学精神”努力于五四运动后各种新思潮、新观念、新文化

① 余家菊：《教育原论》，大陆书局1933年版，第31—36页。

纷繁错杂乱象中的持中权衡，以及国家主义教育的选择态度，可见余家菊国家主义教育目的的理性冷静思考与时代性反映。

（二）教育政策

陈启天认为，教育目的需要凭借教育政策加以贯彻实施，无教育政策则教育目的只能是空谈，教育的建国兴邦愿景更是遥不可及。因此，必须有持久一贯的国家教育政策，作为制度依规和实施保障。具体作用为：培养学生立国精神、整理教育以改进国家政治、铲除教育上不当的分歧与支离、求教育最大的效率以及挽回教育主权的旁落和防止国民国性的摧残。①

中国该当确定何种教育政策，陈启天认为其要义在于："第一，中国教育当确定'国办教育'的范围与维持的经费，包括国办高等学术的教育、国办义务教育与平民教育、国办师范教育与模范中学。第二，中国教育当严定各种教育的标准与考成的方法。"② 这就从学制、教育纲要标准及教育组织方法方面对国家主义的政策做了设计。

（三）师范教育

在学制体系的学级类型、层阶组成结构中，余家菊最为看重师范教育，高度认定它的教育意义及在国家发展中的地位和作用。为此，他认为师范教育应保持一贯的教育方针，若因政局动荡而导致教育政策随之变迁，则不利于国民精神的凝聚。鉴于教育工作的专业性以及科学化的加强，就需要由深谙教育规律，具有教育学识的教育专家或教育家管教育，防止外行人胡乱干涉教育事业，贻误国民。

师范教育的管理及组织，是师范教育的主体部分。首先，师范生应实行公费制，这样才能吸引优秀生报考师范。他提出师范生的选拔标准应为：身体强健、言语清朗、态度和易、意境恬适、忍耐力强、注意精密、存心真挚、智力优秀。其次，师资采用多样化的培养方式。由于教育学发展面临着师资缺口这一瓶颈，不仅迫切需要培养大量师范人才，

---

① 陈启天：《国家教育政策发端》，载少年中国学会编《国家主义论文集》，上海中华书局 1925 年版，第 165—166 页。

② 陈启天：《国家教育政策发端》，载少年中国学会编《国家主义论文集》，第 167—168 页。

而且应提高教师能力。他尤其关注后者。例如，主张设立“教育指导员”帮助解决教师教学、课程上的诸多问题；实施“轮流补习法”，使在职教师“轮流入学，以更新其知识而扩充其胸襟”，也可以入暑期学校，或于课余时间前往师范学校，“补习其知能”。再次，师范学校应设置丰富多样的课程内容。为了培养小学教师，应该注重音乐、图画、手工课等，以适应儿童天性，注重常识的丰富和道德的完善。鉴于中学教师需于某一学科深造，以培养学生解决实际问题的能力，实行分别专业学科进行教学和研讨。高中学科则学术专业意味更浓，需要更高层次的师范专业人才担任师范生教育任务。余家菊还特别强调幼稚园教师的培养是师范教育不可忽视的一点。最后，教师从教需加强检定。他认为，并非经师范学校教育毕业的学生就一定能列入教职，师范教育只是教师从教的充分条件，而非充要条件。“似宜取消师范学校之特权，而一并用考试检定之，以整齐其程度，保障其能力。”① 这种设想又带有弹性化或开放型教师教育体制的特征。

余家菊认为，教师的职能在于文化的传授，以自身文化底蕴陶冶学生心性，“当养成学生之阔大胸襟，有上下千古识力，然后对于文化之精髓能了解，能把握，能欣赏，能默会于心胸，能传之于口舌而播之于笔墨”。教师的言行、习尚、信仰对学生有潜移默化的影响，为了能实现上述目标，教师应履行崇高的使命和要求。包括鼓铸国民精神，使学生拥有国家观念；具有专业精神，学习教育学相关知识与技能；注重学生健全人格的养成，“师范教育当为生活化的教育，而师范学校之组织经营，要当以生活化的人格教育为其指针”；包含多方面的修养，“处理人类者，则既有意志，又有理性，犹未为足，必也更有多方的同情，丰富的常识，敏锐的观察，然后于各方之人，能为正确的了解，而施以适当的应付或中正的指导”②。此外，教师还应在学科钻研的基础上，学思行结合，学习、研究、应用、改进教育技术。

① 余家菊：《师范教育行政》，载余子侠、郑刚《中国近代思想家文库：余家菊卷》，中国人民大学出版社 2013 年版，第 385—390 页。

② 余家菊：《师范教育之特质》，载余子侠、郑刚《中国近代思想家文库：余家菊卷》，第 403—407 页。

与余家菊师范教育立说相类似，陈启天则更为突出国家主义思想在师范教育中的渗透。他的主要观点是："师范生要明了自己的特殊责任；小学教师对于教育要有浓厚的兴趣；固然要发展儿童的个性，但同时对于国性，也当加以特别的注意；提倡军事训练。"①

（四）乡村教育

乡村教育思潮兴起于五四运动，到20世纪二三十年代形成乡村教育运动，有陶行知南京晓庄乡村师范学校"生活教育"实验、晏阳初河北定县平民乡村教育实验、梁漱溟山东邹平乡农教育实验及卢作孚重庆北碚乡村城镇化教育实验等各大流派。其中虽然没有余家菊所主持的乡建及教育实验，但并不能由此忽略他的理论贡献和历史地位。

国家主义派余家菊力倡乡村教育。他从1920年到1931年多次撰文或发表演说研究、宣传乡村教育。其代表性文章如1920年《乡村教育的危机》、1921年《乡村教育运动的涵义和方向》、1922年《乡村教育的实际问题》、1931年《近代乡村教育之缘起》《乡村教育之目的》等，著作有《乡村教育通论》。余家菊所讨论的乡村教育内容大抵包括以下几点：促进乡村教育的必要性、乡村教育不振的原因、乡村教育的目的、乡村教育运动的方向。

1. 促进乡村教育的必要性

中国大多数人民在乡村，不振兴乡村教育，则民智无以启，民意无以发，又何以谈增强国力？且都市教育资源相较乡村更优越，不振兴乡村教育，则都市与乡村更加两极分化，社会矛盾四起，不利于社会稳定与长足发展。

2. 乡村教育不振的原因

清末民初新教育运动以来，原有的乡村私塾及书院办学模式走向解体，近代学校办学集中在城镇以上的中心城市。这就出现了人们常说的近现代乡村教育破产论。究其原因，余家菊认为，其中的具体表现有两个方面：一是乡间人教育意识淡薄，二是有些教育者不愿意从事乡村教育。乡村民众大多以务农为生，用到文字、数字及书本知识内容的情况

---

① 陈启天：《国家主义与中国师范教育之改造》，载醒狮周报社编《国家主义讲演集》（第一集），醒狮社1926年第3版，第40页。

少，不明了教育的意义。于实际生计暂时无用，并忽视教育的多重功能。教师不愿意从事乡村教育工作的原因则主要在于待遇、职位升迁以及继续教育提高专业水平机会缺少。诚如余家菊所述乡村教师所面临的困境："薪俸太薄、无高升希望、无志同道合的乐趣、应付社会的困难、缺少增进知识的机会"[①]。

3. 乡村教育的目的

余家菊就乡村教育目的提出诸多期望，他把乡村教育目的分为普通目的和具体目的。普通目的分为公民、经济、个己三个方面："关于公民的目标，乃所以教人具有生活于人群社会之知能性格者也。关于经济的目标，乃所以教人在经济界能为健全的生产与消费者也。关于个己的目标，乃所以提高个己的精神而优美个己的生活者也。"[②]

乡村教育的具体目的应该突出"教育目的乡村化"的理念设计，以展现乡村教育的具体要求及特色内容。主要包括：（1）培养爱好乡土观念；（2）保留乡村民众安居乐业，勿使趋向都市；（3）养成重农意识，"勿使舍本务而贪末利"；（4）发展爱国观念与世界知识，以破其一孔之见；（5）发育互助合作精神，以改变孤特独立之性格；（6）鼓励试验改进理想，以破其故步自封之习性；（7）具有讲求公益的理想与习惯；（8）激发参加公民活动兴趣；（9）养成讲求卫生之习尚；（10）兼有从事高尚娱乐之嗜好；（11）树立乡村经济组织的能力与方法，并有"实现之志愿"。他最后得出，乡村中"无论其为政治的，经济的，抑社会的"诸多部分，只要是教育层面努力会有成效的，都是可为的，"皆教育者之所应悬为目标而努力奔赴之者也"[③]。这或许夸大了教育在乡村建设中的地位和作用，但以教育作为乡村振兴的切实手段和实用工具仍是一种深刻而富有远见的思考。

4. 乡村教育运动的方向

余家菊从教育与社会统合及教育社会化功能取向出发，提出乡村教

---

① 余家菊：《乡村教育的危机》，载余子侠、郑刚《中国近代思想家文库：余家菊卷》，中国人民大学出版社 2013 年版，第 33 页。

② 余家菊：《乡村教育通论》，上海中华书局 1934 年版，第 43 页。

③ 余家菊：《乡村教育通论》，第 50—51 页。

育运动分为三个方向：第一，向师范学校运动。各科教学应着眼于乡村，设置乡村教育学科，创立乡村实验学校，养成服务乡村的精神。第二，向乡村学校运动。有计划地、依序设立乡村学校，从学制上打通乡村办学的束缚或障碍。第三，向乡村社会去运动。由教育部门牵头，尽快组织成立乡村教育团，对乡村教育深入研究，调查乡村教育的实况，向各方面宣传乡村教育，向热心乡村教育的人募集款项，鼓励私人团体创设学校。①

（五）军事教育

军事教育是国家主义派的题中应有之义，内除国贼、外抗强权，实现中华民族的独立与统一无不需要增强国民体质、凝聚士气，改变积贫积弱的社会现实。余家菊与李璜从军事教育的目的、内容等方面进行阐述。

1. 军事教育的目的

余家菊提出，军事教育的目的应为“一、御外侮；二、戡内乱；三、守纪律；四、严组织；五、壮胆气；六、强筋骨；七、讲军学；八、习武艺”。自鸦片战争以来，西方自由、平等、民主等近代思想传入中国。一时间宣扬个性、崇尚自由及思想解放成为青少年一代的强烈追求。民国早期，政局动荡、文化碰撞以及西方教育不适国情的嫁接导致教育界、思想界乱象丛生。余家菊称：“妄以自由为无规则，平等为无管束。纵性任情，毁法乱纪，无所不至其极。”② 一时间，在学校教育实践中，离经叛道、辱灭师长的行为时有发生。为矫正流弊，扭转学风，对青少年实行纪律训练、必要规范管理已成为教育界的共识。军事教育于是大兴。军事教育旨在使青少年严于律己、增强体质、学习军事知识，养成吃苦耐劳的品质，树立保家卫国的志向。李璜如是说：“在日常习惯上，整齐严肃；在内心修养上，忠勇弘毅。”③

---

① 余家菊：《乡村教育运动的涵义和方向》，余子侠、郑刚《中国近代思想家文库：余家菊卷》，中国人民大学出版社 2013 年版，第 103—108 页。

② 余家菊：《教育建国论发微》，载《余家菊（景陶）先生教育论文集》（上），慧炬出版社 1997 年版，第 343—348 页。

③ 李璜：《军事教育的精神》，载醒狮周报社编《国家主义讲演集》（第一集），醒狮社 1926 年第 3 版，第 60 页。

2. 军事教育内容

中小学学段学生的年龄差异以及培养目标的区分，在军事教育上表现明显。因此，存在具体内容安排的不同及衔接是必需的。余家菊对此的主张很明确。小学军事教育的内容为："应重基本教练，如军礼、步法、枪术、队伍集散、精神训话，兼及攀绳登梯等技术，野餐露宿等生活。每年于国定之国防日，集合临近学校举行阅兵式，晓以国际情势，以振作其精神而鼓舞其敌忾同仇之概。"中学军事教育的内容和形式为："中学则施行军队组织，十人一伍，伍有长，百人一队，队亦有长，伍长队长，皆就学生中轮流选充之。实际教练注重队伍动作，战斗技术，并课以战略。间日一小操，一周一大操，每学期举行野外行军一次，短则一二日，长则一周。"① 显然，在军事教育内容的安排上，小学教育阶段重在军事知识技能训练以及相关组织活动，培植军事观念及报国志向；而中学阶段则明显走向实战性军事训练，加强实践操作与应用能力的培养。

（六）爱国教材

教材是教学的重要媒介和素材资源，是学校课程的主体文本呈现和载体方式。因此，教材在师生协同进行的教学中发挥着独特作用。余家菊认为，国民之所以缺少爱国行为及实际活动，是因为爱国观念与爱国意识薄弱所致，其内在关系在于国家与个体之间的互动关系不明了，而这在一定程度上又源于国民未接受爱国教材的教学及熏陶。所以，中小学教育应使用爱国教材，加强爱国教育，向国民传授与国家紧密相关的历史、地理、音乐等，培植爱国意识，陶冶爱国情感，养成爱国国民。

关于爱国教材的实施，余家菊认为应由多种具体教学科目共同担任，具体学科渗透爱国内容的图谱描绘如下：

> 国文科为一国精华之所萃，学校教育之所需，决不能穷竭其所有。故仅可于表彰本国特色，激发爱国志气有关者择要导学。举例言之，如岳武穆《满江红词》，文天祥《正气歌》乃至《荆轲列传》

① 余家菊：《教育建国论发微》，载《余家菊（景陶）先生教育论文集》（上），慧炬出版社1997年版，第349页。

> 等，皆能使顽夫廉懦夫立者。历史科示人以本国盛衰之迹，文化进展之由。或使人起保护之心，或使人起雪耻之念，其用多端。如龙门石像、曲阜孔林，皆一国至宝，举世无双，而为历史科所应教以保护者。如八十来年，海禁大启，割地丧权，蔑有宁日，又皆国民奇耻而为历史科所应教以洗雪者也。地理科示人以地利之要，人事之纲。吾国之锦绣河山，无尽宝藏，乃各国之所垂涎，宜教国人思所以防护之；国土日削，国富日竭，皆缘列强压榨，而宜教国人以力图收回者。自然科学，或则有关实业之启发，或则有关国防之讲求，如农桑研究之可以增国富，毒瓦斯制造之可以强国力，皆为讲学自然科学者之所不可忘。今人之恒言曰，为真理而求真理。斯言也，高则高矣，其如可贵而难能何！诚不如提倡为国求学之为愈也。数学科固为抽象学科，然欲列入爱国教材，亦非难能。如海军战斗，发炮射击，如何方能命中，空中飞行，大气压力之测计，如何方能精确等；皆可予数学科以多少活气，而使国民了然于国防之条件者也。至数学科教材之有关爱国者，不仅国防一端，自不待言。此外音乐科可教以爱国歌词，图书科可教以写爱国故事，手工科可教以爱国伟人之造像、国防工具之模型等，更显而易见，无容多言。①

不同学科教材对爱国主义教育及爱国精神的培养有不同价值，而从学科教学渗透思想道德教育是有效而经济可行的。余家菊所论深得其内在精要。

此外，还可以利用各种爱国纪念日进行爱国教育，使爱国教育贯穿于国民教育的始终和诸多方面，并落实于儿童的生活。如国庆纪念日、国耻纪念日、孔子诞辰等，形成民族观念，培养国民深厚的爱国情感。

教育学的发展得益于不同教育学派之间的相互批评和借鉴。国家主义教育学在批判平民教育、职业教育，纠正个人主义、国际主义教育偏颇的基础上，以培植国家观念、抵御外侮、内除国贼为目的，对教育宗旨、教育政策、道德教育、师范教育、乡村教育、军事教育、爱国教材

① 余家菊：《爱国教材在小学教育上的地位》，载余子侠、郑刚《中国近代思想家文库：余家菊卷》，中国人民大学出版社 2013 年版，第 396—397 页。

等方面均有所涉猎，形成较为系统的国家主义教育思想。它一方面积极迎合、吸收西方国家主义思想主张，另一方面承袭传统儒家文化“修身、齐家、治国、平天下”的基本逻辑和精忠报国的民族精神。从国家视角出发，以“国家至上”“教育救国”作为观念信仰，进行自身学派的学理构建。对20世纪二三十年代的政治界、教育界产生了一定的影响。国家主义派核心成员如余家菊、陈启天对收回教育权运动具有直接的促进作用，顺应时代潮流发展之需，对凝聚民心、增强国家民族观念起到一定的积极作用。但因其教育融合于政治，存在着不切合中国社会政治运动和制度革命的发展路径，终究随着政局变动而逐渐衰微。而作为社会子系统中具有相对独立性的教育活动，或具有一定普遍适应性的现代教育学专业理论，以余家菊为代表的国家主义教育学因其对教育的深入研究和思考，而不乏一些进步性、适时性、全面性的教育思想，仍值得我们借鉴、学习和思考。

第二章

余家菊的生平活动与国家主义教育学的形成

余家菊的生平活动主要包括儿童至青年初期的求学、参加少年中国学会活动，主持学会刊物以及在国内高校任职，从事以教育学为主的专业学术研究三个部分。他的人生历程不仅伴随着教育问题的思索和探索，而且所取得的理论成果直接延伸，导致了国家主义教育学的面世。

第一节　求学岁月

余家菊的求学历程丰富多彩，既接受过旧式教育和新式高等教育，还有西欧早期发达国家的留学经历。这使他的教育学构建带有中西合璧、传统与现代交融以及现实教育趋向的介入等多层因素或特色。

一　国内求学

余家菊（1898—1976），字景陶，又字子渊，湖北省黄陂（今属武汉市黄陂区）人，中国近现代著名国家主义教育思想家、社会活动家。他出生于戊戌政变六君子殉国之年，其母亲在他出生 170 天即去世，自幼丧母的余家菊从此被寄养在外祖母家，其外祖家族庞大，“其族书香鼎盛，获乡贡者多人”①，其内侄于 1919 年任河南某地方官。在同外祖母生活的十余年中，深受乡间生活和农村传统家教的影响。他曾在回忆录中描述外祖母：“肃穆雍容，无疾言厉色，无懈怠容态，出入其门者不曾

① 余家菊：《余家菊（景陶）先生回忆录》，慧炬出版社 1994 年版，第 183 页。

有非僻之行或戏谑之言”。[①] 他一生淡泊名利、节制嗜好的习惯以及在学术问题上严谨认真的态度与其有很大关联。“外祖母生活清简节约，宽裕恭整，起居饮食皆有常节”“对他人物品，不得擅取丝毫，他人有所求，凡力所能及者必应许之，附近贫民每来借衣饰，以送往当铺押款”[②]，对自己要求严格、生活清俭、辛勤操劳、从不倦怠，教育童年时代的家菊善待他人、互相协作、相爱帮助。这为家菊日后从事教育事业埋下了启蒙的种子。

余家菊身处清朝末年科举教育衰落时期，但乡村私塾仍然是民间社会主要的教育类型及组织方式。他6岁时被其父送至家塾读书，在家塾的学习中，由最初读《三字经》《地球韵言》到学习《四书》《左传》，再到后来尝试作文，都是传统初等教育的内容、模式及程序。据记载，余家菊第一次作文就写下“人皆可以为尧舜”如此气势磅礴之文，后又写下“若夫豪杰之士，虽无文王犹兴”[③] 之言。塾师对颖悟过人的“神童”赞赏有加、期许殷切。在家塾就学中，余家菊刻苦读书，每日黎明起床诵读三首诗文，早饭后讲书习字，每两天作文一次，后又读《东莱博议》《古文观止》等更高层次的国学，每日课业字迹不得潦草，书本不得破损，如果当日课业没有及时完成不得就寝，这种对自身的严格要求成为日后余家菊取得教育研究辉煌成绩的重要影响因素。

1905年清末“新政”，科举制度瓦解，学校渐有兴盛之势。“予年虽幼，得见当时青年运动之文字，虽不解所谓，但已觉国家正在不安状态中，至于珠算甚熟练”[④]。余家菊尚年幼就能洞悉国家处境艰难，实属不易，也为日后其提倡的国家主义教育思想埋下伏笔。在完成家塾学业之后，他进入县立道明高等小学堂学习。道明高等小学堂创立于丙午年(1906年)，原名黄陂县立北路高等小学堂，其地理位置“在长轩岭街南坡下田恒福支祠，分上下两堂，堂各六十人”[⑤]。学生就学费用一概由政

① 余家菊:《余家菊（景陶）先生回忆录》，慧炬出版社1994年版，第183页。
② 余家菊:《余家菊（景陶）先生回忆录》，第184页。
③ 余家菊:《余家菊（景陶）先生回忆录》，第198页。
④ 余家菊:《余家菊（景陶）先生回忆录》，第199页。
⑤ 余家菊:《余家菊（景陶）先生回忆录》，第201页。

府提供，学校规制是由知县监督，堂长主持，监学二人辅助若干名教员各司其职。课程计划按照清末1903年《癸卯学制》章程规定贯彻，主要有读经、汉文、修身、英文、算学、格致、博物、历史、地理、音乐、图书、体操。汉文最初学习《东莱博议》，后又学习《古文观止》，修身、史地等学科以湖北官编教科书《芥子图书谱》为主，学校尤其重视对学生进行军事锻炼，学习体操兼授兵操，教员步履硬挺，精神横溢，大有清末1906年颁布教育宗旨中的“尚武”精神，教师通过军事训练培养学生的爱国精神。余家菊宣传的国家主义、爱国热忱就是源于此。

在道明高等小学堂求学期间，校长和教师对他产生了积极的影响。时任堂长雷尊吾为乡里名儒，每逢孔子诞辰，便会整冠束带，率全校师生跪拜，以示尊师重道。此举奠定了余家菊毕生尊崇、服膺儒学的底色。余家菊在回忆录中写道：“堂长雷尊吾雍容大雅，人皆亲之。监学闵文卿刚正严峻，人皆畏之，呼曰阎王。监学姚汝婴干青发挥踔厉，人多化之。喜谈革命，为同盟会员。”[①] 学校的教师对余家菊无论从知识传授、思想开化，还是从看待新事物的方式以及对国家未来的思索方面都产生了深远的影响。

1912年，余家菊就学于武昌文华书院，学校为西方传教士所创，学校内设有基督教教堂，要求学生朝夕礼拜，学校风气逐渐西化。余家菊对此并无兴趣，甚至有质疑或抵触心理。于是他不久又考入私立武昌中华大学预科，大学校长为刘凤章文卿先生。据余家菊回忆：在大学预科期间受二人影响最深：一位是姚江学派大师刘凤章文卿先生，另一位是英文教授邹昌炽博士。“刘凤章宣扬王阳明，时作国学讲演，予颇受影响，倾向研习国学。”[②] 肄业3年后，考入武昌中华大学文学院中国哲学系，转向人文学科专业继续深造。通过大学的学习历程，他对于传统经学、先秦诸子学、魏晋玄学、隋唐佛学、宋明理学、清朝朴学都有很深的研究。在就读中华大学期间，余家菊在《武昌中华大学学报》上发表了第一篇学术论文《梦的心理学》，后来又陆续在报纸杂志上发表了《教科书革命》《乡村教育的危机》等文章。据余家菊回忆：在求学生涯

---

① 余家菊：《余家菊（景陶）先生回忆录》，慧炬出版社1994年版，第201页。

② 余家菊：《余家菊（景陶）先生回忆录》，第209页。

中，他曾兼任汉口民新小学教师，大学毕业后，又在本校中学部任教，并负责校务。这些经历及在此期间所积累的经验使他对中小学教育有深切的认识及情感。但接受了现代高等教育专业训练及西方思想洗礼的余家菊因与守旧派意见不同，而未留任原来岗位多久，便辞职奔赴北京，转向教育科学的学习和探索。

早期的教育经历对余家菊后来的思想发展产生了深远的影响。童年所接受的传统儒学思想是整个教育思想体系的根基。这使得他能够以一种冷静的眼光审视各种外来学说。他不盲目排外，也不盲目崇外，提倡应当以"中国式"的标准来判定外来事物的合用与否。这一观点贯穿其各时期教育探讨及活动的始终。

1919 年，在王光祈的介绍下，处于青年期的 21 岁的余家菊加入成立不久的少年中国学会。少年中国学会是当时中国十分有影响的团体组织之一，其宗旨为"本科学精神为社会服务"[①]，其中许多参与者都在从事与教育有关的工作。1920 年 2 月，余家菊以第三名的优异成绩考入北京高等师范学校教育研究科第一班，并在学校复试中以第一名的成绩成为北京高等师范学校研究生。此时，恰逢美国实用主义教育家杜威（John Dewey，1859—1952）来华讲学，并担任北京大学与北京高等师范学校名誉教授，讲授实用主义教育学思想。随后，英国哲学家罗素（Bertrand Arthur William Russell，1872—1970）博士来华讲学，罗素在哲学上主张新实在论，在政治上极端重视逻辑分析主义。相较于他的学说而言，杜威的思想及其影响在知识界，尤其是青年学子中更广为传颂，受到追捧。但余家菊却与时人观念有别，热衷于罗素的学说。他将罗素所著的《社会改造原理》以及主张唯物主义的德国哲学家倭铿的《人生之意义与价值》译成中文。由于采用直译法，译本文字通顺，中英文造诣俱深，且不失作者原意。书稿译成之后，由北平销路最广的晨报社发行，引起社会普遍注意。从余家菊国家主义教育学构思上推测，其反思实用主义教育过于放任自由，缺乏规范管理的教育引导的思想，应该是与他此时的学派选项有关的。

---

① 余家菊：《余家菊（景陶）先生回忆录》，慧炬出版社 1994 年版，第 212 页。

二　国外求学

留学英伦是余家菊成为现代著名教育学家的一块重要基石，同时也是其教育思想形成的重要转折点。从1922年初踏出国门，到1924年夏应聘归国，余家菊亲身感受了异域他乡的国民风尚，考察了英伦三岛的学校教育。在第一次世界大战接近尾声时，美国威尔逊总统提出以建立世界霸权为主要内容的“十四点计划”，宣称这是促进世界和平的唯一计划，但由于美国国会拒绝签署《凡尔赛合约》，其所提计划宣告失败。此时的情形正如余家菊所描述的那样：“国人方沉迷公理战争之说，而醉心于世界和平。”[①] 于是误以为这只是偶尔一次挫败，难以阻碍进化大潮。“国际主义兴盛，则无政府思潮隐然充沛，赛先生与德先生固为时人所崇拜，而新村运动如日人武者小路之所为者，亦为青年所敬仰。”[②]

正是在这种社会形势下，余家菊开启了留学外洋的人生新征程。1922年冬，余家菊以教育部公费生身份赴伦敦大学政治科学院深造。在赴英之前，途经巴黎，他感慨巴黎“市容美丽，秩序厘然，文物灿烂，生活优适，然知富强文明之实像”[③]。抵达英国后，他又认为英、法两国的国民性显有不同，英国人庄重而注重实际，法国人活泼而多情。余家菊思想中重要的民族独立性思想、军国民教育思想由此萌发，卷入20世纪初以来欧美现代教育运动的浪潮，尤其是杜威的实用主义教育思想更成为他的汇聚中心之一。

在留学期间，余家菊经常与同学探讨国事，并乐于搜集欧美新教育书籍研究阅读，其中帕克赫斯特的“道尔顿制”开创了一种新型的教学模式，一种打破班级教学组织形式的教学新形态，即个别教学，其功用在于使教师和学生得到解放，能够充分发展学生个性，“而解放的结果，于教师方面可以使教育成为日在创造中的职业”[④]，同时又与中国的私塾教学有相近之处，这激起了他的兴趣。

---

① 余家菊：《余家菊（景陶）先生回忆录》，慧炬出版社1994年版，第220页。

② 余家菊：《余家菊（景陶）先生回忆录》，第220页。

③ 余家菊：《余家菊（景陶）先生回忆录》，第221页。

④ 余家菊：《“道尔顿制”与中国之教育》，《教育杂志》1922年第12号。

1922年12月余家菊作《“道尔顿制”与中国之教育》，刊登于《教育杂志》第14卷第12号。由此，在余家菊、舒新城等现代教育家宣传、鼓动下，道尔顿制逐渐在北京、上海、长沙、杭州等地进行了实验。1922年余家菊撰《人格之动力》一文，刊登于《中华教育界》第12卷第5期，该文围绕人格与自我意识的话题展开论述，谈到今日教育，认为“教育者必须切记学生是生长的，故教育亦是生长的，谈教育当彻头彻尾勿忘动力的观念”①，“国中言人格教育者以此文为今代表作”②，足以见得余家菊论文在国人中的影响。同年，余家菊撰《民族主义的教育》一文，以鼓荡国人的国民意识。余家菊在文中批判了国内思想界和教育界津津乐道的世界主义、非国粹主义以及个性主义和模仿主义，他指出，所谓的民族性的教育，“在消极方面，教育要根据固有的民族特性；在积极方面，教育要养成显著的民族意识”③。从建立民族性教育出发，他对当时的退款兴学问题提出三项主张：反对美国建立清华式预备学校，以防民族性的湮没与分裂；反对滥派留学生而主张扩充本国学术机关，以为民族独立树立百年大计的基础；反对款项集中而主张各省分享，以使民族全体能在文化上并驾齐驱。

但这并非意味着余家菊钟情或信奉偏于自然主义与个性主义的杜威派教育学说。正如上文所述，他很快就意识到这种教育学说与国家民族的确立与维护以及教育的社会功利化有别，因此他主要选择从柏拉图到费希特等思想家所倡导的国家主义教育，只是吸纳或保留杜威等现代教育派的思想因素。

此时恰逢国内“庚子赔款”赴美留学运动蓬勃开展之际，以美国为代表的西方自由主义与实用主义教育势力加大对中国的渗透。民族国家教育的意识及主权遭遇新困境，有碍于国民统一性与独立精神的塑造。于是，余家菊作《民族性的教育与退款兴学问题》一文，对社会知识界迷惘于杜威派思想的困惑加以回答和澄清。1923年，面对每况愈下的国势，余家菊深感痛心，分析其原因不外是内在倾轧和外在压迫两个方面，

① 余家菊:《人格之动力》,《中华教育界》1922年第5期。

② 余家菊:《余家菊（景陶）先生回忆录》，慧炬出版社1994年版，第222页。

③ 余家菊:《余家菊（景陶）先生教育论文集》，第159页。

而其结果都是中国处于动荡战乱或受外国列强宰割。于是，他与李璜共同编写《国家主义的教育》，该书一经问世，在中国教育思想界不啻“一石激起千层浪”。其中，余家菊的《中国教育的统一与独立》一文，提醒国人要警惕外国人在中国办教育对中国前途所带来的危害，明确表达了收回教育权、保障中国教育主权完整的想法。余家菊谆谆告诫国人：“以前的错，已经错了！……必须记着教育的完整，莫使我中国之子子孙孙百世而不能翻身！”① 在观摩了英、日、法三国的国庆日活动后，余家菊更是感慨良多，写下了《国庆日之教育》，提醒教育界要利用国庆日进行教育活动，以凝聚国民精神。他主张国庆日的教育内容为：“伸张民权，完成共和；五族一家，同生共荣；拥护国权，发扬国光；追步先烈，舍己救国；崇德报功，纪念先烈。”② 余家菊还敏锐地注意到了当时国内基督教活动泛滥以及教会教育猖狂发展的事实，于是他奋笔疾书，完成了《基督教与感情生活》和《教会教育问题》两篇文章。他指出，西方基督教打着传播教义之名，进行文化侵略之实。为此，他强烈反对传教，提倡“宗教业之废除”③。对于教会教育问题，余家菊旗帜鲜明地指出：“教会教育妨害中国教育之统一。”④ 他还提出宗教恪守中立、实行学校注册法、施行教师检定法等多项具体可行的措施。他们在书中谈到若想实现民族主义教育，首先要使中国教育统一独立，进而在独立的民族教育中进行爱国教育、道德教育、文化教育。同时，他提出西方教会教育在中国日趋壮大，十分不利于中国民族教育的进行。此书一经出版，“在思想界投一大石，波纹深远”⑤。1925 年夏，余家菊独立撰著《国家主义教育学》一书，其“思想更为绵密，实国人自著教育学之第一书”⑥。1927 年，余家菊又撰《国家主义概论》，将国家主义与三民主义、共产主义进行比较研究，对共产主义与三民主义进行了反思，并阐述了国家

---

① 余家菊：《余家菊（景陶）先生教育论文集》，慧炬出版社 1997 年版，第 190 页。

② 余家菊：《国庆日之教育》，载余子侠、郑刚《中国近代思想家文库：余家菊卷》，中国人民大学出版社 2013 年版，第 275 页。

③ 余家菊：《余家菊（景陶）先生教育论文集》，第 239 页。

④ 余家菊：《余家菊（景陶）先生教育论文集》，第 259 页。

⑤ 余家菊：《余家菊（景陶）先生回忆录》，慧炬出版社 1994 年版，第 223 页。

⑥ 余家菊：《余家菊（景陶）先生回忆录》，第 223 页。

主义的哲学基础、心理学基础、伦理学基础以及文化基础，使“国家主义”的理论基础更为牢固。

第二节　少年中国学会的干将

20 世纪初，义和团运动爆发、八国联军侵华以及《辛丑条约》的签订等一系列事件接踵而至，使中国民族危机加重。帝国主义加强对中国的侵略，留学生出于反对帝国主义侵略的民族情感纷纷回国。恰逢当时国内各校学生发起反对帝国主义侵略的请愿活动。请愿活动因受到反动军阀的压迫而最终纷纷失败。因此，先进的知识分子认识到成立一个带有学术性的政治团体的必要性。

1919 年 2 月，李大钊、王光祈、陈愚生、张尚龄、周太玄、曾琦、雷宝菁等人在上海召开吴淞会议，筹备建立少年中国学会，意在将纯洁有为的青年结合在一起，引领青年进步潮流，形成学术研究之风。会议决定发行《少年中国学会会务报告》，3 月 1 日即发行会务报告第一期，至 1919 年 6 月，共出四期。其中初步确定学会宗旨为“振作少年精神，研究真实学术，发展社会事业，转移末世风气”①。1919 年 5 月，王光祈作为学会筹备者在《少年中国学会会务报告》第 3 期发表了《本会发起之旨趣及其经过情形》一文，对学会的发起和筹备情形作了详细叙述：

> 本会在去年六月三十日发起，同人为郑重其事起见，筹备期间，预定一年，应于今年七月一日开成立大会。
>
> 本会同人在本会未发起以前，大半先有一种精神上的结合。出处进退，互相商榷，已略具团体规模。去年留东京同人归国，首由北京会员王光祈君提出《吾党今后进行意见书》一册，书中历叙同人今后进行，宜为一种有统系的有秩序的，并草拟学会规约大纲数十条。其时，东京会员曾琦君等亦正有建设学会之计划。乃先派雷宝菁君归国接洽一切。同人意见，遂归一致。曾琦君、张尚龄君亦

① 王光祈：《本会发起之旨趣及其经过情形》，《少年中国学会会务报告》1919 年第 3 期。

先后由东京归国，乃有七年六月三十日墩云别墅之会议。①

同年7月1日，少年中国学会正式成立。李大钊、王光祈等在学会正式成立大会上提议改学会宗旨为“本科学的精神，为社会的活动、以创造少年中国”②。经会员商讨研究，大会通过此项决议。其具体内容为：（一）关于青年修养之文字；（二）关于讨论学理之文字；（三）关于批评社会之文字；（四）少年中国学会消息。③

学会宗旨的提出“无一不是根据时代思潮而来”④。意欲创造适应少年世界的少年中国，以少年中国的模范团体自任，引领青年进步潮流。这些爱国的进步青年积极参与社会活动以及政治活动，为挽救民族危亡的爱国事业而奋斗，积极引领时代潮流，宣传进步思想，从他们身上可以大致把握时代与社会思潮的脉搏。少年中国学会形成了一个思想自由、勇于探索、严于自律的对全国青年极富感召力的群体。他们曾试验通过教育和实业两种途径从事切实的改造社会实践，以此为根本性的社会变革奠定基础。王光祈曾这样阐述学会宗旨：

（一）振作少年精神：本会现为青年活动团体，故出版书报，多系鼓吹青年之作。盖青年者，吾人所视为创造少年中国之唯一良友也。（二）研究真实学术：同人等主张凡事皆本于学术，见诸事实。故会中有科会、谈话会等之组织，皆所以达研究学术之目的者。（三）发展社会事业：本会同人大半皆从事教育实业：亦即同人等所视为建造“少年中国”之唯一良好手段也。（四）转移末世风气：本会信条，在积极方面，则有奋斗、实践、坚忍、俭朴之规定；在消极方面，则有第十四条概括规定之禁约，实欲由少数青年身体力行，以造成一种善良之风气。⑤

① 王光祈：《本会发起之旨趣及其经过情形》，《少年中国学会会务报告》1919年第3期。
② 《本会通告》，《少年中国》1919年第1期。
③ 《本会通告》，《少年中国》1919年第1期。
④ 曾琦：《学会问题杂谈》，《少年中国》1922年第8期。
⑤ 《会务报告》，《少年中国》1919年第3期。

同时，大会决定创刊《少年中国》月刊，将原来之《会务报告》并入月刊内。[①] 因此，《会务报告》可以说是《少年中国》月刊的前身，是少年中国学会会务发展的结果。据此，《少年中国》月刊内容大致分为两个部分：一是以文学、社会学、哲学为主，探讨当下社会问题与现状并兼有翻译国外自然科学论著；二是原《会务报告》的延续与扩展，包括一些阐发学会方针的文章、通信、会务消息通讯。

少年中国学会不仅仅单一进行学术研究，而是以提升思想境界为根本，重在陶冶纯洁高尚的个性和锻炼奋斗有为的个体。这是从一切政治社会文化事业的根本底质上着眼[②]，也是由学会宗旨所决定的。宗白华指出，学会会员之间应团结互助，真诚相处，“末世得友甚难，今既得此纯洁少年之团体，自当互相以真挚热忱之友谊和团结，以其御外界流俗之浅薄，虽渺在千里，当迩如一室，以道义相规，学术相问，一出之以真庚，勿拘于末俗之客气，吾等之团结乃心情上之团结，非徒知识学术上而已。惟真同心者，乃能永久”[③]。从会员通讯中可以清楚地看到，会员平日无论是学术探讨研究还是与他人相处，的确切实履行学会宗旨：“平日务求言行一致，尤以虚伪，敷衍放纵，标榜诸恶习为戒，聚首时每有辩论，无不面红耳赤，据理力争，事后则又握手言欢，不存芥蒂。会员间来往通讯，讨论修养、科学、政治活动及一般社会问题之函件，载在《少年中国》月刊者，皆至亲切感人，尤为当时一般青年所争诵者也。”[④] 曾琦深有体会地说：“我们的朋友都喜欢互相劝勉，认为是的，便极力劝做。认为非的，便极力劝改，丝毫不杂世俗敷衍的恶习。”[⑤]

五四运动以后，少年中国学会的成员不断扩大，影响力加强。在该会的成员中具有代表性的有未来的共产党领袖人物李大钊、毛泽东、恽代英、邓中夏、高君宇、赵世炎、张闻天、张申府等；有国民党高官杨

① 《会务纪闻》，《少年中国学会会务报告》1919 年第 3 期。

② 周太玄：《王光祈先生与少年中国学会》，载《王光祈先生纪念册》，文海出版社 1968 年版，第 23—24 页。

③ 《宗白华致会中同志》，《少年中国》1919 年第 2 期。

④ 黄仲苏：《王光祈与少年中国学会》，载《王光祈先生纪念册》附录，文海出版社 1968 年版，第 3 页。

⑤ 《曾琦致舜生》，《少年中国》1920 年第 3 期。

亮功、沈怡、吴宝丰等；有中国青年党，后来转化为国家主义派的李璜、左舜生、曾琦、余家菊、陈启天等；还包括一批在科学、文化、教育、艺术领域内卓有成就的专家学者，如音乐家王光祈、文学家朱自清、美学家宗白华、戏剧家田汉、生物学家周太玄、教育家许德琦、哲学家方东美、出版家舒新城、地质学家杨钟健、诗人康白情等。特别需要提出的是，余家菊作为国家主义代表人物之一，在教育学方面的影响力不断提升，是国家主义教育学派的代表。

国家主义教育思潮盛行于五四运动时期，大量杂志刊登了有关国家主义教育思想的文章，其中形成了专门对国家主义思想进行宣传的团体。1923 年，余家菊与李璜合著《国家主义的教育》论文集，较为系统地对国家主义进行了宣传，大力倡导教育建国。1924 年，由少年中国学会团体部分成员组成中国青年党，曾琦、李璜在回国后同左舜生共同创立《醒狮》周报，成为国家主义派及国家主义教育史上的一个里程碑，因此，国家主义派又叫“醒狮派”。“醒狮派”以《醒狮》周报为“主战场”，大量刊登与国家主义教育相关的文章，宣扬国家主义思想，涌现出一批相对稳定的关于国家主义理论撰述的作者群，主要以李璜、左舜生、曾琦、余家菊为代表，形成了一次影响颇大的国家主义教育运动。陈启天曾在回忆录中谈到，《醒狮》出版最大的影响就是促使国家主义理论体系建立，同时也促进了青年团体风起云涌的活动。“国家主义在我国建立起一种系统理论，可说是从我们这几本书开始的。”①

余家菊作为少年中国学会会员以及“醒狮派”的代表人物曾在《少年中国》《中华教育界》等杂志上多次发表有关国家主义教育思想的文章，阐述自己对教育问题的见解。1920 年 9 月，余家菊在《少年中国》第 2 卷第 3 期发表《教师和学生间的交际问题》，谈到当前教师与学生之间的关系为“冰铁态度和机械关系”，教师对教学工作懈怠，“眼巴巴的望着‘打下课钟’”，而学生也失去对学习的热情，没有显现出一点活泼和生气，而是眼巴巴地盼着放假，这种师生关系不利于教育的进行，从事教师工作大半年甚至不知道学生的姓名，这是教学工作不成功的表现。

① 陈启天：《寄园回忆录》，台湾商务印书馆 1965 年版，第 145 页。

针对当时所存在的师生问题，余家菊认为原因如下：（一）历史的原因，教师自古以来就是权威的象征，“拥护尊严的是权威，维持权威的是疏远，不与人接近以使人莫测”①，这是自古流传下来的师生之间的固化关系。（二）国民性的原因，“我国人原无所谓社交”“以家庭为生活的范围，以‘于人无求，与世无与’为生活的极则。这种性格的国民，自然无所谓交际，更无所谓师生的交际”。（三）嫉俗的原因，“流俗的一般交际，多半出不了这四种的范围——下攀缘，上利用，同等而不相求的就对付，同等而同利害的就结构”，如果师生之间存在这种相互利用的关系，那么教育活动很难进行，同时中国的教育事业也将大打折扣。（四）教师的原因，一般从教师个人原因谈起。余家菊认为师生关系应当是改造国民性的问题，是社会问题，值得重视。

1922 年 1 月，余家菊在《少年中国》第 3 卷第 6 期发表了《乡村教育的实际问题》，此时正值乡村教育运动蓬勃发展之际，他认为“共和国主权在全体人民，所以全体人民都当受教育，国势才可以蒸蒸日上”②。因此，教育不能只在都市中进行，乡村人数众多，发展乡村教育才是全民接受教育的必由之路，具体有关乡村教育，余家菊在 1934 年出版的《乡村教育通论》中进行了详细阐述。

1923 年 5 月，余家菊在《少年中国》第 4 卷第 3 期发表了《教育杂言》，此文为余家菊在英国留学期间给王克任的一封回信，针对“究竟要训育什么”的问题，认为“训育的目标不要太大，最好择一件一件择重要的来”③。

1923 年 6 月，余家菊在《少年中国》第 4 卷第 5 期发表了《中华民族的教育要养成忠恕集义的理念》，此文为余家菊在英国留学期间给李璜的一封回信。他认为，教育应当帮助国民树立共同信念，作为维系国人人心的东西，其中，孔子的忠恕和孟子的集义二者结合起来就能达到理

---

① 余家菊：《教师和学生间的交际问题》，《少年中国》1920 年第 3 期。

② 余家菊：《乡村教育的实际问题》，载余子侠、郑刚《中国近代思想家文库：余家菊卷》，中国人民大学出版社 2013 年版，第 125 页。

③ 余家菊：《教育杂言》，载余子侠、郑刚《中国近代思想家文库：余家菊卷》，第 204 页。

想效果。

1923年9月，余家菊在《少年中国》第4卷第7期发表了《教会教育问题》，该文开篇即提出“于中华民族之前途有至大的危险的，当首推教会教育”，并从三方面分析教会教育的危害，分别是：（一）教会教育是侵略的；（二）基督教制造宗教阶级；（三）教会教育妨害中国教育之统一，认为教育应当中立于宗教。同时也提出具体可行的措施：（一）教育与各宗教恪守中立；（二）施行学校注册法；（三）施行教师检定法；（四）严格实行义务教育法规；（五）未经注册之学校各级学生或毕业生不得享受各该级学生或毕业生之权利。

1923年10月他与李璜合著的《国家主义的教育》论文集出版，其中余家菊的论文除了上述所引之外，尚有《民族主义的教育》，原名《民族性的教育与退款兴学问题》，介绍世界主义、非国粹主义、模仿主义、个性主义等思想的痼弊，提倡以教育立场救国，发展民族性教育；《中国教育的统一与独立》提出中国应当独立地发展本国教育，首次呼喊“收回教育权”的口号；《基督教与感情生活》用心理学的观点分析基督教的教义及精神渗透力；《国庆日之教育》叙述国庆日应当怎样对国民进行爱国教育。该书最先系统地阐述了国家主义派的教育思想。

从余家菊的自传中我们深刻体会到，他自幼深受外祖母的影响，早在年少时期就养成了淡泊名利、治学严谨、清简节约的良好品行。同时，在年少读书期间，诸位老师在思想启蒙方面对其产生了重要作用，使其对“国家兴亡，匹夫有责”的概念有了初步认识，这为他日后从事教育学研究起到了至关重要的作用。留学英伦是余家菊在教育事业上大放异彩的重要转折点，在国外，他受到了先进思想的熏陶，逐渐意识到国家只有独立发展教育事业、培养先进人才，才能免受强权国家的侵略。于是，余家菊开始将国外先进的教育思想理念和教育教学体制的设计与操作翻译成文寄回国内，并刊登在当时思想学术交流汇集的报刊上。其文一经发表，便犹如一声惊雷响彻国内教育界。随后，余家菊主编《醒狮》周刊，并加入少年中国学会。在有了宣传思想的主战场后，余家菊又加大创作力度，在《醒狮》《中华教育界》

《少年中国》等刊物上发表了多篇与国家主义教育学相关的文章，成为学会的中流砥柱。

余家菊在构建国家主义教育学的过程中，尤其注重“教育救国论”的重要性，正如他在《国家主义的教育》一书序中所言：“我们审顾内外，惧国民之将斩，特重提十年来国人因内乱而遗忘之教育救国论。”[①]当时国人的国家意识和民族意识淡薄，国内教育界人士受到国外思想的影响，寄希望于强权政治，妄想西方国家的观念意识可以救中国，“全盘西化”的思想逐渐蔓延开来。余家菊在深入基层作了大量调研后，得出结论：只有教育才能救国家，教育是最有效的力量。这一思想成为余家菊国家主义教育学思想的中心，也是思想构建过程中具有个性化作用的一部分。这一思想围绕国家这一中心，按照国家的需要并符合国家的利益和要求实施教育。在随后担任大学教职的过程中，余家菊更加深入地对国家主义教育学思想展开研究，从师范教育、乡村教育等方面着手，进一步分析教育救国的重要性。

第三节　担任大学教职及从事教育学术探究

余家菊职业生涯的重心是在大学任教，并从事教育学术探讨和教育现实问题研究，从成果内容上分析，主要领域集中在教育学理论、中国教育史方面，此外，尚有政治学和语言文字学等。作为主体工作的补充，余家菊还兼职专业刊物编辑，这是从传媒角度传播教育理论，宣传国家主义教育学。1924 年 3 月，受时任武昌师范大学校长张继煦邀约，余家菊返回湖北武汉任该校哲学教育系主任，当时国内党争剧烈，余家菊依旧恪守教育救国宗旨，“虽打击纷起，屹然不动”[②]。1925 年夏，转任东南大学暑假学校教授。此时，该学校正值校内派系之争十分激烈之际，友人多次劝阻余家菊不要就任。然而，他力排众议，毅然赴任，同时兼任上海中华书局馆外编辑，并任《醒狮教育》副刊主编。在此期间，他孜孜不倦地撰著《教育原理》，对教育的本质、目的、教学、课程及教

① 余家菊、李璜：《国家主义的教育》，上海中华书局 1923 年版，序第 1 页。
② 余家菊：《余家菊（景陶）先生回忆录》，慧炬出版社 1994 年版，第 85 页。

学方法等都作了十分深入的研究。

1926 年，余家菊回武昌大学任师范学院院长，其间勉力编辑出版《中国教育辞典》，著《师范教育》，向国内教育界介绍了英、法、美、德各国的师范教育，同时反思本国师范教育的不足。1930 年，应北平师范大学之聘，余家菊任教授并兼任北京大学讲师，以及北平大学农学院讲师。在此期间，他又撰著《乡村教育通论》，详细阐述了乡村各级教育及乡村教育的理论和实践问题。

1932—1934 年，在国内局势异常纷争激烈的背景下，余家菊编著《孔子教育学说》《孟子教育学说》《简易国文法》《两性与青年》《教育原论》等。

1935 年，余家菊携家眷北上，任中国大学哲教系主任，兼任北京大学讲师。1936 年，湖北省府主席下令余家菊任省立教育学院院长，他深知局势动荡不安，党派纷争不断，婉拒任命但同意担任省府编辑主任。1937 年，应河南大学刘季洪之聘，任河南大学教育系主任。1944 年冬著《荀子教育学说》。

余家菊始终满怀“教育救国”的使命感，针对当时中国教育的弊端，极力引进、介绍西方教育理念，积极参与、推进教育革新，形成了较为丰富的教育思想体系，其中国家主义教育学就是由其曲折心路历程中清晰而稳重轨迹凝结而成的。集中论述或阐发其思想理论的著作主要是《国家主义教育学》《师范教育》《乡村教育通论》。下文先对其创作背景及相关信息作一简介。

《国家主义教育学》是余家菊的代表作之一，写于 1925 年，在此之前，他与李璜于 1923 年合著《国家主义的教育》，初步阐述了他的国家主义教育思想。此时的中国国势日渐衰落，对内军阀混战、民不聊生，对外深受国外势力支配和宰割，教育大权旁落。在此社会背景下，救国救种论、忠君尚武论等思想如雨后春笋般纷纷涌现。但国内各方势力盘根错节、相互掣肘，民主共和之基础实属不稳，教育基础更是如此，因此有识之士感叹道“内感国体之飘摇，外应和平之趋势”①，由

① 余家菊、李璜：《国家主义的教育》，上海中华书局 1923 年版，序第 1 页。

此新教育旨趣改为“养成健全人格，发展共和精神”①。余家菊与李璜认识到教育对救国的重要性，他们认为教育不仅能确定国体，而且可以“用教育以绵延国命”②，于是著此书以阐述国家主义教育思想。余家菊写下《民族主义的教育》《中国教育的统一与独立》《国庆日之教育》《基督教与感情生活》和《教会教育问题》。其中大致论述了收回教育权，发展本民族教育的必要性，同时客观分析了宗教在中国的作用及影响问题。《国家主义的教育》作为余家菊《国家主义教育学》的铺垫之作，对其国家主义教育思想的整体梳理起到了不可磨灭的作用。

《师范教育》是余家菊于1926年任国立东南大学教师时因教授师范教育一科，而将之前与此有关的资料整理成此书出版。中国师范教育早在清代就粗具规模，但是在进入民国后，师范教育出现倒行逆施现象，渐有走向中衰之倾向，中国近代师范教育的历程颇显曲折。清光绪二十三年（1897年），由盛宣怀创办的南洋公学师范院，是中国师范教育的开端，揭开了中国师范教育的序幕。随后，京师大学堂师范馆、湖北师范学堂、直隶保定师范学堂、贵州公立师范学堂、通州师范学堂相继兴起。师范教育的创建浪潮在全国风行一时。1912—1913年，民国政府教育部颁布一系列教育规程，合称“壬子癸丑学制”。关于师范教育的第一部通令《师范教育令》，规定了各级师范学校的培养目标、设立原则、经费来源、修业年限、学习科目及程度、编制及设备、学生入学资格及毕业后服务、教员检定、校长教员之俸给、师范生待遇、附属学校及训练机构。但从其中规定的内容分析，对师范教育的地位、作用及其重视程度，与职业教育相似，较之于清末“癸卯学制”的相关规定，反而有所低落或下降。

五四运动爆发以后，教育领域兴起了一场声势浩大的“新教育”改革运动，其直接促成1922年“新学制”的颁布，史称“壬戌学制”。“新学制”涉及了师范教育的变革，例如划定师范学校年限、高中开设师范讲习所、将原来的高等师范学校提高为师范大学校、在大学教育科

---

① 余家菊、李璜：《国家主义的教育》，序第1页。

② 余家菊、李璜：《国家主义的教育》，上海中华书局1923年版，序第1页。

或师范大学内附设师范专修科等，这些条例都在一定程度上促进了师范教育的专业化提升。但在师范教育变革的实际过程中，有些省份破坏师范教育的独立性，企图合并师范中学，取消独立高师，这严重损害了师范生的权益，同时师范生的社会地位有所下降，教师职业得不到保障，师范教育的发展受到严重阻碍。

面对师范教育所存在的现实困境，余家菊撰著《师范教育》一书。他在书中介绍了英、美、法、德四国的师范教育，同时反思本国师范教育的不足，提出师范教育独立论，讨论师范教育行政、师范学校组织结构以及师范学校的课程设置等，系统地阐明了他的师范教育观，试图有裨于化解师范教育的困惑。

《乡村教育通论》是余家菊于1930年在北京高校任教时所著，此时正值乡村教育运动如火如荼进行之际。

自鸦片战争以来，中华民族深受“三座大山”的压迫，内受本国封建主义、官僚资本主义的压榨，国内军阀长期混战，百姓在这种动荡不安的局势下苟延残喘；外受帝国主义的盘剥，外国侵华势力虎视眈眈，民族危机空前严重。此时，中国的乡村人民生活更加困苦，除了地主阶级的残酷剥削、政府的苛捐杂税外，自然灾害频发导致乡村人民生活岌岌可危，乡村在崩溃的边缘徘徊。政治局势的动荡不安、经济环境的凋敝萧条，引发了有识之士思想的碰撞，尤其是五四新文化运动带来了思想的空前解放，知识分子想在中国实行民主与科学的政治制度，但是北洋军阀政府的残酷统治使得他们对民主政治失去信心，于是便转而把民主政治的希望寄托在下层群体之上。在这种背景下，乡村教育运动应运而生，晏阳初、陶行知、梁漱溟等人深入乡村调研，把“教育救国”的希望从上层转移到基层，从城市转移到乡村。但是乡村教育确实存在极大的困难，不是一朝一夕能够找到症状并加以快速解决的。余家菊在1919年曾撰写《乡村教育之危机》一文，由于少时在乡村中生活过5年，他深感乡村教育亟须改良，指出乡村的教育存在诸多问题，于是写下《乡村教育通论》一书，借以表达自己对于乡村教育问题的看法和见解。

第四节　余家菊国家主义教育学理论概述

余家菊人生活跃期是20世纪20—30年代，中国社会正处于北洋军阀统治下“率兽食人”的黑暗时期。在内，军阀割据混战，百姓处于水深火热之中；在外，帝国主义加紧了对中国的侵略，掀起了帝国主义瓜分中国的狂潮。第一次世界大战后“巴黎和会”上中国外交的失败，更使中华民族危机四伏。正如余家菊所说：“我国的国势，眼见得愈趋愈下，虽其原因有在内在外两种，而结果则不外受外人宰割。”[①] 然而，国家已然处于危急存亡之时，百姓的救国意识仍然很淡薄。长期以来，中国民众在封建专制统治下，一直缺乏国家观念，他们把一家一姓之封建朝廷作为效忠的对象，只知有朝廷帝王而不知有国家。历朝历代，地方社会则以血缘宗族关系为纽带，重视家庭宗族而不是国家。百姓对国家的认识也仅限于交粮纳税，除此之外，与政府无交涉，国家何物，政治何事，与己无关，被束之高阁。总之，中国民众家国观念在于重视宗族利益，轻视国家利益；重视个人利益，轻视社会利益。孙中山曾如是说，中国平民更愿意为宗族利益“牺牲自家性命”“至于说到国家，从没有一次具极大精神去牺牲”[②]。这种狭隘的乡土意识和家族主义观念，严重阻碍了中国国民国家观念的形成。

作为民族的先觉群体，知识分子在内心深处往往具有一种强烈的民族忧患意识和民族自尊心。国民国家意识淡薄所造成的民族凝聚力和民族自信心逐渐磨灭问题，加深了余家菊对民族命运的思考。作为一位爱国的教育家，余家菊在他与李璜所著的《国家主义的教育》一书序中说道：“我们审顾内外，惧国民之将斩，特重提十年来国人因内乱而遗忘之教育救国论。”他目睹中国国势日渐衰落、每况愈下的现状，提出“教育救国论”。认为教育是立国之本。要想解决中国当时所面临的问题，教育是一个彻底的方法，最有力量。只有进行民族性教育，弘扬中华文化，提高国民素养，人民才会拥护政府、忠于国家，共同抵御外来侵略，实

---

① 余家菊、李璜：《国家主义的教育》，上海中华书局1923年版，序第1页。

② 孙中山：《三民主义》，载《孙中山选集》（下卷），人民出版社1956年版，第590页。

现民族复兴。

自新文化运动后各种新思想、新观念不断输入中国。在民主与科学的大旗下，中国教育界尤其偏重平民教育思想和职业教育思想。平民主义教育的提倡，是以民本主义为基础的，因而过于注重个性的发展，强调发挥自由精神。于是“一般青年专以放纵利己为自我表现的口实”；职业主义教育的提倡，是以科技主义为基础的，因而偏于物质利益的追求，注重教育与经济的关联。可见，余家菊在肯定这两种教育思潮流派的现实价值及教育学意义的前提下，明确指出其中的偏颇，而这恰是国家主义教育学特性的反映。

一　国家主义教育的理论基础

余家菊国家主义教育学的理论依据显示出广泛而多元的特征。但与教育学思想学术关系均十分紧密，即哲学、心理学和伦理学三大学科。它们分别与教育基本理论、学制与教学、教育行政管理与道德教育相贯通。这些恰是本书建构余家菊国家主义教育学的结构及理论内容的框架。

（一）哲学基础

余家菊认为：“人生即活动之流，而国家乃人生活动之总流。”① 他将人的活动比喻成一条河流，国民的活动都在这条河流里，并且他们之间有着相互的影响，所以个体活动在国家的共同河流里就成为其中的一条波浪，对国家的总体起到一定的作用。人生最大的目的就在于投身“活动之流”，使国家的内容更加丰富。活动的目标在于引起新活动，如果不能引起活动的新目标就不能被称为好活动。反之，国家的活动之总流要能够促使国民的生活更加活泼多样，“若不但不能创造新活动以增加全民活动之流的意义，而且阻碍已有的活动以谋自己的私利，便成为国家的叛徒”②。人生的活动乃国家生活与环境和民族的交涉，国家主义教育目标在于构成全国民活动之总流，其中有三点目标：“（一）使全国国民不受外力束缚而得充分发展其天才；（二）使全国国民不受外力干涉而得自由发展其文化；（三）使全国国民获得良好的物质环境以及生活

① 余家菊：《国家主义概论》，新国家杂志社 1927 年版，第 37 页。

② 余家菊：《国家主义概论》，第 38 页。

上必需的条件。”[①]

（二）心理学基础

国家主义的心理学基础主要是机能心理学和行为心理学。机能心理学十分突出观念在心理认识和发展中的功能。国家主义立论的合法依据就是国家观念的作用。所谓国家观念，即主权观念，就是国民要认同自己的国家与民族，当国家遭遇外敌侵略时，国民需要团结起来共同抵御外敌，保护国家主权与领土完整。同时，国民应该具备一定的政治观念和政治觉悟。这就要求国民应具有爱国情操，形成将国家观念置于首要位置和中心观念的情绪系统。国民爱国情操在遭受外力压迫，有敌国外患之忧，欺凌侵略之苦的背景下更容易促成，但也要克服“居太平之际”便不知国家之可爱，而淡然忘之矣的国民性弱项。“国家主义基于国家思想；国家思想起于爱国情操之演进；爱国情操以爱国观念为中心而组成之；爱国观念产生于一定的情形之下……吾国今日之情况，固极适于爱国情操之滋长者也。”[②]

（三）伦理学基础

国家主义教育的伦理学基础主要从以下几个方面理解：第一，国民的救国天性。“人类之所以为善去恶者，乃因好善恶恶本为人类之天性，孟子所谓‘人性之善也犹水之就下也’者是也。”[③] 国民产生爱国救国的情怀也是从小接受儒家文化的熏陶，儒家信仰的仁义礼智信被深深地烙印在内心，因此救国救民成为每个国民的天性。第二，国民的同胞精神。“自利心者，离心力也。全国之大，惟利是视，则必分崩离析，亿万人即亿万其心。”[④] 国民如果各自为政，离心离德，那么外国势力将会一击即中，国家根基很容易被摧毁。因此，同胞精神为国家提供了足够的对抗外国势力的能力。而这就需要一个国家及民族具有独立的文化，这是区别于其他国家最宝贵的财富。同时，这种其他国家及民族所不具有的特

---

① 余家菊:《国家主义概论》，第 39 页。

② 余家菊:《国家主义之心理的基础》，载《余家菊（景陶）先生论著》第六辑（二）《中华文化要义》，慧炬出版社 2001 年版，第 169 页。

③ 余家菊:《国家主义概论》，新国家杂志社 1927 年版，第 53 页。

④ 余家菊:《国家主义概论》，第 55 页。

殊文化是凝聚每一位国民共同意识最好的工具。独立的文化基础带给每位国民的是向心力和凝聚力。现在我们所面临的最严重的帝国主义侵略，不是武力侵略，也不是经济侵略，在很大程度上是帝国主义国家对我们的文化侵略。我们千百年遗留下来的文化在这一时期不断受到践踏和摧残。因此，树立独立的文化观念对于国家主义观念的形成十分有必要。第三，国家的道德工具。国家主义教育所昭示的国民的道德目标是牺牲一己保卫国家，强调国民个人对国家的贡献。余家菊认为人生来就是善的，但是这种善的道德观念如果不加培养和引导，将不会形成对国家主义起作用的道德工具。

二　国家主义教育学的内涵

国家主义教育学与国家主义是紧密联系的，两者在思想逻辑上有主属概念层次之分，而在精神内涵上则保持着统一性。余家菊在《国家主义概论》中对国家主义的要义加以简练概括："1. 国家主义对内求统一，反持分裂割让之论，专图一己或一派或一阶级之私利而不顾及国家者，国家主义必反对之。2. 国家主义对外力求独立，凡持依赖他国或国际行动而不图自强者，国家主义必反对之。3. 国家主义力求本国之昌荣以冀天下之兼善，既不闭关自守，亦不舍己芸人。"① 也就是说，国家主义谋求国家的独立与统一，反对外来压迫或威逼。国家主义是为国家的国民服务而不是为某一家一姓一党服务，全民都可以参与政治，全民都可以从中享受到同等的幸福与福利，国家主义不主张少数人的福利而主张多数人的利益。余家菊提出要通过教育培养国民政治能力，参政热情，表达言论意见的知识水平。

余家菊在《国家主义教育学》中将国家主义教育定义为：

> 简言之，即以国家主义为依归之教育也。其涵义可随时伸缩。就中国目前言之，莫急于（一）培养自尊精神以确立国格；（二）发展国华以阐扬国光；（三）陶铸国魂以确定国基；（四）拥护国权

① 余家菊：《国家主义概论》，新国家杂志社 1927 年版，第 4 页。

以维国脉矣。盖自尊精神为国民昂藏之气所由出，失此则濒于奴隶之境矣；国光为数千年历史所鼓铸而成，理宜引申而发扬之；国魂为全体国民之情谊所由融洽，步趋之所由协谐，国权为民命之所由保，行动之所凭借矣。①

在《国家主义下之教育行政》中，他进一步明确了国家主义教育学的内涵。

第一，“教育应由国家办理或监督”。近代鸦片战争以来直至民国初期，教会教育势力不断扩大，但并不遵循国家的教育制度，教育部门管理起来十分困难。鉴此，余家菊提出国家办理、监督教育，将教育权牢牢控制在国家手中，这是国家主义教育思想中旗帜鲜明的一点。

第二，“教育应保卫国权”。在第一次世界大战以后，帝国主义加紧对中国的扩张渗透，半殖民地半封建化程度加深，中华民族遇到了前所未有的挑战。余家菊主张通过教育，使国民认识到作为国家一分子，有义务保卫国家不受外国势力的侵略，更有责任保持国权完整。

第三，“教育应奠定国基”。两千多年的封建制度压抑了国民的天性，形成了落后于时代潮流的生活习惯，例如男尊女卑的思想、女子缠足的陋习，都阻碍着社会的发展。余家菊提出，教育应促国民养成符合时代的公民习惯和平等观念意识。

第四，“教育应发扬国风”。中国历史文化底蕴深厚，具有优秀的传统，在国门洞开后，西方文化逐渐传入中国，对中国传统产生了巨大挑战，出现了“历史虚无主义”“全盘西化”的学说，不加分析地否定中国传统文化。余家菊批判崇洋媚外的思想，主张教育国民养成泱泱大国之风。

第五，“教育应鼓铸国魂 ”。余家菊关于“国魂”的解释非常明白：“国魂者，一国国民之公共心灵者也，亦即一国国民之特别精神也。其于各国民也，有浸润之功，束缚之用，驰骤之力。”② 因此，作为数千年流传的国民精神，我们应教育学生继承和弘扬爱国之心。

第六，“教育应融洽民情”。余家菊认为，国家统一需要国民具有“一

① 余家菊：《国家主义教育学》，上海中华书局 1925 年版，第 5 页。

② 余家菊：《国家主义教育学》，上海中华书局 1925 年版，第 6 页。

体之感”，鼓吹宗教界限、阶级界限、种族界限者都不裨于国家完整与统一。“教育应提倡‘五族一家’‘四民平权’‘诸教同等’之真精神”[①]。

余家菊所揭示的国家主义教育，以爱国主义相标榜，国格、国华、国光、国魂、国基、国权、国脉均以“国”字当头，落实到教育当中突出培养学生。但是，其时统治国家的是新旧军阀官僚，其所提倡的“国光”“国华”，较多成分属文化的封建性糟粕，甚至与“国学”“国粹”之类有相当比例的交集存在。这些东西在五四运动中曾遭到痛击，国家主义派却利用学校教育，使其加以复活。因此，余家菊阐释的国家主义教育学的含义，仍带有保守及守旧的特征。但是，在五四时期至20年代，教育领域存在偏重个性、忽视群体，偏重个体、忽视社会，偏重自由、忽视集中，偏重儿童、忽视成人，偏重学生、忽视教师，偏重实用、忽视系统等弊端。对于这些教育上的具体问题，余家菊主张以“国家”为中心纠正流弊，改革、发展教育。正因为如此，他的上述见解不仅具有教育学原理的重要价值，也产生了一定的社会反响。

三 国家主义教育学的基本主张

基于对上述国家主义教育学内涵的理解，余家菊进一步提出国家主义教育学的系列主张。

（一）收回教育权

余家菊认为，教会教育已经对中国的政治、经济、文化等方面构成了侵略，教育权掌握在侵略者手中，这对中国的文化、思想、传统风俗习惯等都有侵占的威胁。“外国在我国设立学校，不存政治侵略之心，即怀经济侵略之图；不怀经济侵略之图，即具文化侵略之念。如赔款学校，其动机多在政治的与经济的方面；如教会学校，其动机多在文化侵略，而其结果则实为政治侵略与经济侵略的前驱。”[②] 因此，应收回教育权，将教育权掌握在国家手中，“吾人为国家之生存计，为文化之延续计，为社会之安宁计，而主张收回之。”收回教育权的具体方法如下：

---

① 余家菊：《国家主义下之教育行政》，载余子侠、郑刚《中国近代思想家文库：余家菊卷》，中国人民大学出版社2013年版，第348—349页。

② 余家菊：《国家主义教育学》，上海中华书局1925年版，第32—33页。

> 收回之法，在积极上则力图国力之充实，国力充实自能以外交的方法解决之。在政治方面，则厉行学校注册法以剥夺外国设立的学校之种种权利，借资限制。在社会方面，则宣传外国设立的学校，对于吾国前途之危险，使为父母者知所趋向。注册法之内容必须规定：（一）非中华国民不得于中华民国国土内创立学校、管理学校，并经营其他一切教育机关，违者得分别封闭并惩戒之；（二）任何教育活动不得有宣传宗教之意味夹杂于其中，以确立教育中立之旨。学校而违反此条，则封闭之；教师而违反此条，则惩戒之。①

其核心要义在于外国人设立学校应向中国政府注册，受政府教育部门统一管理；教育活动不能宣传宗教；取消外国在华办学特权。余家菊的主张对维护国家教育主权很有意义，而且有助于近代中国教会学校办学的本土化走向。

（二）教育宗旨

清末民初曾三次变更教育宗旨。第一次为1904年颁布《癸卯学制》之后两年，学部制定了《奏请宣示教育宗旨折规》“忠君、尊孔、尚公、尚武、尚实”的五条十字教育宗旨。第二次为1912年9月，教育部依据蔡元培《对于教育方针之意见》的观点，厘定教育宗旨为“注重道德教育，以实利教育、军国民教育辅之，更以美感教育完成其道德”。第三次为1919年4月，教育调查会议“教育宗旨研究案”中范源濂、蔡元培、陈宝泉、蒋梦麟等提出采英、法、美三国之长，将教育宗旨制定为“养成健全人格，发展共和精神”。并附说明，所谓健全人格者：“一、私德为立身之本，公德为服役社会国家之本。二、人生所必需之知识、技能。三、强健活泼之体格。四、优美和乐之感情。”② 所谓共和精神者：“一、发挥平民主义，俾人人知民治为立国根本。二、养成公民自治习惯，俾人人能负国家社会之责任。”③

---

① 余家菊：《国家主义教育学》，上海中华书局1925年版，第32—33页。

② 陈学恂：《中国近代教育大事记》，上海教育出版社1980年版，第326页。

③ 陈学恂：《中国近代教育大事记》，第326页。

余家菊对这三次教育宗旨内容加以分析：第一次教育宗旨中的“忠君尊孔”体现了封建阶级维护自身统治在教育方面作出的努力；第二次的教育宗旨将“忠君尊孔”删去，代之以美感教育、道德教育，针对当时中国所需教育制定宗旨，具有时代性；第三次的教育宗旨中提到的“共和精神”是向英美资本主义国家借鉴的结果。

“养成健全人格，发展共和精神”的教育宗旨，体现了五四时期思想自由、个性解放的潮流，反映了时代的特征。从总体上说，虽然具有进步意义，但抱有国家主义教育思想观念取向的余家菊却对此深怀忧虑，甚至十分不满：“笼统而空泛，不着边际，中国用之可，英国、法国用之亦无不可。盖全无国家性者也。”①

他认为，由于教育宗旨的不适当，教育成为无中心思想的教育，由此又产生“无中心信仰之国民”。他主张教育宗旨的内容须包括：国民之独立性，对外能抗强御暴，不失其大国民之风；国民之责任心，对内能奉公守法，克尽其国民之天职；国民之和谐性，彼此相扶相助而发挥其休戚与共之情谊。据此，教育宗旨应拟定为：“养成健全国民，发挥独立精神，培植共和思想。”对这一教育宗旨如何具体反映国家主义教育性质，余家菊作了具体说明：

> 近代国家，莫不将教育权执诸掌上而自己经营之，以维持其生存并图谋其昌荣焉。国家之欲达此项目的也，又必审慎思维而辨认何种性质之教育始可以达其希望。辨认既明，乃制为教育宗旨，宣示全国，咸使闻知；告诫有众，懔遵无渝。夫如是，教育界乃有其共同的趋向，一致的精神。虽所任职务不同，所在地域不同，而其所奔赴之的究无二致也。是故教育宗旨者，所以厘定教育之性质，明示教育之趋向，于以凝人心合群力者也。教育而无宗旨则形同虚设，有宗旨而不适当，则危险堪虞。故吾人不可不加之意焉。②

他对教育宗旨的功能与质性要求在统一论认识基础上加以阐述，以

① 余家菊：《国家主义教育学》，上海中华书局 1925 年版，第 34 页。

② 余家菊：《国家主义教育学》，第 33 页。

体现中国民族国家主义教育的合理性及必然性。教育宗旨须具有五种性质方能生其作用。

> 五种性质者：（一）时间性，合于此时之需要者也。（二）曰空间性，合于此地之需要者也。（三）曰历史性，合于此民族之需要者也。此三者，合名之曰国家性。是故教育宗旨各国不同，非可转贩者。（四）曰渗透性，可以贯彻于各项教育活动者也。（五）曰确定性，可以明示教育者以努力方针者也。无透彻性则难免适于此而不宜于彼，无确定性则易于人执一辞，皆不宜也。故五者缺一不可。持此五者以谕吾国之教育应有如何宗旨，则先以认识吾国之历史，并现时所处地位而后可，故为事甚难也。①

余家菊对教育宗旨在教育事业中作用的深刻认识、教育宗旨内在因素的规定，以及适应抵御外侮需要的教育宗旨的特性等作了阐发，其中明显针砭自由、个性主义教育思潮的发生及传播，也有不满于社会改造运动的倾向，但强调教育目的的计划性与国家对教育的宏观调控，是对教育这种复杂社会现象的本质认识的深化。在当时的历史条件下，对教育理论的补偏救弊及教育实践获得切实效果均有积极影响。

（三）教育机会均等

现代社会政治、经济改革发展要求促使教育对象扩大，教育权利与义务加强，突出表现为教育机会的公平。对此，常常以教育机会均等加以形容。这是符合国家主义教育旨意的。余家菊认为，教育机会均等，并非教育机会同等，这两者是有差别的。“以人智不齐好恶各异，强使智愚同等，趋舍同夫。亦曰使之能各尽其才而已。”保障国民受教育权利，使之有均等受教育机会，但却无法实现完全一致的教育，何以如此呢？主要源于人的天分及能力，而不是地位与财富：“生而上智者，虽属贫人之子，亦当使之能求学于高等学府。生而庸碌者，本非读书种子，虽家财百贯，亦无使之与高才生受同等教育之责任，盖

① 余家菊：《国家主义教育学》，上海中华书局1925年版，第33页。

因既无法掖之前进而又有碍于教育的效率也。”[①] 余家菊认为，教育应该根据儿童天资水平以及家庭环境差异分别进行。智力处于中上等但家境贫寒的儿童应该接受教育，并且政府应该帮助其进入高等学府学习，使其发挥聪明才智报效国家；智力处于中下等但家境优渥的儿童没有接受更高教育的必要，如果一定要接受教育反而会降低教育的效率，增加社会投入教育经费的负担。“各尽其才”是余家菊所主张的“教育机会均等”的最好体现。

与此同时，他还提出要推行成人教育。因为义务教育为学龄儿童而设，但实际上学者并非限于儿童而已，其中的成人犹居十之七八。因此，“故言教育之普及必须兼营成人教育”[②]。此外，余家菊还主张学习借鉴传统书院“膏火制”和“族祠教育”“学礼例规”等，认真汲取，“宜善用之”。为此，他提出国家应实行奖学金制度，以确保义务教育的实施。“教育机会均等，美名也。然使国家于贫寒子弟不予以经济的补助，则虽有此机会亦无法利用，直等于一虚名而已。”[③] 因此，要实施真正的义务教育，国家就应该确立奖学金制度，确保贫寒子弟能够维持基本生活并且可以接受教育。

余家菊上述言论中所述教育均等、教育同等、各尽其才、天资水平等项内容及关系，其实事关教育公平、正义与教育效率的复杂问题，有重要的理论价值，但立论视角均是教育的国家本位以及国家关怀投资教育所应尽的责任。

（四）蒙藏教育

余家菊认为，蒙古、新疆、西藏同为中国的一分子，但是在当时不断受到俄罗斯、英吉利等国家的侵扰，因此，主张对所在地域的民众实施教育，使他们认识到自己为国家的一分子，同心协力捍卫国家主权，维护领土的完整，确保民族独立与尊严，共同抗击侵略者。为此，“宜设立蒙藏师范学校，招收有志之士，授以蒙藏文字与风俗之学，及其必要

① 余家菊：《国家主义教育学》，第36页。
② 余家菊：《国家主义教育学》，上海中华书局1925年版，第36页。
③ 余家菊：《国家主义教育学》，第37页。

的教育理想”[1]。并且，进一步在蒙藏地区设立高等教育机关，实施中小学史地教科书宜尽量采用蒙藏地方材料等具体措施。

（五）侨民教育

侨民虽定居海外国家，但仍与祖国有祖先血缘联系，更无法摆脱文化礼俗的同一性。侨民在外受祖国文化熏陶较少，受西洋文化渗透较多，对其加强中华民族性和国家观念教育至为重要。余家菊认为：“侨民教育，首当坚固其眷念祖国之心，增强其抗拒西人之念。一面当示以本国文物之伟大，山河之锦绣，土地之饶沃，物产之丰富，以激起爱护之心；一面又告以西人统治殖民地之毒辣方法，商场战争之倾轧策略，以养成其自卫之能。”[2] 为此，可以具体采取以下做法：首先，教育部应该设立“侨民教育委员会”，管理侨民教育。其次，福建、广东等与侨民关系密切人员频繁接触的省份应当设立“侨民教育委员会”，联络各地侨民，进行通信活动。再次，各地领事馆应当设置“教育秘书”，用来为侨民策划一切教育事务，贯彻国家统一的侨民教育。最后，教育部应该随时派遣教育委员巡视各地的教育状况，并且给各地的侨民教育进行策略上的援助，并将巡视状况交给教育部进行讨论，将讨论结果传达给各领事馆，由教育秘书加以切实履行。

国家设计、规划并有序实施侨民教育，对异国他乡的华裔同胞而言，是一种关怀与情感慰藉，有助于提高母国一体化的向心力，华夏民族、炎黄子孙的凝聚力。这种乡土情怀认识与追忆，是构建爱国爱乡意识观念的有效方式，更是形成心向国家，维护国家统一、民族尊严的行为力量。

（六）国史研究

近代以来，国门洞开，西方的物质工艺以及文化技术相继传入。受长期闭关锁国政策压抑的国民对西方传入的物质文化产生好奇之心，纷纷效仿，甚至产生媚外心理，丧失自信及自尊，走向否定本国文化之途。“近人称引故实，曰甲国如何，乙国如何，而于本国之所有，反茫然无所知，则其视人国为文明，为先进，为伟大，而自封为野蛮、为后进、为

① 余家菊：《国家主义教育学》，第 37 页。

② 余家菊：《国家主义教育学》，上海中华书局 1925 年版，第 38—39 页。

劣种。”[①] 对此，余家菊忧心忡忡地说：“数典忘祖，古人视为亡国之兆。”[②] 他坚信如果想克服这种困境就要进行国史研究。民族与国家历史向来是社会文化的显学及教育课程的重点内容，发挥着经世致用、制度沿革的兴衰历程启迪及思想文化起伏波动的理性反思等作用。无论是传统的浙东学派，还是现代新史学派均作如此发论。余家菊重视本国历史对国人的教育作用，“读史不但可从古人之解决法获得先例的暗示，亦且可于古人解决奋斗中吸取迎战之勇气”[③]。为此，余家菊主张全国设立国史学院，专司历史的研究；重视中小学历史科教授，凡语涉轻薄的教材一律摒除。通过国史研究，可提高民族自豪感，增强民族自信心，达到中华民族独立、富强之目的。

（七）学术独立

学术独立之于国家主义教育或许并无密切、显著性联系，其意义和价值也未能为国民认可与理解。余家菊感叹：“今人但知‘学术为公’之片面理论，因而不感国家学术独立之必要，诚哉其眼光之短近也。”如果国家不能实现学术独立，那么这个国家就不会有深邃的学者来震慑学术界；同时，浅薄的言论就会趁机迷惑人心，引领民族走向一个错误的方向。会出现所急需人才匮乏不足，转而依赖他国，并由此受制于人的被动局面：“况本国学者不多之，结果势必事事求助外人，无铁路，货运河流，须借用外材，智力测验，科学方法，亦须请示外人，则国民之相率而拜倒于外人之下也，又何怪哉?”[④] 交通运输建设、教育研究等方面都需要依靠外界势力，如此，不仅阻碍国家的建设和发展，而且会大大损害国家的自尊、自信。

余家菊进一步设想，实现学术独立之道，在全国设立研究院，选择优秀人才从事科学研究，并给予丰厚的待遇，使其专心致志地从事科研工作。减少官费留学名额，提高经费投入研究院的比例。久而久之，从

---

① 余家菊：《国家主义下之教育行政》，载余传韬《余家菊（景陶）先生教育论文集》（下），慧炬出版社 1997 年版，第 377 页。

② 余家菊：《国家主义教育学》，第 39 页。

③ 余家菊：《国家主义教育学》，上海中华书局 1925 年版，第 40 页。

④ 余家菊：《国家主义教育学》，第 39—40 页。

事科学研究的人才、图书、仪器就会应有尽有。

将学术研究视为独立部门，减少社会行政、政治组织及其他方面的干扰、冲击，这是高度重视学术研究的深刻见解。余家菊在此基础上主张国家关注投入、规范学术研究，并将此与国家事业相结合，使之从属于国家主义教育学的范畴。

（八）教育官制

教育行政部门是教育组织管理的行政机构，属政治权力在教育部门的延伸。这就导致教育与政治在社会行政问题上缠绕不休。

余家菊认为，教育不能卷入政治派系纷争，否则会离散国家凝聚之心，损害国家精英人才。“教育随政潮而转移，此最不幸之也。教育而不超出政潮之外，则各派政党将竞用教育为政争的工具。或则用学校做宣传机关，或则用学生做攘夺武器，皆足以离散国民之凝结心而戕贼国家之精英也。”[①] 他主张在全国统一设立视学所，采用视学国派制，以保障国家教育宗旨及政策的实施，以便真实地了解各地教育发展状况。为了提高视学官员的业务水平，必须对其加以教育专业相关知识技能训练。他设想在北京开设一所视学讲习所，招收师范毕业生，学习教育原理、教育政策、教育方法等相关知识，使他们具备相关的实践技能。毕业后，由教育部统一派遣。“然后各省教育方可于若干程度上收同风一道之效，而国家教育之精神乃可以普遍地实现也。”[②] 同时，还应考虑到国家教育统一要求与各地教育差异性的复杂性，不至于因视学与地方教育的关系而产生矛盾对抗或隔阂脱节，即“不应影响地方教育自由发展的活力”[③]。由此，国家主义教育不应代替或限制地方教育的差异及个性特色。

（九）教育周

自从17世纪捷克大教育家夸美纽斯建立学年制和班级授课制以来，学年、学期、学周、学时与年级、班级、小组和课堂一道成为学制的重要构成因素。一学年分为两个学期，一学期包含20周左右成为开展学校

① 余家菊：《国家主义教育学》，上海中华书局1925年版，第41页。
② 余家菊：《国家主义教育学》，第42页。
③ 余家菊：《国家主义教育学》，第42页。

教学的惯例。在一学期专列某周安排特定教育项目，完成目标任务具有特殊意义。对此，余家菊的理解是："教育周对一般民众，有宣传之用；对于教育行政，有促进之功；对于教育者则有提醒之力。"①

余家菊主张在一年内挑选一周作为国家主义教育周，从国家主义教育旨趣出发对教育周的名目、内容作了设计：第一日，爱国日；第二日，教育普及日；第三日，教育收回权日；第四日，蒙藏教育日；第五日，侨胞教育日；第六日，体育日；第七日，国防教育日。余家菊对国家主义教育周的教育意义作这样的解释：这样做，一方面促使民众皆晓然于教育之重要；另一方面则有助于教育界有若干相同的教育旨趣。他进一步例证每日教育的价值取向，如设立爱国日则全国教育界当然一致提倡爱国；提示教育界研究实施某种教育方法，"如设立国防日，至是日则教育行政人员与教育实际人员界当请求国防的教育方法；如设立蒙藏教育日，至是日则各教师皆当以开发蒙藏之义训示学生"②。总之，设置教育周有助于培养国民爱国精神、维护民族团结。

① 余家菊：《国家主义教育学》，第 43 页。

② 余家菊：《国家主义教育学》，上海中华书局 1925 年版，第 43 页。

第三章

余家菊国家主义教育学的代表作

在现代教育家谱系中余家菊教育论著丰富而卓越，但为人所关注的却较少，迄今尚缺乏系统整理。本章列举其三部著作加以评介，以显示这位被边缘化的大教育家之国家主义教育理论之一斑。

第一节 《国家主义教育学》

20 世纪 20 年代，中国处于内忧外患的危机中，在帝国主义加紧侵略的同时国内军阀混战，社会生产力遭到很大破坏。内无民主制度，外无民族独立是当时中国最真实的写照。《国家主义教育学》就是在这样的社会背景下于 1925 年正式出版的。它是余家菊的代表著作，主要围绕国家主义教育展开。全书分为九部分。第一部分为释义篇，围绕什么是国家展开论述；第二部分为国魂篇，论述一个国家的国家精神；第三部分为溯源篇，叙述国家主义的起源，结合其他国家相关史实加以比较；第四部分为释疑篇，解释什么是个人主义、世界主义、平民主义和实利主义；第五部分为政策篇，介绍收回教育权、教育宗旨、教育机会均等、蒙藏教育、侨民教育、国史研究、学术独立教育官制、确立教育周等内容；第六部分为训育篇，构建以爱国为脊柱的理想体系；第七部分为课程篇，思考当时学校应该设计什么样的课程；第八部分为尚武篇，论述国民军事教育的功能：强身健体，抵御外国势力的侵略；第九部分为师资篇，阐发师范教育、国耻教育以及对于收回教育权的认识。以下选择第五部分——政策篇之训育篇，第七部分——课程篇，第八部分——尚武篇以及第九部分——师资篇展开评述。

一　政策篇之收回教育权

自鸦片战争以来，清政府被迫签订一系列丧权辱国的不平等条约，自此以后，各国教会倾巢出动，广派传教士来华，将办学与传教相结合，建立了众多教会学校，以达到文化渗透的目的。教会学校不受中国政府的管制，独立于中国的教育体制，由教会直接管理。

1905年，日俄为了争夺朝鲜半岛和辽东半岛的权益，在中国东北地区进行了一场非正义的日俄战争，以俄国失败而告终。在日俄战争以前，东北地区的外国办学以俄国为最。战争结束后不久，日本瞄准中国东北大地，趁机在这片土地上实行奴化教育，企图占领整个中国。1920年，日本在南满铁路沿线各地创办或控制的各类学校已达260所，学生人数为3483名。面对中国教育所处境遇，有些人认为不可存仇视心理，应当对教会采取同情的态度。他们对传教士打着传播人类先进文明的旗号对中国实施殖民教育，宣扬西方宗主国思想，企图同化儿童、少年和广大国民的种种言论和行径却充耳不闻，熟视无睹。1915—1919年随着新文化运动的开展，“民主”与“科学”的思潮逐渐蔓延至全国，引发了1922年声势浩大的非基督教运动。越来越多的中国人主权意识开始形成，逐渐意识到列强对中国所进行的教育是殖民教育，目的是奴化国人精神，控制思想。1924年，在国共合作的推动下全国各地掀起了反对教会学校的“收回教育权运动”，首次提出收回一切外国人在华教育权的主张。教会学校须在中国政府立案、注册，接受中国政府的领导管理；须按中国政府制定的法规实施改革，迫使教会学校纳入中国教育体制中。同年10月，全国省教育会联合会在开封开会，通过两个议案：取缔外国人在国内办理教育事业的权益；学校内不得传布宗教。

在这场收回教育权运动中，中国的思想界、教育界、文化界人士纷纷卷入，政党、社团也竞相涉足。国家主义教育派以余家菊、陈启天、左舜生等为代表，以《中华教育界》等杂志为阵地进行立论分析、思想宣传。其中，余家菊在《国家主义教育学》一书中对收回教育权运动的原因、动机等进行了详细阐述。

（一）何谓收回教育权

余家菊在《国家主义教育学》一书中提到，当时教会在华办学随意自由，毫无遮掩。这种肆意妄为的教育行径导致中国教育权面临着丧失之危险。然而，教会教育界却流行着这样的说法："吾国本未曾丧失教育权，何收回之有？""吾国政府中固有教育部，吾国社会上固有自立学校，外国人初未尝干涉之禁止也，顾不能谓已失教育权。"[①] 上述言论其实是混淆教育权的概念，有意将教育权的全称等同于特称。余家菊对教育权作出了如下定义："所谓教育权者，举凡（一）创校之允准；（二）旨趣之厘定；（三）教师之进退；（四）教材之规则等，无不属之。"[②] 因此，收回教育权就是收回已丧失的权利。"论者果欲推倒吾人之主张，则当证明吾国教育权于其领土内，无处不能使行。然而事实上不能有如是之主张也。不须政府之许可而建立学校者有之，于国土内违反民主政体之教育者亦有之。政府固莫可如之何也。岂得犹谓吾国教育权为金瓯无缺乎？"[③] 于是得出结论，教育权同司法权一样，理应全部收回。

（二）收回教育权之缘由

余家菊认为，收回教育权有以下五种动机。

1. 为国家之安全计

为了达到殖民思想文化渗透教育以及传播宗教神学的目的，外国在华办学大肆宣讲西方文化观念，压缩、弱化甚至篡改中国优秀历史文化。

日本在东北三省广设学校，向东北国民灌输日本的大和文化思想、历史地理，于是产生"日本在南满所设学校，使其学生只知有清，不知有民国"的现象。教会学校某些教员污蔑中国英雄人物，歪曲历史，使学生不知所言其实。"某教会学校教员讲鸦片战争时，痛骂林则徐之排外，谓其误认外国人之售卖鸦片于中国为有意遗毒此民？不知鸦片实为最上药品，外人输入良药以治疾病，彼乃拒之，是为以怨报德云云。夫鸦片之战，英国有心人且引为国耻，吾国教会中人竟曲为之辩，一至如是。"[④] 这样与史实大相径庭的言论不仅使学生丧失了文化认同感与国家归属感，而且直接对国家安全和社会稳定产生极大的威胁。

---

① 余家菊：《国家主义教育学》，上海中华书局 1925 年版，第 77 页。
② 余家菊：《国家主义教育学》，第 77 页。
③ 余家菊：《国家主义教育学》，第 77 页。
④ 余家菊：《国家主义教育学》，第 78 页。

2. 为国民性之发扬

教会学校传授西方的价值观念，对于中国传统的民族气节以及民族思想一概不提，使学生逐渐模糊中华民族的身份意识。而历代传承的“仁义礼智信”与“孝”文化也因之逐渐淡化，学生日益形成崇洋媚外心理，丧失了作为中国国民应有的修养与气质。教会学校在有意无意中进行文化渗透，学生却全然不知，甚至有些学生迎合此趋向，将其奉若神明，坐视拥有五千年历史的泱泱大国被外国势力慢慢蚕食。余家菊说：“外国所办学校率重视外来文化，而于吾国之所固有，则多存鄙视之见。教会之口口声声欲使中国基督教化，教会学校学生之轻视国文，皆其论也。中国人而丧失其中国人之特性，中国人而全无中国的修养，非至忘其根，本习于媚外，夷为异族，不已也。”① 目睹这种情形，更加深了余家菊收回教育权的决心。

3. 为国民情意之融洽

从人类文化学视野分析，国家之所以成为国家，是因为国民之间有同属一体之感，休戚与共之谊，具体而言就是一个民族同胞间所具有的认同感和归属感。但是，教会学校的存在却打破了这种融洽的国民之情，使得从教会学校走出的中国学生缺少了自古传承的尊师重长、礼爱他人的美德。鉴于此，余家菊认为，如果继续由教会学校行使教育权，那么中华民族绵延不绝、赓续已久、生生不息的传统美德将逐渐萎靡退缩，乃至消失殆尽，文明古国的称号也将毁于教会学校手中。

例如，教会学校学生中当时存在着这样一种现象：“教会学生，谕其知识，于林肯威林吞则颇熟悉其身世，于尧舜则常误认为一人，于唐虞三代率不知‘三’字之何所指。谕其性向，则谈话耸肩，行路点头，餐必西式，茶必咖啡。虽行于大街之上，立于广众之中，一望而能辨其为教会学生。公立学校学生与教会学校学生之隔阂盖从此起。”② 教会学校有意不使中国学生学习本国的文化，造成误将“尧舜”看作一人的尴尬情形。作为中国人，不知中国的文化起源、文化传统和文化经历而熟悉西方各国的历史以及生活方式，长此以往，我们积淀五千年的文化将会

① 余家菊：《国家主义教育学》，上海中华书局 1925 年版，第 78 页。

② 余家菊：《国家主义教育学》，第 79 页。

荡然无存。余家菊进一步从教育与民族性凝聚，语言、心理与民族文化形塑的联系，以及中西文化的差异等方面对上述论点加以论证："欲养成国民之同伍。精神，则共同之教育斯焉。必要教育同，言语习惯，性情乃可以收大同小异之效。此数者既大同小异，其情谐意洽乃不期然而然矣。中国之重视乡亲，英美之提倡同文同盟，皆此一体之感有以致之也。"① 由此看来，教育是造就民族性的有效途径，而中国与西方国家的言语习惯、个人习性有所不同。中国人好静，西方人好动；中国人在言语方面喜欢婉转表达内心之意，而西方人则快人快语，直截了当地表达内心之意。这些不同足以说明中西方文化习惯存在着差异，教会学校全盘西化的教育活动及教育模式不适合中国教育的发展。

针对这种情形，余家菊要求教会学校办学者走向中国化改造道路，具有中国特色。"君等果欲与吾人合作，当先使君等之学校成为中国化，使君等之学生少带外国之臭味，而多带中国人之色彩。"② 针对教会学校调整课程以迎合中国办学国有化的要求，余家菊考虑，一方面是必要的，另一方面仅停留于此显然不够。因为课程以学科知识和技能为中心，而教育则是性格训练、品德培养的训育活动，而且后者的作用同样重要。"愿教会中人一深思之。程湘帆君所谓将使教会学校课程接近公立学校之课程标准等，虽不得不谓吾国教育上之一幸事；究竟吾人以为知识事小，性习事大，课程标准微有出入无大妨碍，而训育旨趣不可不一致。此吾人所以认定教会学校目前之改革皆巧取避重就轻之法也。"③ 因此，我们应及早收回教育权，传授国民本国的生活习惯、习性以及教育国民具有本国特色的文化知识。

4. 为立国理想之凝成

立国理想就是指国家理想的确立与实践。国家理想是特定时期社会国家发展方向、战略要求及目标定位的统一内容，具有导向激励的力量以及凝聚、感召国民为之努力奋斗的精神诉求。一个国家若想存在于世界中，最重要的是有立足于世界的国家理想，而国家理想正是由国民之

① 余家菊：《国家主义教育学》，上海中华书局 1925 年版，第 79 页。
② 余家菊：《国家主义教育学》，第 79 页。
③ 余家菊：《国家主义教育学》，第 79 页。

理想所构成。余家菊在书中提到“国于世界，必有与立，而国民的理想即是物也。自由，平等，博爱之于法，正直，忠实，服务之于英，德摩克拉西之于美，皆足以鼓舞全国国民而可以使之生，可以使之死，可以使之赴汤蹈火而不辞者。”① 他以国际比较的广阔视野分析世界工业化强国都有立足于世界的国家理想。法兰西崇尚自由、平等、博爱；英吉利取向正直、服务；美利坚突出实用、民主。而中国却受殖民势力的倾轧，西方社会思想观念借教会办学不断涌入，鱼龙混杂，泥沙俱下，在削弱本国富有特色文化的同时，磨灭属于本国的立国理想。“例如笃厚，吾国国民理想中之一成分也。由此笃厚之性，对于同族先祖则起敬祖之义，对于国家忠良则有崇德报功之行。皆所以发挥人类相敬爱之高尚天性于以使社会之日即于凝结者也。不意教会学校丑抵祭祖为野蛮，敬贤为崇拜偶像。使国民失其中心信仰而濒于无所措手足之危境。”② 国民是国家的基础、国家的共同体正是由国民分子个体造成的。国民无理想则国家无理想，国家也就丧失前进的动力，这样就不免会遭到外部势力的侵略。

5. 为保障国权拥护国民人格

教会学校中存在侮辱国家以及侮辱中国国民的不良现象。余家菊在《国家主义教育学》中对其危害加以剖析：“有侮辱我国家者即侮辱我人民。侮辱之尤者无过于妨碍我国权之行使。今者教会学校于我国土之内藐视我国权，并髦我法令，而独成一系统，我国民为人格计能坐视而不理乎？我国民能任彼吃洋饭之教育家呶呶不休而不一为之纠正乎？”③ 他们的这些行为大大损害了中国公民的人权与人格，因此，余家菊主张收回教育权。

（三）收回教育权的方式

随着对教育主权认知的不断加深，以及对于教会教育、殖民教育本质的揭露，舆论界、教育界愈加迫切地要求收回教育权。于是，关于如何从教会手中收回教育主权，便成为热衷者的另一个热门议题。他们就收回应采取何种方式进行了积极的探索和讨论，并发表了各自不同的

① 余家菊：《国家主义教育学》，上海中华书局 1925 年版，第 79 页。
② 余家菊：《国家主义教育学》，第 80 页。
③ 余家菊：《国家主义教育学》，第 80 页。

意见。

余家菊认为收回教育权，在过去一年里表现为言论主张及舆论宣传。其结果已令教会学校产生震动，使教会学校学生开始觉悟，此后应当进而由理论转向实践，走向实际推行阶段。具体举措如下：组织收回教育权促进会，与志同道合的同志群策群力以共赴此目的；请教育部于教会学校请求立案时采取严格态度并制定教会学校立法案；设立学校以收容教会学校退学的学生。

在 1924 年 7 月中华教育改进社第三次年会上，余家菊、常道直、左舜生、陈启天、谢循初等 12 人在《请求力谋收回教育权案》中就明确提出了外人攫取中国教育权的事实与收回教育权的办法。后经陶行知提出修改意见后，得到大会通过。主要内容如下：

（1）请求政府制定严密之学校注册条例，使全国学校有所遵循，而国家亦可负监督之责。凡外人借学校实行侵略经调查确实者应由政府勒令停办。

（2）注册分甲乙两种。凡学校及与学校相类之机关须一律经过乙种注册，即报告政府。凡学校按照政府所定课程最低限度办理，并无妨碍中国国体情事经视察无讹者，得行甲种注册。

（3）凡未经甲种注册之学校不得享受已注册学校之一切权利。

（4）凡未注册之学校学生，不得享受已注册学校学生之一切权利。①

同年 10 月，在全国教育联合会第十届年会上各省教育会代表都有提出收回办法，最终确定了取缔外人办学的方法：（1）外人所设学校及他项教育事业，应一律呈报政府注册。（2）外人所设学校之设立事项，须合于中国颁行各项学校规程及各省现行教育法令之规定者，始准注册。（3）外人所设学校及他项教育事业，须一律受地方教育官厅之监督与指挥。（4）外人所设学校之教员，必须具有中国教育法令所规定之资格。（5）外人所设学校征收学费，须依照中国部颁征收条例之标准，不得超过所在省区私立学校所收之数额。（6）未经注册各校之学生，不得享受与中国学校同等之待遇。（7）未准注册各校，应由政府限令定期停办。

---

① 舒新城：《收回教育权运动》，中华书局 1927 年版，第 58 页。

(8) 外人所设学校，举行任何典礼仪式，须遵照中国举行学校仪式规程办理。(9) 外人不得利用学校及其他教育事业，传布宗教。(10) 外人所设学校及其他教育事业得由中国于相当时期内收回自办。

二 训育篇

在当时对于“训育”主要有四方面的争论，分别是情意主义与理性主义、自律主义与他律主义、自由主义与纪律主义以及理想主义与习惯主义。余家菊对这四个方面分别作了探讨。

(一) 训育的理性与情意：情意主义与理性主义

学校过于追求实利教育而遗忘了学生的内心活动，普遍重视学生智育教育，但书本知识一般过于晦涩难懂，学生长期在知识教育中生活得枯燥乏味，与此同时，能够陶冶学生情操的情意教育却被忽视。因此，带有人文教育传统的教育家重视情意主义的呼声越来越高，此时又出现情意主义的极端表现——殉情主义与神秘主义。余家菊指出：“殉情主义者，其行为一任情意之自然而不计其利害，不考其得失者也。”这类人一般表现为其行为不受拘束，随心所欲不考虑得失，行事前不会仔细考量，常会酿下大错。“神秘主义者之处世也，以情意之所要求为最后的裁决而无待理性之说明，与夫是非之斟酌。”[①] 这类人行事同样也不受理性的控制。这两类主义都是情意主义极端化的表现，他们都是未加思考而冲动行事，自认为聪明伶俐有生气，却在行动中破坏纪律、影响社会的稳定。余家菊所探讨的训育原则不再偏执于理性主义还是情意主义，而在于“主张以理性的光明考核情意之倾向及其利害得失之所在”。“古人云：明其道不计其功，正其谊不谋其利。主情意论者，每引以为护符。殊不知不计其功必须已明其道，不谋其利必须已正其谊。”[②] 简而言之，余家菊的训育思想在于理性主义与情意主义的统一，两者同时并举，不可偏废。

(二) 训育的自主与调控：自律主义与他律主义

民国初年，学生受欧美新教育运动及自然主义教育新思潮的洗礼，

---

① 余家菊：《国家主义教育学》，上海中华书局1925年版，第44页。

② 余家菊：《国家主义教育学》，第45页。

自治、自学的思想观念逐渐发展起来。至五四运动形成“儿童中心”“学生本位”“活动教学”等学校办学风潮。一时间学生把教师干涉学生的自学看作大逆不道，认为教师应该在教学过程中重视学生的人格，尊重他们自主探索和有兴趣的学习。由此引出许多在校学生散漫、荒嬉，自由放任、率性而为，乃至于侮慢师长，漠视学规等行为。对此，余家菊持国家主义教育的严格约束管理主张。他以人格规范及自律、他律的联动加此论述和分析：“尊重人格乃所以养廉耻也。”“知耻者必有所为，亦必有所不为；耻是发动机，亦是保险器。”[①] “耻”是当时衡量道德标准最为重要的一点，也是个人人格、国家治理的根源。如孔子“道之以政，齐之以刑，民免而无耻。道之以德，齐之以礼，有耻且格。”心中有耻才是教育根源所在，是国家治乱之根源所在，以学生的情感表现、个性发挥以及自律调控为前提。自律能力缺乏，势必将自由引向失范、混乱。除了发挥学生自律作用之外，还应求助于他律。他律的作用是助长自律的能力，而学生自律能力的培养是他律活动的目的。我们需要做的就是怎样使他律配合自律更好地发挥作用；使学生拥有自律能力，并将之应用于学习以及生活中。

（三）习惯主义与理想主义

由于道德教育中存在着观念与实践之间的脱节乃至于违背的流弊，于是提倡道德习惯养成便成为一种新的论点。余家菊认为，我们做事根据习惯来进行不至于偏离轨道。但是，仅凭习惯行动虽然不至于出错，却会束缚我们的行为，使我们做事过于机械，我们的活动范围就由此变窄。因此“习惯论不足为完全的训育方针也明矣”[②]。与习惯主义不同，理想主义者在行动之前会树立一个目标并且设定长久或者终生为其努力的目标。这样做可以随时激励学生努力刻苦学习，以实现所设定的目标，不至于在学习过程中懈怠或者半途而废。目标由近及远、自小而大，例如小范围的目标会取得小范围的成就，远大的理想会取得伟大的成就。因此，我们应从开始学习时起就树立远大的理想，以便一展宏图。“古人之所谓尚志者是也。理想可有极广的实施范围，视其涵义而定。例如，

---

① 余家菊：《国家主义教育学》，上海中华书局 1925 年版，第 45 页。

② 余家菊：《国家主义教育学》，第 47 页。

若能养成勤之理想，则不但在校时可见其勤，即出校后亦可期其然，且不但可期勤读，即治事亦必勤矣。"① 但是，理想不等同于空想。理想是切实的，是努力后可以实现的，而空想是不切实际的，是不可能达成的。因此，理想应高尚且贴切。理想虽然高尚但过于宽泛，让人不知从何出发。可以先确定一个概括的理想，然后再确定一些具体的理想，形成一个可操作的系统，行事就会有依据。以爱国理想为例，首先，爱国可以分为燮和国民、发扬国光、奠定国本以及拥护国权。其次，燮和国民又分可为调和国民的利害冲突，养成国民的共同意愿；发扬国光又可分为创造新学术、主张远大的国际政策、发扬国民特性、探讨国学；奠定国本又可分为振兴实业、扩张民权、普及教育；拥护国权又可分为内除国贼、外抗强权。而外抗强权又可加以进一步的划分，即为抵抗外国的文化侵略、经济侵略和政治侵略。② 余家菊提出：在习惯和理想之间，应该将习惯作为理想的基础，习惯受理想的渗透，以理想为精神航标，两者才能够达到和谐。

综上所述，余家菊对训育中的要素关系在思考分析的基础上得出如下结论："一曰以理性指导情意，使学生有整肃之气，精进之心；二曰以他律辅助自律，使学生有忌惮之情，自爱之心；三曰以纪律范围自由，使学生于活泼之中恪守秩序；四曰以理想提持习惯，使学生脚踏实地而又知所趋向。"③ 这些都展示了国家主义教育派对学校管理及学生活动多元因素复杂关系的建设性思考，颇有哲理及应用价值。

三　课程篇

近代洋务派后期思想家、清末教育家张之洞在《劝学篇》中提出"中学为体，西学为用"的主张，其中的"中学"即中国传统的"四书""五经"、儒家伦理纲常，"西学"即西方先进的科学技术。此后，对于这两者谁为主次人们争辩不已，旷日持久。余家菊认为，民国早期教育课程中的"中学"已经失去了昔日固有的精华，而西学的实用技术也未

① 余家菊：《国家主义教育学》，上海中华书局1925年版，第47页。
② 余家菊：《国家主义教育学》，第48页。
③ 余家菊：《国家主义教育学》，第49页。

能真正应用起来，只是“皮相”而已。此外，还有人热衷于社会经济学科。其共同缺点就是只学习本身感兴趣的学科，而不论“西学”“中学”还是社会经济学科以及其他学科都是国民应该学习的科目。

人文与科学之争在西方由来已久，具体表现为“古典主义”与“唯实主义”。19 世纪以前，西方学校课程以古典文法课程为主，涉及实用科学的课程少之又少，没有得到重视。著名的科学教育家赫胥黎、斯宾塞继弗兰西斯·培根之后认识到实用科学技术的重要性，因此提倡在课程中增设科学课程。科学主义教育在 19 世纪上半叶之后风行欧陆及美国。中国在维新运动后，深受其传播效用的影响。余家菊主张人文主义教育课程与科学主义教育课程两者取得平衡，不能偏废，前者体现为人文学科，后者体现为科学课程。他认为，当时的人本学科所研究的是文字与文体，而不是文学。真正的人文学科应包含历史、哲学、社会学等科目。学校课程的设置应该将人文学科与科学学科置于同等重要的地位，而且要实现两者的互补与融合。这种课程理念有五方面益处：（1）儿童在幼年时期乐于与自然接触，这是他们的本性，如果在和自然接触的过程中使他们对自然产生好奇心就会在之后的学习中仔细观察，或许可以将这种幼年时期的好奇心与观察发展成为科学思想及兴趣。“近代科学教学，为时仅及二三十年，其中死板之点自甚多，在将来，或许能有一日焉，科学果能使人爱好自然，使人虔敬自然，使人富于美感而终于道德化也。”（2）科学知识可以改变国民的人生观。自古以来，人们都认为地球为宇宙的中心，更有甚者不知道宇宙的存在，认为地球是独有的，不知道地球以外还有其他天体的存在。这样一来，人们的认识非常局限，但是，如果进行自然科学的教育，他们会重塑自身的认识，对于发展其他方面的知识也有非常重要的作用。（3）培养学生科学思想观念，以促进其学习科学知识。“科学史即因果观念发达史，科学教育之主要目的即在培植此观念于人心中。无此观念，即不得谓已受教育。”科学知识不是一派一校私有的学说，而是客观存在的事实。任何人都无法赋予其自身的观念，且无法改变其固有的性质。（4）重视科学知识的积累，发挥其各方成长与发展的基础作用。如果学生科学知识没有足够储备，那么科学教育就无从谈起。“以为学习各种科学，实有一普遍方法。各人以及与各人有关系之生命，机运与幸福，皆有赖于其对于活动规则之知识。”（5）养成从事科学研究的能力，“科学教育之最后成绩在于培养独立研究之能力”①。

无论社会所需人才的类型结构分析，还是从教育选拔及个体潜力思考，独立进行科学研究的人才毕竟只是少数，应该属社会部分的重要英才人选。但这部分精英却与国家复兴与民族繁荣的关系十分密切，所产生的能量巨大。因此，余家菊认为，爱好自然观念，熟习因果观念，善用自然法则以及培养科学家都是国家主义教育的理想目标及追求。这是国家复兴的依赖，否则国家就无法实现繁荣富强。我们应通过教育培养科学家，使他们意识到自己应为国家做贡献。

综上所述，余家菊所设计的国家主义教育课程秉持均衡原理，强调不偏不倚，主张人文主义课程和科学主义课程都是属于必修课程的科目，重视任何一方而忽视另一方都是他坚决反对的。同时，他还提出强健身体的教育与优化精神的教育课程在学校课程计划中不可或缺，两者是同等重要的。这是从国民普通教育立论的。一个普遍的公理式国民身体健康和精神健康是国家幸福的根本所在，如果在国民教育实践活动中将两者协同并举，予以高度重视，那么一直被西方势力所诟病的“东亚病夫”诬名就会一去不复返。如果通过教育，使国民对于自身身体健康与精神健康的意义有清醒的认识，并付诸行动，那么国家将会复兴与强大。

四　尚武篇

从古至今，战争一直贯穿着人类历史进程的始终。从远古时期氏族与部落之间的角逐，奴隶社会、封建社会王朝更替的战争，到近现代西方军国主义发动的侵略战争，无一不昭示着：强大的国力、先进的军事装备可以使一个部落、王朝甚至是国家免受侵略，民族和国民避免荼毒与灾难。清末民国初年，已经有先进的教育家提出实施军国民教育，提升所有国民的身体素质。抵御外侮、坚定国家意识与观念，激起国民的斗志，同仇敌忾，捍卫国家权利，反对外国势力瓜分祖国的企图。余家

① 余家菊:《国家主义教育学》，上海中华书局 1925 年版，第 52 页。

菊从国家主义教育学的视角赞成上述言论主张及行动，“欲养其御侮之心，必激其同仇之念。当今强国，如英，如日，如法，如美，如俄，固无一而非”①。他又针对北洋军阀统治的社会混乱、黑暗等种种问题，进一步阐释尚武思想或军国主义教育其他多方面的意义。

（一）整肃内乱

自民国初年袁世凯窃取辛亥胜利成果，复辟旧纲，祭起“洪宪帝制”旗号以来，国家内乱加剧甚至重于外国侵略，国内政党纷争此起彼伏，贪官污吏鱼肉百姓，使民不聊生；土匪强盗勒索敲诈，横行一方，法律一度失去效力。面对这种种新的社会混乱和危难，通过实施军国民教育，使每个公民都能武装起来，人人皆战士，那么土匪强盗就不致轻易威胁社会治安以及国民生命安全，社会也将会保持一个稳定的局面。

（二）促使公民守秩序

余家菊深受德国公民教育与国民学校创立者凯兴斯泰纳的影响，认为国家是至高无上的天国，公民须无条件地服从国家的意志，忠诚于国家的利益和需要。只有公民守秩序，国家与社会才能和平宁静。但反观“近年自由平等之说大作，青年学子不辨底蕴，妄以自由为无规则，平等为无管束。纵性任情，毁法乱纪，无所不至其极。极偶有一二贤明师长，思有以纳于轨物而略加干涉，辄复加以侮辱人格之名而叫嚣喧扰，非使良心不昧者皆噤若寒蝉不止也。”② 民国以来民主平等思想传播的核心内容是正确的民主平等思想，一些人未能领会其本质内涵，对平等自由思想加以错误解读，致使其扰乱社会治安秩序。因此，实行军国民教育可以规范国民的行为，使他们能够理解和实行自由平等思想的合理度量及行为纲要。

（三）建设严格组织

中国国民性偏于涣散无序，国民历来没有创办及服从组织的习惯，容易受到外界的谣言，甚至是宣传舆论力量的干扰，余家菊对此是这样描述的：民心不齐。“敌国不难飞一炸弹以紊乱全城秩序，散一谣言以扰乱全国人心。”如果接受了军国民教育，国民的组织能力就会大大提升。

---

① 余家菊：《国家主义教育学》，上海中华书局 1925 年版，第 55 页。

② 余家菊：《国家主义教育学》，第 56 页。

"有组织，故其动作得以协同，而无人自为政之蔽。组织严密，故团结坚固，不易为外界所动摇，而不至予人以攻隙以瑕之。"① 并且，更容易接受相关部门的领导，而不至于轻易受到心术不正者挑唆或恶势力离间、蒙骗，失去了自身的判断能力。

（四）强壮胆气

饱受传统儒学浸染，崇礼、内敛、妥协成为中国国民的一大弱点。近代以来不断受到外国势力的侵略，在与西方列强不断发生的抗争中，自身的实力呈现与侵略者相距甚远，西方及日本发动侵略战争导致不平等条约的签订，丧权辱国和国势日蹙，削弱了国民的自信心；自古以来，中华民族向来秉持"以和为贵""中庸之道"，在这种背景下，久而久之就形成了怯懦、保守的特点。但是，在复杂的国际竞争局势下，传统中庸保守的民族特点显然已经不符合时代潮流。军国民教育虽然有助于提升国民的自信心，并且壮大其勇气胆识，使他们有能力同外国势力相抗衡。因为国民没有将体育锻炼置于学习课程内容中，体质被外人诟病为"东亚病夫"的国民之脆弱可以说是由来已久。"吾国国民之体魄可以脆薄二字形容之；而国民之仪容又可以颓唐二字表示之。"② 进行军国民教育能够矫正国民的体魄脆弱、仪表颓废和精神颓唐。余家菊提到，学校应组织军事训练，野外露宿，跋山涉水，练习跑步，强壮筋骨，培养吃苦耐劳的品质。久而久之，国民的身体素质会得到很大提升。这在生产活动中可以有效提升生产效率，同时，在外国势力侵略时，可以有效抵御外国侵略。

（五）熟习军事

进行军国民教育除了教育学生加强体育锻炼，组织学生开展强身健体活动以外，还应传授他们一些军事知识与军事技能，开展军事训练。这有助于国民在战争期间运用军事知识打败敌人，而不是冒进，并且有助于在教育过程中发现有军事潜质、天赋的国民，对他们予以格外对待，提高需求，落实具体的、专业化的军事教育，从而培养新型军事人才。

（六）习武艺

国民接受军国民教育，能够学习实用的武艺，在平时的生活中起到

① 余家菊：《国家主义教育学》，上海中华书局 1925 年版，第 56 页。

② 余家菊：《国家主义教育学》，第 57 页。

防身作用，遇到欺凌事件可以挺身而出，发挥维护社会治安秩序的作用。“有缓急小之则可以自保其身，大之则可以保其国家，至用以惩凶抑恶，为社会秩序，为人间保正气，其时会尤多也。”①

五 师资篇

余家菊认为，国家教育兴盛依赖师资力量的充分保障，规范师资培养政策。“欲兴教育，必先培植师资；欲改造教育，必先改造师资。”②为此，他具体构思了如下有关师资培养的意见。

首先，要统一全国师范方针，教师是传授国民知识、传递国家精神的重要承担者，如果全国的师范方针不统一，就会出现各种教育政策，同时伴随着出现各种教育问题。其次，余家菊对于师范教育政策作了相关表述。主张由国家掌握大的教育方向，能够使教育一直沿着为国家服务的方向前进，如果由个人经营，利益问题分配不好可能会影响学生接受教育。“师范教育应由国家经营”③。师范教育政策的统一有助于全国教师形成一体化的教育计划，在教育的过程中就不会出现偏差。再次，教师应有相应的任职条件。除了应具备公民素质、职业道德品性、专业知识能力及师范性技能之外，余家菊特别重视对教师的如下要求：（1）对本国文化深刻理解。国民对本国文化的理解依赖教师的传授，而教师关于中国文化的水准及正确评述对国民形成正确的价值观以及民族情感有着很重要的作用。（2）热爱学生、热爱教育事业。唯有如此，教师的教学效果才能提高，而且才会把教育事业当成毕生追求。（3）成熟的教学技能与治学习惯。教师开展教学活动应从“大处着眼小处下手”④，否则就如一个空有治国理想而无治国才能的痴妄者。（4）“师范学校应当独立。”⑤ 师范学校不应该同其他高等学校混为一谈，两者培养人才的标准不同。师范学校主要是为国家培养教师，为国民培养传播知识的人才；高等学校主要是为国家培养科技人才、

① 余家菊：《国家主义教育学》，上海中华书局1925年版，第57页。
② 余家菊：《国家主义教育学》，第59页。
③ 余家菊：《国家主义教育学》，第61页。
④ 余家菊：《国家主义教育学》，第61页。
⑤ 余家菊：《国家主义教育学》，第62页。

经济人才等方面的人才。余家菊提出教育事业乃千秋大业，师范学校是在为国家的教育事业培养人才，同时也是为国家富强、民族复兴奠定根基，因此，“师范生应该享受公费”①，特别是贫寒学子更应该在学习费用以及生活费用上享受优惠政策。英国、法国、德国、日本等国家都已经实行了这一政策，成为各国强大的重要缘由。

第二节 《乡村教育通论》

《乡村教育通论》是余家菊1930年应聘为北平师范大学教授并兼任北京大学、北平大学农学院教职时写下的乡村教育专题著作。此前就曾亲自进行乡村实践，并根据所见到的实际情况撰写了《乡村教育之危机》一文。此后，由于战乱纷争不断，余家菊投身于乡村教育的时间逐渐减少，但依旧对乡村教育研究存有很大兴趣，因此撰《乡村教育通论》一书，讲述其乡村教育观。此书共有11章，分别为绪论、乡村教育的研究概况、社会背景、目的、受教育者、行政、乡村初等教育、乡村高等教育、乡村师范教育、乡村民众教育以及乡村教育的经验。鉴于本书后面将专章讨论余家菊的乡村教育思想，此处简单地介绍并评述其中的主要内容，以呈现这位受忽略的乡村教育家之风采。

一　乡村教育运动的背景

民国时期形成了一场声势浩大的乡村教育运动，有学者称其为以教育为核心的乡建运动，或学校社会化的教育实验工程，相关成果十分丰富。这场运动缘起背景可从以下三方面理解。

（一）中国原有乡村教育在社会动荡中逐渐走向破产

自1840年鸦片战争以来，外国侵略势力发动了一次次的侵华战争，企图瓜分中国，占领中国市场，民族危机空前严重。在面对资本主义、帝国主义和封建主义的三重压迫下，乡村地区的生产生活面临严峻考验，农村文化一度处于崩溃的边缘。

① 余家菊：《国家主义教育学》，上海中华书局1925年版，第63页。

乡村教育受到生产力水平落后的影响，其自身的发展水平十分落后。自民国开始，受到内忧外患的影响，乡村教育发展水平十分低下，乡村学堂较少并且设备简陋、教员不足，学生受教育程度低。在接受完初等教育以后，由于乡村没有设施完善的中等教育，因此大部分有条件继续接受教育的学生就会选择去城镇接受中等教育以及高等教育。在城镇学习过以后，很少有学生会选择重新回到乡村从事乡村教育，人才稀缺的断层式教育更加促使乡村教育的衰败。

与此同时，外国资本主义看到了中国乡村所拥有的巨大的市场前景，纷纷投身于中国乡村建设中谋求自身利益。外国资本主义采取了一系列措施"复兴"中国乡村，如兴修水利、修建铁路、改良农业等。虽然他们的动机是压榨中国农民的生产力，为自身谋求利益，但不能否认的是又在一定程度上为中国乡村建设作出了贡献。同时，也让本国的知识分子开始注意到乡村。他们希望借助下层群体的力量振兴民族，于是提出了"教育救国"的口号，主张教育事业能够从上层群体转向下层民众，从城市转向乡村。

（二）中国近代乡村教育运动的推动

20 世纪初，教育界先进的知识分子将目光从城市转移到乡村，企图通过乡村教育挽救中国不完善的教育，其中，晏阳初、李大钊、王拱璧、余家菊、梁漱溟等人在乡村教育中作出了极大的贡献。至 20 世纪 20—30 年代，掀起了一场声势浩大的乡村教育运动。早期马克思主义思想家李大钊指出，乡民生活在地主、贪官污吏的盘剥和压榨下，苦不堪言，乡村教育机构不完备。这些都成为在乡村建立民主政治体制的绊脚石，为此要"把现代的新文明从根底输到社会里面"，用教育去医治愚昧。于是他号召青年人向俄国学习，"青年啊！到农村去吧！那里日出而作，日落而息，耕田而食，凿井而饮。还有那些常年工作在田野乡间的妇孺父老，都是你们的同志，而那炊烟袅袅、鸡犬相闻的境界，才是你们安身立命的地方。"① 正是这种召唤使得知识分子对民主的期盼由上层群体转向下层乡民。王拱璧在 1920 年 10 月，在自己的家乡河南西县孝武村创

① 曲铁华：《中国教育发展史纲》，东北师范大学出版社 2006 年版，第 483 页。

办青年公学，并开始了他的“农教合一”的新村生活实验。现代人民教育家陶行知认为，“中国教育走错了路！它教人纷纷远离乡村而跑向城市，它教人吃饭不用种田、穿衣不用种棉、住房不用种林……它叫强大的变得弱小，弱小的变得更弱小”[①]，为此提出“乡村教育才是立国之本”。只有让中国一个个的乡村都拥有充分的新生命，中华民国才能焕发出新生命。现代新儒家梁漱溟对乡村状况进行考察之后指出：“当下的问题正是处在数十年的‘乡村破坏’下，此问题若得到解决只有通过乡村建设来挽回民族生存的危机……综之，乡村有办法，中国才能有办法，而不论是政治、经济，还是教育均如是。”[②]

（三）美国实用主义教育思潮的影响

在五四运动爆发后的数年间，中国掀起了一股实用主义教育。其思想来源于美国杜威的实用主义教育理论。其中的教育名言警句“教育即生活”“学校即社会”和“从做中学”，引起了当时教育界的争相效仿。杜威指出，学校科目相互联系的真正中心，不是科学，不是文学，不是历史，不是地理，而是儿童本身的活动。学校要设置车间、实验室、农场等让学生在活动中学习实际知识和技能，以此改变传统学校的形式主义。杜威的中国高足胡适、陶行知也十分积极地对实用主义思潮进行宣传，这对乡村教育运动起到了诱发和引导的作用。

二　乡村教育的目的

乡村教育作为社会整体教育事业的一部分，它的目的当然不能超然脱离于一般教育目的。其特色和个性有别于都市教育，其办学活动的具体标准不同于都市教育。然而，教育的根本目的，则无论是都市教育，还是乡村教育都应取向统一。“故吾人于讨论乡村教育之具体标准以前，试先述教育的一般目的。又目的之抽象的理论研究，其事属于教育哲学或教育原理之范围。”[③] 这就是公民教育目的。公民教育目的主要包括三个方面：

① 陶行知：《陶行知全集》（第1卷），四川教育出版社2005年版，第125页。

② 马秋帆：《梁漱溟教育论著选》，人民教育出版社1994年版，第42—43页。

③ 余家菊：《乡村教育通论》，上海中华书局1934年版，第43页。

第一，提升公民文化素养，形成合理的价值观。

从公民素养与价值观教育方面讨论教育目的：（1）养成乐群的习惯，矫正其孤独乖僻的性情；（2）养成合作与互助的理想；（3）授以关于社会制度与组织机构的知识；（4）培养对于公民活动的理想与标准；（5）启发对于国家活动与国民生活之知识，且养成其适当的习惯；（6）培养对于政治的理想与责任心；（7）启发其社会良心或社会责任心。[①]

也就是说，普通教育的一般目的指向公民培养及训练。教育首先重在养成公民健康积极的习惯与理想，培养对国家的社会制度、机构、公民活动、社会活动、国家活动等的明晰认识，并掌握一定的知识与技能。

第二，掌握基本经济原理知识，促进知识内容的丰富完整。

余家菊从经济方面思考教育目的，描述如下主要项目：（1）传授职业活动的知识，培养其职业活动的技能与习惯；（2）启发经济原理必要知识；（3）培养对于世界经济健全的理想与标准观念；（4）考察指导职业兴趣；（5）了解各种职业在社会生活中所具有的固有价值；（6）启发对于同业间、异业间、劳工资本家间、生产消费者间所应有的关系之适当的观念；（7）使其了解经济与政治间之必然关系，因而养成适当的态度与习惯。

余家菊认为，经济方面的教育目的十分重要，了解与经济有关的原理知识及技能对于教育会发挥有效的促进作用，了解世界经济状况以及相关职业活动的特点和价值对于国民的发展是非常有帮助的。

第三，培养公民道德素养，为国家造就公民。

在余家菊教育视野之中，乡村教育的目的应突出道德品性的教育，而这恰是公民教育的核心内容及根本诉求。这一视角体现了其构思，主要内容可细分如下：（1）使其了解纵为纯粹的各人私生活，其行动的影响亦且及于社会，故各人应有社会责任心；（2）培养身心之优美状态；（3）具有消闲享乐的观念意识与适当兴趣；（4）启发对于不良娱乐及恶习的抵制心理。

---

① 余家菊：《乡村教育通论》，上海中华书局1934年版，第45页。

也就是说，公民应该注意自身言行举止，如果品行恶劣会对社会造成消极影响，败坏社会风气；如果注重自身的行为并养成健康的生活习惯，道德素养提升，社会风气就会随之好转，整个社会就会呈现出一派风清气正的景象，国家因此也能够得到一批又一批的合格公民。

在民国乡建运动中，乡村教育家所撰述的乡村教育论著颇多，其中大部分作品都论述了乡村教育的目的，但其中余家菊的有关内容及观点更具全面和包容性。他将乡村教育的目的分为普遍目的和特殊目的。

以上已从公民教育角度对之加以介绍。然而，余家菊又有另外的解读，认为普遍目的可以分为："（1）发达身体；（2）道德教育；（3）生活上必需的知识与技能。"[①] 具体来说，对于乡村学生的教育，强健体魄、锻炼身体是重要和必须的，拥有良好的身体才能为以后接受教育和生活生产活动打下坚实的基础。这与当时流行的军国民主义教育思潮观点不谋而合。除了健康的身体之外，道德素质是学生成长的灵魂，幸福的源泉。只有形成正确的世界观、人生观、价值观，才能够树立远大的理想。因此，道德教育是学生形成一个完整的、健全的人格及心理所不可或缺的。这里的德智体多方面教育与上述内容存在互补、一致的效果，也有不同层面思考的特定含义。

当然，学生在校的基本任务和主要活动是智性发展，学习一些生产所需知识，掌握生活技能，为日后立足于社会奠基，是学校赖以存在和发展的合法性所在。在论述乡村教育承担普通公民教育或一般目的的基础之上，余家菊进一步讨论乡村教育的特殊目的。他认为，这种特殊目的建立在如下背景或条件的基础之上：第一，使农家经济充足；第二，使农民道德向上；第三，增进农民知识以改良学校环境。[②]

从中可以发现，在余家菊的乡村教育视野中，农民经济富足是关键一点，农民只有解决了温饱问题，才能够有条件送孩子入学接受教育。在各个历史时期，农民大都饱受统治者的剥削与压迫，苛捐杂税众多，徭役繁重，连基本的温饱问题都很难解决，教育学习便不会在他们的考虑范围内，因此农家的孩子很少有机会进入古代的私塾或近现代的各类

① 余家菊：《乡村教育通论》，上海中华书局1934年版，第46页。

② 余家菊：《乡村教育通论》，第46页。

学堂、学校、书院读书。

在上述背景之下乡村教育的目的充分体现出教育乡村化的特点，余家菊将之细化为如下项目指标：（1）培养爱好乡土观念；（2）保留乡村人民，勿使趋向都市；（3）养成重农观念，勿使拾本务而贪末利；（4）发展其爱国观念与世界知识，以破其一孔之见；（5）发育其互助合作之精神以破其孤特独立之性格；（6）发育其试验改进之理想，以破其故步自封之习性；（7）使其有讲求公益之理想与习惯；（8）使其有参加公民活动之兴趣；（9）使其有讲求卫生之习尚；（10）使其有从事高尚娱乐之嗜好；（11）使其知建立乡村经济组织之必要，可能与方法，并具有实现之志愿。① 虽有些项目内容也有普遍教育之一般或普遍目的的色彩，但只是乡村特色教育视角的特别关注而已，并非离题偏调。

三 乡村各级教育

学制是各级各类学校设置的方案体现，是学校制度化的章程规定。乡村教育应落实到乡村学校，但与普通学制相比较，其中又结合着乡村教育的目的及乡村社会的特点而有所变化。这是余家菊乡村教育设计的创新性所在。

由于中学教育阶段的办学模式是西方工业化生产背景下人才培养所要求的学制设计的体现，与中国古代大学、小学二级分段的教育方案颇有差异。余家菊从乡村教育实际出发，沿用古代教育分段思想，避免中学教育办学目的及内容的更多不确定性，而直接论述乡村初等教育、乡村高等教育两级。当然，中等教育在这两段中有所交叉，也有部分内容体现于师范教育之中。

（一）乡村初等教育

按现代初等教育的定义，该学段包括小学及学前教育的幼儿园。但在当时的历史条件下，开办农村幼儿园只是天方夜谭之说笑而已。因此，乡村初等教育直指小学是非常自然的。

① 余家菊：《乡村教育通论》，上海中华书局1934年版，第50—51页。

1. 小学校的分布

余家菊讨论乡村初等教育是从义务教育入手的。他介绍义务教育政策的规定情况；政府规定学龄儿童必须接受教育，初等教育由法律规定为义务教育，儿童有受教育的义务。家长不能过早让学生从事生产活动，赚取收入而放弃接受教育的机会，否则家长应受法律制裁。法律规定，初等教育的学制为 4 年，儿童满 6 周岁应进入初等学校接受教育。每个学年都有寒暑假期，各地具体情况不一样，寒暑假期的时间，以及开始和结束的时间也不相同，需要根据各地自身的情况进行变通。关于小学学周学日，当时规定每学年 35 周，245 日左右。每天上课的时间为 4 小时，上午上课三节，每节课 40 分钟，中间休息两次，各 10 分钟。同时，毕业条件及升学程度要求也有规定。

余家菊认为，实行义务教育的重点就是要有星罗棋布的乡村小学，乡村学校分布密集有助于让所有适龄儿童入学，因此应该划分学区，每个学区内设置适当的学校。有关学区的划分及学校布局应该考虑下列因素：依据山河形势，交通便利布局，期望学生来往于学校家庭之间，不至于中途发生障碍；区域不可太大，以免缘农村边的学生离校太远。且村民对于学校疏远不感兴趣，学校因而失去社会的依托，导致出现教育减弱效率；学区不可过小，否则教育投入耗费多而学生数目少，降低办学经济效率；学生的安全是学生家长最担心的问题。学校应该设置在距离学生居住来往方便的地区。[①] 总之，乡村初等学区的划分方法、学校设点对于义务教育能否顺利开展、国民教育是否能够顺利普及，以及教育的效果能否得到保障有着直接的关系。

2. 小学校的基础设施

校舍是学生与教师日常学习与工作的地方，因此校舍的设计也十分重要。首先，校舍须注重卫生，良好的卫生环境能够保障学生的健康。其次，校舍应该美观，一座外形美观的建筑能够激发学生求学的兴趣和积极性，同时对学生的精神调控也能发挥积极作用。再次，建造校舍不能过于简陋，也不能过于奢侈。对于校舍的具体要求，余家菊从教育意

---

① 余家菊：《乡村教育通论》，上海中华书局 1934 年版，第 82 页。

义角度，运用多学科知识理论进行结合分析：校舍需地点适中、交通方便并环境优良；校园高亢干燥宽敞；校舍方向以向南者为最佳，向东南者次之，向西南者又次之；式样以平房为宜，楼房不便幼儿之上下，且有坠落之虞；教室空间以能容 40 名学生为度；教室墙壁宜用淡黄、淡白、淡青诸色，以保护眼力，保持儿童情绪心态平稳适度；庭院宜广，以便学生小憩或游乐。① 最后，教室内应置有国旗、校旗、大小黑板、桌椅、书橱、教具以及劳动教具比如镰刀、铁锹等。

3. 小学校办学经费的来源与使用

乡村小学分为公立和私立两类，其经费来源有所不同。公立小学的经费一般由政府拨付，私立小学的经费一般由捐助人提供。当然，自古以来，教育经费的筹集或来源在主要渠道确立后，还有其他方式，呈现出多样性。如公立小学也接受私人捐助，私立小学可以争取获得政府拨款。

教育经费的使用应遵循量入为出的原则，在使用前应做好预算，以免存在教育经费难以为继或奢侈浪费现象。余家菊对小学教育经费支出及来源关系作出了探讨，并就其中项目的设计及其依据以及如何达到收支平衡进行科学配置：

> 第一当有良好的预算，第二当恪守预算……编制预算的根据，第一须分析构成学校生活之诸多因素而区别其支付性质，归纳为若干支付项目。第二须估定各项目必当支出之数量；此项估定，或依据法令契约，或依据当地物价，或依据前年度决算……第三须酌留准备费，以备意外之需。第四支付总数求得后，再将确实收入的总数，取以对核之。②

特别需要强调的是，按照余家菊的方案，在各项教育经费的支出中，第一，保障教师的薪资支出，因为教师的薪资水平达到满足其解决全家生活之需之后他才能安心从事教育工作，没有后顾之忧。第二，突出教

① 余家菊：《乡村教育通论》，上海中华书局 1934 年版，第 86 页。

② 余家菊：《乡村教育通论》，第 89 页。

学设施的经费支出。在教学中“笔、墨、纸、砚”等教学用具以及现代教学设备、教学仪器及实验条件等，都是师生从事教育活动所必备的。因此，这方面的支出是不能削减的。第三，其他费用。比如冬天教室供暖所需必需品以及在平时教学活动中桌椅板凳的添置、修理费用的支出也应该记录在案，并付诸实施。此外，管理学校经费的工作人员应该对各项收支细目及落实情况加以如实记录，不可中饱私囊，从中获取不正当的利益。否则，严格按照校纪法规甄别处理，以无负于教育工作的崇高和神圣。

4. 小学校教师

乡村小学一般设有两位教师负责学校的教学以及其他工作。教师的选择首先应注重两位教员之间的配合与分工，二人在教学工作中须朝夕相处，因此二人的性格是否和谐决定其工作能否顺利开展。其次，两位教员之间要有适当的分工，一位教师负责学校大部分的教学工作以及主理学校事务，负法律的一切责任，充当校长一职，另一位教师则协助负责其他部分的课程。分工有序合理，彼此协作，取长补短，教学活动才能更好地开展。两位教员应该相互尊重、互相支持，从而共同促进乡村教育有序和稳健发展。

5. 小学校课程编排

“小学课程以发育身心并授予人生工具及常识为主旨”，余家菊在其教育著作中多次提到小学教育的目标取向。他认为，小学课程资源的选择应该延伸至人类知识技能的全部，但是由于小学生的身心发展还没有达到完善的程度，为了防止负担过重和教育力量低效，需要选取“全部文明中最宝贵最有价值者而教育之”[①]。余家菊清醒地认识到，学校教授毫无价值的知识内容是在浪费儿童的精力以及扼杀国民教育期待。学科的分类及难易程度由年级层次决定。小学低年级学生身心发展不完善，能力不足，因此可以把知识都混杂在一门学科里，采用合科课程编制。这样的课程结构有助于学生学习，并且避免学生产生厌学心理；小学高年级学生已经在低年级阶段积累了一定的知识，

① 余家菊：《乡村教育通论》，上海中华书局 1934 年版，第 92 页。

因此在这时应该将科目细化：

> 分成国语、算术、社会、自然、艺术、体育等科目，这样有利于学生进一步理解各学科的知识内容。关于课程教材的学时安排，他认为根据知识技能的现实价值和难易度而有所差别，不宜一概而论。（1）该类教材在生活上必要的最低限度如何。必要的限度高，占时间应多；必要的限度低，占时间宜少。（2）又当视其学习之难易以定学习时间多少。难者宜多，易者宜少。①

6. 小学校学级编制

传统教育体制存在于古代的东方和西方教育中，东方以中国为代表，西方以西欧为中心。各国的教学活动组织方式大多采用个别教授制，每位教师仅能教学一至数名学生，多则十余人，教学效率低，不利于普及教育。自提倡普及教育以来，传统的个别教授制已经不适合学生众多的现实教育需求，于是，自 17 世纪以后班级授课制在西欧早期工业化国家应运而生。班级授课制可以在一定程度上减轻学校的经济负担，减轻教师教学的压力，教学学生数倍成规模的增长使教师体会到与学生之间互动的乐趣，发挥他们教学的积极性；对于学生而言，与同学在班集体中一同学习，在学习的过程中就会自觉或不自觉地产生竞争关系，有助于激发学生在教学过程中的自信力和参与感，促进自身的学习动机及内在潜力，提高学习效益。在肯定上述教学组织方式变革及价值的基础之上，余家菊认为在分班教学中，应注意每班级的学生人数不应太多，每班级 40 名学生为最适宜的人数，而且应灵活安排具体的学级编制方式：

> 学级编制法，有单级编制与多级编制两种。单级编制，系将全校儿童不问年龄学级一律编为同一的班级以教授之方法。多级编制又有三种。一为单式学级，将同一学年制儿童分别各编一个学级。二为复式学级，将两个学年以上程度相异之儿童编为一个学级。三

① 余家菊：《乡村教育通论》，上海中华书局 1934 年版，第 93 页。

为二部教授，即将全校学生分为两部分，由一教师轮流教授之者也。①

在单式学级中，大部分的学生能力相近，这样有利于教师学生协同开展教学活动；复式学级一般出现在偏远山区以及经济落后、师资紧缺的农、牧、渔地区。另外，还有季节编制。这种学级编制法是按季节划分，冬季学生在学校接受教育，农忙时期学生在家中帮助父母干农活，教育与生产两不误。

（二）乡村高等教育

相较于乡村初等教育而言，乡村高等教育更具有乡村教育特性。因为前者更多的是从国民教育或义务教育的意义上而言的，其间的交叉包容性十分明显。而后者则有别于正规学制系统中以大学或学院为主体的高等教育，它不是建立在中等教育升学的衔接基础上的，而是顺应或依据农村社会对技术和人才的需要灵活设置的高等教育组织或机构。

1. 乡村高等教育的必要性

从乡村社会视角而论，民国时期的高等教育被乡村民众视为奢侈品，一般只有经济发达的省份和大中城市，高等教育存在较多。乡村民众认为接受高等教育、学习先进的文化知识的目的是去大城市发展，而乡村的农业劳动则无人进行。因此，他们将高等教育视为“流氓制造”。

余家菊认为，乡村教育的目的是促进乡村经济的繁荣、人民生活幸福、社会进步，但是这些理想化的目标如果只靠乡村初等教育是很难实现的。因此，设置乡村高等教育，从初等学校毕业的学生进入高等学校学习，掌握先进的科学技术，有助于振兴乡村。另外，接受高等教育可以启发民智：“一曰教以各主要学科之主要理法，一曰培养其自己求知之能力也。举百科知识，以求一一教于学校之中，不仅无此可能，亦且无此必要也。”② 同时，在接受高等教育以后，学生的独立思考能力以及辨别是非能力大大提升，不会因一些图谋不轨之人的蒙蔽，而作出危害社会治安以及国家民族大义之事。

① 余家菊：《乡村教育通论》，上海中华书局 1934 年版，第 96 页。

② 余家菊：《乡村教育通论》，第 103 页。

2. 高级学校的设置

民国时期实施高等教育的场所为高级学校。余家菊视县城为乡村活动单元，以县城为乡村中心，而将汇聚在省城的中学转向县城，即将省立中学主体调整改设为县立中学。将这种县立中学办成乡村高级学校，就成了乡村高等教育机构。乡村没有设置中学，有影响力的中学大都设在重要的城市，乡村学生如果想接受高等教育就需要远离家乡到城市接受更优质的教育，但是这会带给乡村家庭沉重的经济负担。乡村家庭生计靠耕作来维持，收入微薄，如果再供养孩子进入城市的中学继续学习，无疑是雪上加霜。余家菊提出改变中学普遍设立在大城市的现象，在政策的支持下县立中学也会逐渐发展，但对城市高等教育办学体制也应加以改革。“吾意中学应改变省立政策而为县立政策。已有的省立中学当求改良完备，作为中心学校，在过渡时间，用作乡村各高等教育学术之广播所。往后不当先设立省立中学，即以添设省立中学之经费作为辅助各县教育经费之用。”① 县立中学主要办成乡村高级学校，学生在学到农业方面的知识后可以有效地将其应用于日常的农业活动中，同时学校也应为学生提供实习场所，这样理论与实践将会得到最大限度地结合。

在中学毕业以后，学生需要进一步接受高等教育。高等学校的设置可以借鉴欧美等国家，将全国分为几个大学区，在每个学区内设置一所乡村学院或者省立大学乡村分院，由省政府负责。这类高等学校主要侧重于农业技术的研究和应用指导。

3. 高级学校的课程

高级学校的课程应该适合社会的发展需要即适应人类的一切活动，但同时又应反映乡村社会的实际需要和特点：

活动被归纳为五类：公民活动，“家庭、乡党、国家等项活动属之”；经济活动，“直接有关于生产者，如工艺商业之经营以及经济上的组织活动是也”；教育活动，“如教导子弟而保育之是也”；保健活动，“如饮食之调节，疾病之治疗，传染病之防范是也”；娱乐活动，“如听

① 余家菊：《乡村教育通论》，上海中华书局1934年版，第105页。

戏看小说是也”①。

上述五类活动与课程一一对应，即分出五类课程：公民活动对应政治课程，经济活动对应经济课程，教育活动对应教育学、心理学学科，保健活动对应体育卫生课程，娱乐活动对应美术、音乐等艺术课程。而国语、国文学科则是各类人生活活动都必须具备的知识和素养，具备基础和工具的功能地位。

第一，每一类课程又有不同的课程目标：国语国文的学习不能只注重形式上的文法，而要注重教材的内容。在第一年的教学中每周安排三个小时语言科目的学习，通过对中国国语国文的学习之后，学生可以开阔胸襟、增长见识。在第二学年这门课程被改为选修课，有兴趣的学生可以继续学习。国文课程的开设应遵循以下标准：养成发表的技能；了解吸收之能力，“读物宜多取有关人生思想行为之作品”；养成欣赏之能力，“读物宜多取描写自然与农民生活之诗文”；授予文学知识，“文字源流，文章举例，文家派别等可兼授之”②。

第二，政治课程中历史地理学科的学习目标就是开拓学生的时间观念和空间观念，使人与自然和谐相处。政治法律学科注重对于本国法律知识的掌握，从而培养出开明的公民。

第三，经济学科注重从根本的经济学原理组织教学，使学生掌握银行货币、利息、地租、合作以及农业经济等专业理论和知识。

第四，其他课程，例如数学学科应该讲授代数、几何、三角等必要的供日常生活实用的数学知识；生物学科应注重与农业相关的知识技能教学，以促进乡村农业的发展。

（三）乡村师范教育

余家菊高度重视教育的国家功能及作用。反观当时现实经济收入分配状况，教师的薪资待遇与社会上的其他职位相比略低一筹。从事工商业或者入仕为官，其收入相当可观并且在社会上有一定的地位与足够的话语权。与此相反，教师从事教育事业所付出的精力与他们的社会地位、薪资水平没有形成一个良好的相关关系。这也就导致教育事业逐渐被人

---

① 余家菊：《乡村教育通论》，上海中华书局1934年版，第106页。

② 余家菊：《乡村教育通论》，第109页。

们所淡忘，师范学校也成为学子不愿考虑的一个方向。一个国家教育事业的发展程度关系到整个国家未来的发展问题。“恶劣政府之所荼毒者，一时而已，十年而已。恶劣教育之所败坏者，常远及于数年乃至数百年，虽有仁人志士锐意矫正，亦非一朝一夕一手一足所能奏效。”[①] 教育对于国家的前途和命运有很大的影响，好的教育能够带领国家繁荣富强，恶劣的教育会在无形之中促使国家停滞，落后于世界舞台。余家菊正是在教育与教师的显著相关性上谈论师范教育意义的，又基于此进一步谈论乡村师范教育相关问题的。

1. 师范教育的意义

国家教育的发展在很大程度上与师资力量有关，师范教育是以培养合格和优秀师资为目标取向的，被喻为“教师的摇篮”“教育工作的母鸡”。建设师范学校有助于缓解师资力量短缺的问题，师范教育应努力为国家培养出一批优秀的热爱教育事业的人才。乡村师范学校也应当同城市的师范学校一样，肩负起培养师资储备力量的责任，与普通意义上的师范教育具有共性意义。师范教育的职责及意义至为明显，但余家菊认为应突出培养生动活泼的师资。“教育家的活动，则不赖权力而赖诱导，不以约束行动为止境，而以培养性格为归宿。”“故教育事业至为艰难，而教师之养成，须注意于敏锐的了解力与丰富的同情心之发育也。”[②] 余家菊这里所谈的教育家，实指教师，他将教师与工程师、政治管理等职业进行对比，工程师的对象是机械器材，与教师工作对象不同；而政治管理虽然也面对活生生的人，但是政治家却是用权力规程约束人的行为，其内容及方式与教师也不相同。其次是培养完整的人，包括他们的精神、智力等各个方面。因为任何一种职业与教师相比，都没有达到面向完整的、全部的人的层面。教师的知识能力、身体健康、精神心理状态以至于社会的关系都会影响学生的培养质量。

2. 乡村师范学校设置的个性特色

余家菊认为，乡村师范学校的设置和其他师范学校的目的不同。乡村师范学校主要培养面向乡村服务的教师，受其规范，乡村师范学校开

---

① 余家菊：《乡村教育通论》，上海中华书局 1934 年版，第 114 页。

② 余家菊：《乡村教育通论》，第 113 页。

设的课程也有所不同，侧重于为农村、农民、农业服务，与城市、政府的官员或学者的相关性减弱。当然，乡村师范学校的毕业生数量应以乡村学校学生的数量为参考标准，防止量的扩张过剩而导致浪费，或过于微小，与乡村学校的需求距离遥远。

3. 乡村师范教师的职业素养

与陶行知在南京晓庄师范教育实验所赋予乡村师范的教育及乡村改造的意义一致，余家菊几乎是异口同声，英雄所见略同地宣称：“乡村教师是乡村学童的导师，是乡村社会的领袖，亦是改造乡村社会的原动力。”①乡村教师除了具备一般教师的品质，例如具有浓厚的教育兴趣、知识渊博以外，还要具备乡村教师特有的职业素养。第一，具有较为全面的知识素养。教育事业是要培养完整的人，如果教师不注重全方位、多层次地培养学生，那么这类学生将会错失学习各种知识的良机。为此，第一，教师要掌握渊博的知识，“纵不能无所不通，亦当有广博的轮廓知识，足以知晓了解各项人生活动而欣赏之，又足以知晓正确知识渊源之所在，随时因乡人之所需要而指导之……就对学生而言，在专门范围以内，自认为全知全能，固失学者之本色；在专门的范围以外，一事不准学生问及，亦失教育家的态度也。故乡村教师应有‘百科全书般的常识’”②。第二，以真挚的感情教育学生。教师对学生的态度一定要真诚，因为教师面对的学生是活生生的人，学生时刻与之进行接触与交流，他们会被教师的态度所影响。如果教师用一颗真挚的心面对学生，久而久之，学生也会真诚地对待教师，并更加勤奋刻苦地学习。第三，具有勤劳品性。勤劳是乡村民众特质，教师在乡村从事教学工作，应学习村民勤劳朴素的优良品质。这样，不仅可以迅速拉近与乡村人民的距离，使乡人相信教师，并且能够家校协同，使学生养成勤劳的品质。第四，具有谦和的待人处世态度。教师应随时保持谦虚的态度，尊重他人，切不可因为自身具有知识就目中无人，这样只会招来乡人的愤恨或抵触，严重影响自己所从事教育的效果。第五，具有与人为善的品质。在日常生活中，如果碰到乡人需要帮助，应义不容辞地伸出援助之手，为他们排忧解难。第六，具有开创的气概。教师应胸怀天下，

---

① 余家菊：《乡村教育通论》，上海中华书局 1934 年版，第 117 页。

② 余家菊：《乡村教育通论》，第 118 页。

积极解决学校教育所出现的困难，并以正能量作用于社会，“若无进取的态度而安于现状，则一切皆无从改良矣”①。

4. 乡村师范学校的课程

乡村师范学校一方面要教育儿童，另一方面又要能够指导社会。学校设置的课程既要有政治经济等公民知识，又要有心理教育等课程。余家菊列出四大类：乡村学校开设的是分科主干课程、教育学科课程、公民学科课程、技术学科课程。乡村师范学校课程宜周全平衡，而无所偏倚，在必修的课程以外，设选修课程。此外，针对乡村学校的实际状况，乡村师范学校应采用“分组制”，培养教学的基本能力。可分为“（1）自然农事组，包含生物学农业学；（2）文史教育组，包含国文教育学心理学等；（3）艺术组，包含图书音乐手工”②。

第三节　《师范教育》

陶行知、余家菊、余子夷，乃至马克思主义教育家杨贤江等现代教育家在构建自身教育理论学说时，其中一个重要特点是特别重视师范教育。而他们理解的师范教育不仅是教师的摇篮，而且是社会风气及文明的积极引导者和塑造者，是国家民族走向文明进步的号角手。因此，余家菊国家主义教育学中师范教育理论最为突出，无论其比例还是其内容，都是如此。《师范教育》一书是其代表作。除在此处加以简略介绍之外，后面还将从理论学说层面列专章加以阐述。

一　中国近代师范教育回溯

中国近代师范教育在清末粗具规模，之后不断改革。清末“新学制”规定师范学堂主要分为两级：优级师范学堂和初级师范学堂，以初级师范学堂的学科为主，无论是其数量，还是影响均如此。清末设计每一府或州、县州应设立若干初级师范学堂，余家菊认为，清末师范学堂科目划分和学科课程的设计对于以后师范学科的发展具有深刻的意义，

---

① 余家菊：《乡村教育通论》，上海中华书局 1934 年版，第 121 页。

② 余家菊：《乡村教育通论》，第 122 页。

尤其是初级师范学堂为高等小学堂以及初等小学教师的培养提供了巨大的帮助。他依据师范学堂章程规定对之加以解读和阐发：师范生注重教学方法训练及实践办法，在教学中变化学生气质，激发学生精神，砥砺学生操守，施以忠孝大义、孔孟精神的训勉；提高对国民素质能力与师资水平关系的认同；身体强健为成业之基……课堂教学应使学生于受业之际领会教授之有法。为使学生学业增进，尤当勖勉学生使自行深造学识，在此基础上，余家菊进一步提出师范生在接受教育时要做到："1. 爱国家，尊宪法；2. 独立博爱；3. 世界观与人生观为精神教育之本。故宜使学生究心哲理，而具高尚之志趣。"①

在民国建立以后，师范学堂演化为师范学校。师范学校重在为普通学校培养教师，师范教育的主要实施机构是师范学校。余家菊主张师范教育对其他各类学校教育也有借鉴意义。

第一，师范学校以为国家培养优秀的学生为主要任务，对其进行文化教学及道德培养。师范教育造就的师范生是教师的预备力量，是教育活动的主体力量。

第二，师范教育培养国民精神。"师范生不但为文化传递者，而且为国民精神之鼓铸者。个人之信仰，习尚皆视其所接触者而转移。所谓染于苍则苍，染于黄则黄也。故为子女择师不可不慎，而为国民养师亦不可不谨。况教师与学生相处甚久，而教师之于学生，又以其地位之优越，父兄之尊崇，而具有大量的暗示力。"② 教师以教学知识技能为主。由于教学时间比例很高，与学生相处甚久，教师言行举止以及情感态度和价值观对学生有很大影响。因此，教师在教育学生的过程中，对学生的成长作用是广泛、持续的，甚至是具有终生意义的。

第三，教师的职业精神。教师具有权威与专业知识造诣，在此基础上更具有职业精神。教师可以发挥人格教育的力量，在与学生长期接触的过程中，以潜移默化、熏陶感染及暗示指向等方式影响学生，学生会模仿教师。因此，师范教育能够培养学生具有健全的人格，高尚的品德，这将会给国家的教育及国民的素养智能带来积极的影响。

---

① 余家菊：《师范教育》，上海中华书局 1926 年版，第 87 页。

② 余家菊：《师范教育》，第 102 页。

二　中国师范教育的方向

教育独立是中国现代影响广泛的教育思潮，以蔡元培等自由主义教育家为代表。但其所述内容重在一般、整体教育，而不是分类、分层教育。余家菊独辟蹊径，对师范教育的独立问题进行了思考。

（一）师范教育独立论

第一，从师范教育的性质考虑。师范教育是一种职业教育，不同于其他普通教育，其影响范围广泛，甚至会波及全社会。教育是以培养全面发展的人为目的的有组织、有意识的实践活动，同时教育活动始终应发挥人的天性和潜能。如果教育受到其他势力的干预或冲击，那么便会沦为多方势力争夺的工具，甚至会使学生成为模式化的人。这样就有违于教育的本体旨意了。

第二，从师范生的训练方面考虑。理想的师范学校在于使学生具有从教热情，有培育未来国民成才的信念与抱负，实现教育兴国的理想追求，为此“其环境中必充满教育文化的空气。使人一入其门，受其琢磨，经其陶铸，教育之信仰大固，见异思迁之念遂消”[①]，这样才能做到“足以实现师范教育之目的也无疑义”[②] 的愿景。师范教育系统地传授给师范生知识与经验，以及从心理学与教学法方面的教育学思想观点，使其实习或践习养成教师所需的技能与方法，这一过程是有其独特教育规律可循的，是任何事物都代替不了的。

第三，从教育政策方面考虑。近代大教育家均以培养师资为国家的重任，不是地方政府朝夕令改所能维系的，更不是党派角逐所能包揽的。因此，从国家的角度出发，师范教育也不能由地方或党派集团势力所管控。为了确保师资培养质量及其稳定性，余家菊提出：“1. 专设之师范学校或师范大学为师资训谏之永久的正宗机关；2. 他种学校附设之师范科为辅助的或暂时的代用机关。”[③] 这是余家菊对师范教育价值充分认识的表现，而且明确指出师范教育办学机构独立存

---

① 余家菊：《师范教育》，上海中华书局1926年版，第117页。

② 余家菊：《师范教育》，第117页。

③ 余家菊：《师范教育》，第120页。

在的意义。

（二）师范教育行政

余家菊从国家主义教育学视角论述师范教育行政管理的相关内容及问题。他认为，师范教育应在中央教育部、各省教育厅的统筹之下依章设立及运行。高等师范学校采取国立制，由教育部直接管辖并督评；初等师范学校采取省立制，由地方教育部门进行管辖和评估，同时，经过省财政经费划拨设置私立师范学校，发挥师资培养的补充作用。

但余家菊又意识到，所有的师范学校都由教育行政机构的官员操持，给予生杀予夺之权，这样做也会存在种种隐患：其一，假如行政官员贤明睿智，那么师范教育就能蓬勃发展；假如行政官员庸懦敷衍，师范教育则会江河日下。其二，民国社会政局动荡不安，混乱无序，在行政官员“走马灯”似的调任补缺、频繁更替的过程中，必然导致教育方针计划改弦更张，师范教育的有序、平稳发展便得不到充分保障。最后，行政官员集权，但其本身多为政客，并不熟悉教育事务，作为门外汉，有一些举措违背教育相对独立的规则原理是肯定无法避免的。

鉴于此，余家菊提出管理的调整策略。他主张首先在中央和省分别设立教育参事会，选拔现任教职员中优秀而有声望者，同时吸收部分官厅管理者和其他人士代表共同组成参事会。在参事会中设立师范教育分会。中央教育参议会负责征询各省区教育参事会的意见审核并制定师范教育方针政策，各省区教育参议会则负责审议、实施。在此基础上，余家菊提出在师范学校内部设立校务处，该组织在校长的领导下，主持全校校务，由若干办事员担任助理，协助校长开展工作。当然，这就对校长提出很高的要求：有丰富的经验、充沛的热情、杰出的领导水平、办事能力和知人善任的智慧和胸襟。其次，设校务会议，以决定学校政策及重要事项。该机构能广泛征集教职工的意见，避免校长一人独揽大权现象的出现，以便更好地促进校务处进行重大事项的决策及相关政策的实施。最后，在每个年级设立学科会议和学科主任，以便更好地制订课程计划，方便教师之间的交流和互动；召开科主任会议，促使学科之间的联络；在各个年级设立学级会议和学级主任，方便召集全年级学生及教员召开级务会议，以贯彻学校教育政策。[①]

（三）师范学校的组织

余家菊从师范学校的学制年限、团队设计以及内部管理等方面分析师范学校的学制及管理问题。显然，他的师范学校是从整体、普遍的意义上而言的，但仍有偏向乡村师范学校特色的一面。

1. 学级划分

师范学校学制中的修业年限定为 6 年，同时需要单设 2 年或者 3 年收受初中毕业生使其接受师范教育。师范教育学段可以分为前后两期，或前期 4 年后期 2 年，或者前后期各 3 年。还可以划分为初级阶段 4 年，高级阶段 2 年。这种设计大体反映出民国时期师范学校的办学情形，尤其适合乡村师范学校的实际需要。

2. 学组编制

学组编制是指师范生依据不同学科的选择，分组学习的方式，不同的学科分组有助于师范生选择适合自己的科目进行学习，并且能在未来的教学过程中发挥学科专业的优势特色。例如有的师范学校将学组分为三组。第一组在物理化学两科中任选其一进行学习，主修世界史、世界地理；第二组以高等代数、三角物理以及化学为必修课；第三组以美术史、图书、习字为必修课。但是这种分组编制的方式不宜过早，也不应走向极端，只是在学段后期的一种设计方案。因此，余家菊认为，提前分组或极端分组不利于满足教师职业的发展需求，在今后进行的教学活动中，或许没有可以选择教学科目的灵活、机动性。这是因为它不利于教师掌握广泛的知识。这里存在着学科专业深入细化与教师职业实际需求之间的分歧，甚至是矛盾问题。也就是说“上之所言，可约为依教育的价值，论以分组为宜；依职业的准备论，则以不分组为是”[②]。介于两者之间的挣扎是一种彷徨、犹豫及两难，但在二者的权衡中找出其中的途径是必要的：“既可以收发展个性与学术深造之益，又可以兼顾职业上

① 张淑芬：《余家菊师范教育思想研究》，硕士学位论文，华中师范大学，2014 年，第 15 页。

② 余家菊：《师范教育》，上海中华书局 1926 年版，第 162 页。

的需要”[①]，具体的设计是从课程设置入手，这就必须“分甲乙丙丁等共若干类。每类宜学习若干科目，每一科目继续学习若干年”[②]。在此基础之上进行分组选科加深学习，“各随其性之所近而加习之”。学科数随年级增高而酌减，不会产生所习过广而所知过浅之弊，同时又能兼顾必要门类，不致专习一类学科，限制教学弹性可选择的能力资质，这就必须“兼分组制之长而无分组制之短”[③]。

3. 内部行政组织

根据上述关于师范教育行政问题的探讨，余家菊将师范学校内部的行政组织分为四大类：校务处与校长、校务会议、学科会议与学科主任以及学级会议与学级主任。这种行政组织明显地反映出在管理体制统一规范的前提下，重视教师参与民主治校的方案思想。

（四）师范学校的课程

1. 必修课与选修课

1922 年“新学制”将师范学校课程编制分为必修、选修两类，对这两类课程的关系，教育专家理解有别。余家菊将必修科放在首位。但与此同时又认为，既然分组选修制已成为现代教育大潮，学制章程所明确规定，就应该认同和推行。他从学习心理及学习方式视角对此加以阐述：

学制改革规定师范学校必须实行分组选修制，“选修制最能适应学生个性之需要，以吸收其为学之热忱，且亦培养其独立自治之能力，不似必修制抹杀个性，强迫学习，以致养成学生之被动的，依赖的习性也”[④]。这样分析体现出教育学的科学化努力，反映出一位国家主义教育学家的开放教育心态。

2. 学科种类

师范生所学习的科目，要依据各科目功能的差异分成四大类：第一类为道德修养，以培养学生高尚的情操与职业道德；第二类为专业修养，以陶冶学生的教育热情、教育工作认识以及对教育事业的热忱；第三类

① 余家菊：《师范教育》，上海中华书局 1926 年版，第 162 页。

② 余家菊：《师范教育》，第 162 页。

③ 余家菊：《师范教育》，第 162 页。

④ 余家菊：《师范教育》，第 170 页。

为学科专业类，依据未来之需从事教学的科目学习、训练和选修；第四类为教育心理类，使师范生有充分的教育应用知识技能及实践能力，尤重教学过程中发生问题如何解决的指引。

3. 教育学科要义

余家菊重视师范学校的师范特性，为此应加强教育、心理学科的修习及训练，将之统称为“教育学科要义”。“要义”不求全体而重在大意概要、重点纲要，学科门类涵盖：教育常识、基础的心理学、公民修身科目、系统的教育学、教育史、教育心理学、小学行政问题、教育行政、儿童卫生与儿童体育等科目。

4. 师范生的实习

师范教育面向教育办学活动，有极强的实践性。师范生是未来要进行真正的教育实践的主力军，实习和见习是实践的预演或学生时代的行动展现，可以检验师范生的学习效果，为今后的教育活动做准备。第一，实习的时间要有具体的规定，“各校现行的办法，率于修业将届终了之一学期，使各生为若干时间之实习。其最少时数额，有规定为一千分钟者，有规定三十六次者，亦有认七百七十分间为可行者；总之，使学生为十余小时的实习，则为一般的情形也”①。第二，实习期不一定要集中在最后一个学期，应该在学习过程中进行实习，将所学内容进行应用。将理论运用于实践，既巩固理论，同时又验证、弥补或发展理论。第三，实习的场所，一般的师范学校实习都在其附属学校进行，余家菊还提出应增设实习学校供师范生进行实习。第四，实习的程序，分为参观、见习、试教三个环节。总之，师范学校只有组织学生实习，才能真正应用在学校所学的书面知识，学习和自己体验、积累教学经验，为其毕业后的教学工作打下坚实、现实的基础。

① 余家菊：《师范教育》，上海中华书局1926年版，第208页。

第四章

余家菊国家主义教育学理论建构（上篇）

余家菊国家主义教育学理论与余家菊所著《国家主义教育学》颇有近似之处，表明该书立论取义的依据有符合主人公自身学理特色的本意，即客观而非臆测。当然，研究对象自身文本的利用不足以完全支撑文本立意及内容呈现的大部分，唯有此，才能具有学术研究的探索及创新水平，尽管难度系数因之增加不止数倍。笔者研读体验余氏的著述内容及思想含义，大体分为三个方面揭示、描述及刻画余家菊国家主义教育学理论：上篇——教育基本理论，即教育本质论、教育目的论、教育功能论；中篇——教育专题理论，即道德教育论、教学论、教育管理论；下篇——教育类型论，即师范教育论、乡村教育论。显然，相对于余家菊教育科学研究成果论著的丰硕和博大而言，所构建和挖掘的内容只是其中的主体部分，只是由于笔者精力、能力等方面的限制，只能尽力而为，至此而已。这是需要向读者特别说明并致歉的。

第一节　教育本质论

向来教育的目的、教育的理想，虽然常有社会的理想做背景，大概仍然是重在个人。教育以个人为主确有一定的缘由。教师所沟通交流和协作互动的对象为个体存在的学生，所关注的对象为学生的气质性情表现；他的直接任务在于教导、培育及训练个体，使之有知识、善言善行。这种世俗现实社会的功利人生及理想抱负在社会许多部门领域中皆有表现。诚如现代著名社会学家陶孟和所述：“所以，教育家尝抱个人主义的见解，但这种见解又不只限于教育家。宗教家也是以个人得救为主。实业界崇拜个人的成功，社会上崇拜伟人英雄。崇拜个人并不是因为人不是社会的动物，实在因为我们不常注意人的社会关系和社会依赖。”①

尽管如此，历来的教育学家总是以教育作为社会理想实现的途径或工具。此处，且不宜叨絮孔子的“善教”高于“善政”，以及“道之以政”不如“道之以德”更为有效，或《礼记・学记》所述“建国军民，教学为先”。就以西方教育史而言，例如，柏拉图设想通过教育造出一种理想的等级制度社会，使个人完全服隶于社会等级。18 世纪西方教育学说突出以人类全体社会为最高理想，承认各人的发达可以有无限地完满。不过历来教育之于社会的观念大多存在偏颇之处，不是片面，即是流于空泛；不是机械的，即是主观的。其中的教育学者常注重个人，却忽略个人所赖以生存的社会和个人之间的共同生活。更何况社会永远变迁，历来的教育学说与变迁了的现代情形并不符合，不能在现代如法炮制地应用。所以，不能不造出一种新的社会的教育学说。即使不能完全构建新的教育学说，至少也要以一种新的社会的眼光来观察和分析教育。那么教育与社会有何种关系呢？余家菊如何从中揭示出教育本质问题？这是本节要解答的问题。

一　教育是一种社会现象

“社会”无论是在学术语言中还是在日常语言中，都是使用频率极高的一个词语。但是，对于这样一个词应该作何解释，却几乎是言人人殊的。有的学者是从社会与自然的对立中，以及社会的基本特征中认识社会的；有的学者是从社会与个人的差异方面加以分析的；而一些人类学家则是从社会与民族、文明的关联中考察社会的。

英国科学主义教育家斯宾塞、法国社会学家孔德等人，以为社会的各个部分是分散的，每一部分都是自我控制的；社会并不独立于它的“部分”——个人而存在，社会的存在是个人为追求他们各自的利益互相协商而达成协议的结果；有理想或者说最进步的社会是这样一个社会：个人有追求他们利益、增进他们幸福的最大自由，而不受任何中心权威

① 陶孟和：《社会与教育》，商务印书馆 1934 年版，第 11 页。

的指导和控制。法国哲学家、教育家涂尔干不同意斯宾塞有关社会的个人主义的表述，认为任何“社会的”事物都是“综合的”“集体的”。个人的存在是以现存的社会为先决条件的，人们不可能与那些没有共同社会联系的人达成契约关系；每个人对自身利益的认识都不是脱离其他人而孤立地形成的，而是由与社会中的其他人共同的信仰和价值塑造的。在教育社会学中，涂尔干的观点有着广泛的影响。

可见，“社会”既可以用来指个人交互作用所结成的各种各样的关系，也可以用来指人们之间结成的各种各样关系的总和；既可以用来表征不同的民族、国家，也可以用来表征不同历史发展阶段中人的不同生活状况。从余家菊国家主义教育学的立论基调来看，涂尔干思想观点的元素是结合其间的。

无论对社会持何种认识，将教育看作一种社会现象，则是毫无疑问的。教育归属于社会，是社会中的一个有机组成部分；教育中所展开的一切活动，无一不是社会活动。教育首先是作为社会的有机构成而存在的，既不存在脱离社会的教育，也不存在无教育的社会。“教育之可能，缘于人类生而具有可塑性。禽兽行动之先天机构已大体固定，故其可塑性小。人类行动之先天机构多未成熟，故其可塑性大。”① 自广义言之，凡影响人类个体身心发展的一切活动及行为皆为教育。余家菊借用《易经》中“天行健，君子以自强不息；地势坤，君子以厚德载物”比拟教育的力量及无处不在的广泛性。

作为一种特殊的社会现象，教育本身有着区别于其他社会现象的特点。

1. 在活动的目的上，教育是以达于人格圆满发育之境域为指向的。这是教育作为一种特殊社会现象的最为根本的“特殊”所在。教育与宗教、政治、艺术等其他社会现象区分开来，就在于它是以人的向上性为活动取向的。余家菊指出现实教育活动中存在着以“教人为恶”为事者，可谓“恶性教育”。教育工作本应以正义博爱、科学职业、真善美圣为旗帜，以“目的圣化手段”，企求崇高目的，“恶性教育”的发生，

① 余家菊：《教育之向上性》，载余家菊著，余子侠编校《教育哲学论稿》，华中师范大学出版社 2008 年版，第 5 页。

"斯诚人生之大忧，而教育思想之难题"。"所教必善，不善必不教。"[①]教育的一切活动都是围绕着如何促进受教育者的身心发展而展开的，其他一切社会活动虽然也肩负着培养人、塑造人、促进人的职责，但它远不像教育这样有着明确的要求和鲜明的目的。如有恶性教育，余家菊常常不视其为教育。

2. 在活动形式上，教育是以教与学为外在表现形式的。教育能被称为教育，就在于它是以教育者和受教育者双方的共同活动为基础的。"教，上所施下所效也。""育，养子使作善也。"[②] 在教育活动中，必存在着"上所施"的教师一方，同时也必须有"下所效"的学生一方，否则，就不能称之为教育或者教育活动。教师的教与学生的学是互为依托、相互协作、共同步驱的关系。无论是教育的质量、效率、进度，还是水平，都不是任何一方所单独决定的，而是在双方的合作沟通或配合努力的条件下获得的。余家菊对此有清晰的认识，不过决定的力量最终还是更多地属于学生方的主体性力量的发挥。

> 受教者对于教诲，有迅即接受者，亦有拒绝接受者，何故？所以教育能否生效，须视受教者是否愿意与施教者协作；换言之，教育的发生，教育的效率，系于受教者有无教育自己的决心。如无教育自己的决心，即是施教者言之谆谆，而受教者却听之藐藐，纵然耳提面命，也不足以启发其聋聩。惟有接受教育的意愿，始有教育之可能。[③]

教育的双边性活动特性，不仅存在于学校教育之中，而且存在于家庭教育、文化组织教育、职业组织教育之中。教育的这种教与学共存互动的实践形式，也使它与医疗卫生这样一些对人的身心发展有一定影响

---

① 余家菊：《教育之向上性》，载余家菊著，余子侠编校《教育哲学论稿》，华中师范大学出版社 2008 年版，第 5 页。

② （汉）许慎撰：《说文解字》，清嘉庆九年（1804 年），孙氏五松书屋刻本，平津馆丛书本。

③ 余家菊：《教育之向上性》，载余家菊著，余子侠编校《教育哲学论稿》，第 6 页。

的社会活动区分开来。

3. 在活动的内容上，教育是以传递知识经验为载体的。通过教育来传递人类文明成果、知识经验，是人类所特有的实践活动。其他动物在种系的演化过程中，对于怎样适应周围环境更有利于物种的生存，也进行信息的储存和传递，但其不是以教育和学习的方式，而是以遗传基因复演的方式加以习得的。动物对周围环境所表现出的大量的适应动作，可以说都是来自于一种先验的本能活动。

对于人类个体生长而言，遗传发挥出某种程度的作用，提供了一些物质基础和先天条件，但它不是主要经验的传递知识形式。人类生产、生活、知识经验，主要是通过教育和学习获得的。人类教育，尤其是学校教育这一传递知识经验的方式有极大的优越性。

余家菊充分肯定教育在传递知识经验、陶冶思想道德情操、形成意识，以及在此基础上培养各种能力的巨大作用。这是教育作为人类有意识、有目的的现实活动的典型表现。教育与政治是现实社会的两大领地，无论是否刻意注目或运筹深入，对其孰轻孰重，谁先谁后，可各诉衷肠，但并无实说。余家菊是教育救国论者，自然是钟情于教育的，但教育的情怀反专向犹如孔子为了理想政治的实现而奔走、驱动。同时，他又从两者的特点差异上论述教育在知识、经验及文明伦理方面的传媒功能及情意感化的人文意蕴。这成为教育区别于政治的显著差异。教育是人群文明所赖以维系的存在，政治是人群安宁所赖以保持的存在。一个功在当时，一个泽垂后世；无后世，当时之业如转眼浮云；无当时，后世之泽亦莫得而绵延。两者的效力时限，尽管有久暂之殊，但两者价值的大小，确实难有高低之分。尽管如此，教育不仅在效果延续上更佳，而且在手段方法上更能深入人心，动人心扉，因故而为余家菊所痴迷：

> 为政之乐所以不及教育者，以政治之特质为强力，其方法为支配；教育之特质为爱护，其方法为感化。一为爱人之事，一为强人之事。强人者束之以力，爱人者喻之以理。慑于力者貌从而心或违拒；喻之理者，心悦而后诚服。表里如一，天机活泼纯粹，无虚伪

之作，矫枉之苦。故曰："善政民畏之，善教民爱之；善政得民财，善教得民心"。①

确立教育是一种社会现象这一基本观点是十分重要的。它向我们指明要从社会和社会联系中认识教育，这才有可能使我们探明教育学上的一系列规律。如果把教育作为生物现象或者心理现象，就必然会脱离社会去认识教育的各种现象，当然也无从正确地掌握教育的客观规律。从此而论，余家菊的上述见解及论据素材都是难能可贵，且深有学理价值的。

二　教育的社会属性主要是上层建筑

教育既然是一种特定的社会现象，那么，它在社会生产力和上层建筑中从属于哪一个组成部分呢？主要观点有以下几种。

"上层建筑说"认为，教育是通过培养人的实践活动，为政治经济服务的，它是一种专事培养未来社会成员思想品德、传递知识技能和发展他们素质能力的工作，在整个社会结构中，属于意识形态范畴。在原始社会和未来的共产主义社会具有超阶级、超政治的全民性和民主性。而在阶级社会中，教育总是带有特定社会的阶级性，是随社会历史条件的变化而变化的，教育首先是一个历史范畴，随着一种社会经济结构被另一种社会经济结构所替代，一种教育类型就会改换成另一种教育类型，教育的性质就会发生根本的变化。历史性、阶级性是教育的根本社会属性。

"生产力说"认为，教育应该被视为生产事业。教育在社会的生产和生活中，从其产生开始，就是在生产、生活实践和科学实验中得以存在和获得发展的。教育是一个永恒的范畴，它永远适合人类生产劳动，是社会生活的不间断历程，并在其间发挥着不可或缺的角色作用，与生产劳动和生活实际紧密结合是其本质特性。教育的根本社会属性是生产性的。

"双重属性说"认为，教育受生产力和生产关系的双重影响，一方

---

① 参见余家菊著，余子侠编校《教育哲学论稿》，华中师范大学出版社 2008 年版，第 3 页。

面教授一定生产关系所要求的社会思想意识，具有明显的阶级性；另一方面教授与一定的生产力发展水平相适应的劳动经验、生产知识和生活技能，为发展生产力和满足生活需要服务。教育具有上层建筑和生产力的双重性质，既不能简单地归于生产力，也不能归于上层建筑。

“上层建筑说”和“生产力说”试图将教育在社会结构理论中进行“定位”，但并未取得令人信服的结果。看来，沿着这样一条思路走下去，只能“蚕茧自缠萦”。一些研究者另辟蹊径，提出了“社会实践活动说”，认为教育的本质属性是培养人的实践活动，但这只是对教育的外部表现的概括，而不是对教育内在矛盾特征的揭示。进而提出“特殊范畴说”，主张任何时代的教育所面临的根本矛盾，都并非妄言或无足轻重的，都是人类无社会生产生活经验和有社会生产生活经验（又称自然的人和社会的人，无知和有知）的矛盾。这种矛盾只有通过教育，也就是通过社会生产生活知识经验的传递和学习，才能加以解决。

以上只是对教育理论界中几种教育的社会属性观点进行简单的介绍。实际上，余家菊并未明确对此问题的看法，但是考察其相关著述可以发现，他认为教育既是为政者，也是国民不得不呕心沥血经营之事业，在此认识基础上，他坚定教育是国家主权的一部分，教育属于上层建筑，教育可救国家于危难之中，但与此同时，教育的经济功能及生产发展担当也客观存在着，教育的生产力说并非妄言。

余家菊认为，近代主权国家，莫不将教育执于掌上而自己经营，以维持其生存并图谋国家的昌荣。国家想要达到此项目的，就必须审慎地思考何种性质的教育可以达成预设目标。无疑，他的选项是国家主义教育。

国家主义教育内涵大致包含两层：从教育的担当方面理解，教育是国家的工具，教育目的对内旨在保持国家安宁，谋求国家进步；对外在于抵抗侵略，延绵国脉；从国家保障教育的使命角度主张，教育是国家的任务，教育设施应完全交由国家负责办理、经营，国家对教育不宜采取放任的态度，推诿责任，敷衍了事，或虚张声势，故作姿态，“雷声大雨点小”。简言之，教育应以国家主义为依归，围绕“国”字，按照国家的需要并符合国家的共同利益和要求实施教育；通过教育培养国民共同的民族意识、民族精神，内除军阀，外抗强权，从而稳定社会秩序，维护国家的统一，绵延民族的生命，进而振兴国家。

余家菊在视教育与国家社会政治、经济及其他方面存在多线性复杂关系的同时，又突出教育的工具论属性。这是指自国家经营教育以来，教育便成为国家自保，并保育其国民之工具。教育的效能在于振兴国家，启发国民。国家教育国民，必先具有立国理想，且使此理想逐次体现于事实之中。亦即“谋国者必须培植公共精神以为政治之基础，而教育则其所用之工具也”①。

如上文所述史实及内容解读，收回教育权即成为捍卫教育工具论意义的核心任务之一。余家菊指出，西方在华设立学校，不存政治侵略之心，即怀经济侵略之图；不怀经济侵略之图，便具文化侵略之念。如日本殖民地学校，其动机多在政治与经济方面；如教会学校，其动机则多在文化侵略上，而文化侵略则是政治侵略和经济侵略的前驱。② 留心中国命运的人，若不能为一时的内乱现象所迷惑，而注意探索中国 10 年以后、20 年以后的问题，当无不明了外人在中国办教育对于中国前途的危险。③ 现今外交界的口头禅不是声声的“尊重主权，保全领土”吗？好，我们试问教育权是否为主权之一？是否应当保全？司法界高谈“收回治外法权”，教育界为何并不主张“收回教育权”？④

中国国民为国家生存计，为文化延续计，为社会安全计，而主张收回教育权。所以深应表明主张收回教育权之动机：“为国家之安全计不得不主张收回；为国民性之发扬不得不主张收回；为国民情意之融洽不得不主张收回；为立国理想之凝成不得不主张收回；为保障国权拥护国民人格不得不主张收回。”⑤ 只有收回教育权才能保证国权的完整圆满，所

---

① 余家菊：《教育之向上性》，载余家菊著，余子侠编校《教育哲学论稿》，华中师范大学出版社 2008 年版，第 5 页。

② 余家菊：《余家菊（景陶）先生教育论文集》（上），慧矩出版社 1997 年版，第 364 页。

③ 余家菊：《中国教育的统一与独立》，载余子侠、郑刚《中国近代思想家文库：余家菊卷》，中国人民大学出版社 2013 年版，第 198 页。

④ 余家菊：《中国教育的统一与独立》，载余子侠、郑刚《中国近代思想家文库：余家菊卷》，第 198—202 页。

⑤ 余家菊：《收回教育权问题答辩》，载余子侠、郑刚《中国近代思想家文库：余家菊卷》，第 308—311 页。

以独立国教育应教育其国民保卫国权之完整为不受外力之宰制。

由上文可知，余家菊先生认为，教育应当是国家主义的教育，教育是国家的一部分，教育主要属于政治意识形态的组成部分。教育的重要目的在养成祖国的观念，知道国民的责任，沟通一国人的感情，使之愿意去尽国民的天职。

当然，余家菊对教育本质论的诠释，并非局限于“上层建筑说”，也兼及教育的生产力或经济基础职能和力量。这在他的乡村教育论中表现得十分突出。

三　教育的社会制约性

教育作为社会体系构筑要素之一，并非恣意妄为，崇高神圣，毫无拘束地活跃自如，而是受到社会其他要素的限制和规范，甚至是支配与把控。历史上的教育万能论或当代的新教育万能论都是有问题的。余家菊的有关言论、见解深刻表明了这一道理。

（一）教育受社会政治经济制度的制约

1. 政治经济制度制约教育目的和内容

教育目的是一个社会政治经济制度对教育权益要求的集中体现。在阶级社会里，统治阶级总是利用其政权力量来制定方针政策、教育目的和制度，规定学校教育的课程与内容，确保学校能够培养出社会所需要的人才，为巩固其政治制度和统治秩序服务。

教育不是独立于社会的特殊部门，支配它的势力首先是政治：政体革命固然可以使教育目的发生大变动，就是政体稳定而政策改弦更张，亦可以使教育目的发生变化。在1912年民国建立之前，清王朝属专制政体，故其教育宗旨以忠君尊孔为先。此后，政体改制成民主共和。然而，1928年蒋介石在南京建立中华民国政府以后，背弃孙中山的“新三民主义”政策，推行党化教育目的。近代中国处于内忧外患之中，于内民主政体未稳，于外西方侵略之患日剧。余家菊呼吁政治界、教育界应该将教育宗旨确立为：培养忠诚于国家的爱国国民，拯救国家于危难困境之中。

教育内容同样受社会政治经济制度的影响。如蒙藏教育，蒙古、西藏、新疆同为中华民国之组成部分，蒙、藏与内地有无穷的联系，“欲求边疆之民族于同心同德协力协作，遏止英、俄之阴谋而保卫边疆，必须借教育之力来通其情意，养其同心，形成显著的民族意识”①。在这种潮流之下，教育自然要从事于鼓铸民族的精神、信念。“要打破教育者的以及一般人的自私自利之心，还是要建设一个民族的目的。大家共同努力于此目的之下，而使个人的利害关系受此民族目的的调剂和制裁。”② 强调融合民族的意识，以民族的荣辱为荣辱，乃是教育的责任。再如军事教育，战争为人类生活中之一大事项。人类自古以来，战争之事未尝止息。或为部落与部落之战，或为国家与国家之争，或为阶级与阶级之斗，“教育适应生活需要”中的生活，有个人生活与民众生活之分，所以适应生活需要不应限于个人需要，群体需要也应寓于其中。余家菊批评中国教育不重视军事知识技能及实战训练，为何个人需要则重之，国家需要则轻之？如“个人饮食之需要已知用职业教育以满足之，男女之需要已知用色性教育以陶冶之”，因而，针对教育家置军事教育于无足轻重之地的偏颇，他竭力主张军事教育的必要性，“我国国民有知战争之需要，教育应有所适应”③。

2. 政治经济制度制约教育性质和领导权

一定的教育具有什么样的性质是由那个社会的经济政治制度的性质所决定的。在历史的进程中，当新的社会政治经济关系代替旧的社会政治经济关系时，新兴的统治阶级为了自身的利益，必定垄断学校的教育，掌握教育的领导权，使教育为其政治经济制度服务，成为阶级统治的重要工具。

余家菊以中国新教育运动的社会基础——清末半封建半殖民地社会性质为例加以例证，说明教育性质如何因社会政治经济制度嬗变而变化。古代封建社会的教育反映出封建制度的特性，倘或中国没有遭遇鸦片战争，即便与外国人通商贸易，最多也不过在国际上做些商品交易而已。

---

① 余家菊：《国家主义下之教育行政》，载余子侠、郑刚《中国近代思想家文库：余家菊卷》，中国人民大学出版社 2013 年版，第 352 页。

② 余家菊：《民族性的教育与退款兴学问题》，载余子侠、郑刚《中国近代思想家文库：余家菊卷》，中国人民大学出版社 2013 年版，第 166 页。

③ 余家菊：《国家主义下之教育行政》，载余子侠、郑刚《中国近代思想家文库：余家菊卷》，第 355 页。

中国的社会性质也绝不会像现在这般处于半封建半殖民地性质中，更说不到新式教育的引进与试验，也谈不上西方教育理论的传播和教育试验。又比如中国在鸦片战争以后，如果国势便得以振兴，位列世界强国之林，1894 年，中日甲午战争不被日本打败，或义和团真的能杀退“洋人”，那么中国的教育制度一定还是遵行千余年流传下来的科举制和书院制。及至 20 世纪 20 年代，中国因国际资本主义帝国主义的压迫，社会上民穷财尽，政治四分五裂，学术上因循守旧，几乎无事可称差强人意。国人一面深感西欧各国军备的强大，一面极力图谋自强，加以 1868 年日本明治维新遵行“脱亚入欧”国策后的国力强大等种种事实，于是，维新派、立宪派依次登台亮相，实施维新变法，新政改制，中国的新教育制度于是进入建立和推行之中。此即政治经济制度制约教育性质的典型表现。

此外，教育的领导权由谁来掌握，这也是由一定的社会政治经济制度所决定的。当一个国家主权完整时，经济上和政治上占统治地位的阶级为了使教育能够完全按照自己的要求来进行，就一定要把教育大权掌握在自己手中。反之，当国家主权残缺，列强林立时，教育领导权就会有丢失之虞。

余家菊对 1906 年以后以美国为首的西方国家所施行的退还部分庚子赔款，以助推中国教育之策，尤其是留学欧美的“庚款兴学”事件颇感忧虑，甚至有所抵触。到底这件事是中国之福抑或是中国之害，还须观察努力，目前抱乐观之态度未免过早。因为考察各国退款之用心就知道其动机绝非单纯善良。各国肯坚持退款，真是有意扶助中国吗？不错，口头上虽如此说，实际上何尝是由于什么亲善，又何尝是由于什么自觉，不过是美国的势力、欲望布满中国的政治界、教育界、工商界，保持其经济的势力或扩张，须在教育上培植根基而已。岂真出于友爱之念吗？恐怕是另有所图吧！这样看来以美国为首的庚款兴学图谋，“在今日退款将次进行兴学正待计议的时候，首先就要防止各国的教育侵略策，莫让他汩没了民族的特性，莫让他破坏了民族的意识”①。不应为眼前经济之

① 余家菊：《民族性的教育与退款兴学问题》，载余子侠、郑刚《中国近代思想家文库：余家菊卷》，中国人民大学出版社 2013 年版，第 166 页。

利而将教育的领导权拱手让于他人，教育一律应由国家直接经营之、管理之。

3. 政治经济制度制约受教育的权利

让哪些人受教育，受何种程度的教育，都受社会政治经济制度的制约。在古代阶级社会里，统治者极力垄断学校教育，劳动者及其子女被排斥在学校门外；在资本主义社会里，劳动者子女虽然能够上学读书，但受到经济与文化多方面的限制，他们享受不到优质的教育。

余家菊主张教育机会均等，实施义务教育和乡村教育，使国民具备"运用政治之能力"①。他认为，国家欲求强盛，必须人民能各尽其才。一人失教，百姓受累。就公而言，是谋国不忠；就私而言，是立法不平，皆非应有的社会现象。教育的普及本为国家之责，共和国主权在全体人民，所以全体人民都当受教育，国势才可以蒸蒸日上。

（二）教育受社会生产力的制约

1. 社会生产力制约着教育目的的制定

教育的根本任务是培养人。一方面，社会通过教育所培养的人，是一定的政治、经济制度和思想关系的体现者。另一方面，教育所要培养的人，当他们进入直接的生产过程时，又构成社会生产力的要素。正是基于此，生产力的发展对于人所提出的要求，也必然制约着教育目的的制定。

在中国，自从鸦片战争以后，近代西方工业化时代的机器化生产技术和方法也开始通过各种渠道渗入处于长期封闭的社会中。几千年来以培养官僚为主要宗旨的科举教育在新的生产力的影响下，也发生了变化。按余家菊的理解，培养"体用兼备""通经济变之才"开始被纳入学校教育的目的而受一定的重视。与此同时，以培养谋生能力为宗旨的实业学校也相继成立，而在各级各类学校的教育宗旨中，除施以文化教育，启发其职业理想和兴趣外，也普遍强调人尽其才。

余家菊对于教育活动受生产力制约的论述既是对教育生产力特质的认同，也是对上面所述教育本质归属中带有教育经济产业因素的补论。

① 余家菊：《国家主义下之教育行政》，载余子侠、郑刚《中国近代思想家文库：余家菊卷》，中国人民大学出版社 2013 年版，第 352 页。

2. 生产力水平制约着教育事业的规模

物质资料的生产是社会存在与发展的基础。人们首先必须吃、喝、住、穿，然后才能从事政治、文化和教育。倘若人们连温饱都未能解决，也就无力从事教育了。教育发展的规模深受生产力水平的制约。这与孔子《论语》中所展示的“庶、富、教”理论是一致的。

余家菊曾将中、英教育进行比较，并指出因为生产力发展及所能提供经费支持力度的差距，致使中国的教育和英国教育有着天壤之别。以历史而言，英国政府每年支出若干经费来办教育已经有100年左右的历史了；中国不过是近数十年的事。二者存在着时间差。以经费而言，英国全国每年所用的教育经费数不仅是绝对值总量，还是人均值，二者的相对差距都十分巨大，况且中国还常常有欠薪挪用的事发生。两相比较，“中国的教育大不如人家，则毋庸讳言”①。

余家菊提倡乡村教育运动。他认为，乡村教育最大的困境是经费匮乏，条件设施落后。这导致乡村教育与都市教育数量、规模的距离拉大，产生两种不同的教育水平和境地，甚至衍生出城乡社会矛盾尖锐，危及社会管理的稳定。这应该引起教育行政机关的深思。“都市学校可大规模地办，可设许多班次，乡村教育则不然，只有两三间房子，一两个教员，就是一个学校。”② “都市推进教育的能力其所以较大者，则由于人口稠密与财力雄厚，政府的税收既大可以锐意设施，人民的余力犹多，自能热心公益，不似乡间，税收之定额有限，富裕之家庭不多，公私财政，皆不足以策教育之猛进也。”③ “乡村既无良好的教育设备，又无优质的教育，将会有分裂都市阶级和乡村阶级的危险，万一发生了两个智能悬殊的阶级，不仅有损教育的发展，社会的安宁必定从此破坏，社会的前

① 余家菊：《中英教育之异点》，载余子侠、郑刚《中国近代思想家文库：余家菊卷》，中国人民大学出版社2013年版，第369页。

② 余家菊：《乡村教育的实际问题》，载余子侠、郑刚《中国近代思想家文库：余家菊卷》，第126页。

③ 余家菊：《近代乡村教育之缘起》，载余子侠、郑刚《中国近代思想家文库：余家菊卷》，第415页。

途亦必从此黯淡。所以乡村教育直接是乡村的问题，间接就是社会的问题。”①

3. 生产力的发展制约着教学内容、教学方法和教学组织形式的变革

生产力的发展推动了科学技术的进步，也必然促进教学内容的更新。从纵向维度看，中国封建社会时期，在以农业、手工业为主的生产力水平和宗法制度社会关系的背景下，教学的内容主要是《四书》《五经》，文史辞赋和八股体裁的制艺时文，书院、私塾盛行，学子为求学拜于师门之下，晨昏定省，聆听教师的“传道、授业、解惑”。及至近代，在西欧早期工业化国家近代工业革命及现代欧美产业革命的冲击下，中国自洋务运动以后，机器化商品制造及工商贸易渐次出现，日益壮大。生产力及经济基础的提升，促使西方的自然、科学知识出现在国人的视线里，民主、科学也被广泛地宣传，并不断引进教育内容。西方教育家来中国讲学，带来了赫尔巴特五段教授法、设计教学法和道尔顿制等教学组织及方法，教学不再是被动地灌输，而在于主动地启发，为中国教育带来了新风气和新气象。

从横向维度看，由于近代中国先进生产力、生产方式和商品贸易的中心聚集于都市，近代教育的发端及推行始于都市，乡村教育与都市教育对比，其相形见绌之处，不免让人惊悸奋起。余家菊认为，乡村与都市的社会生产生活方式、发展水平不同，于教育目的、教育方法、教育内容上也应各具特色。

（三）教育受文化的制约

关于文化概念的界定，古今中外，众说纷纭。一般认为，文化有广义、中义与狭义之分。广义的文化指人类在社会生产、生活过程中创造的一切，包括物质生产与精神生产的全部内容。中义的文化是指与经济、政治有别的全部精神生产的成果。狭义的文化专指文化艺术。这里所讲的文化主要是指中义的文化，即一定社会民族的文化，它包括长期形成的共同的语言、知识、价值、信仰、习俗及其成员的行为范式、生活样式等；但文化概念主要包括文化观念（价值观）及其相关的文化模式（行为模式、生活习俗

① 余家菊：《乡村教育运动的涵义和方向》，载余子侠、郑刚《中国近代思想家文库：余家菊卷》，第96—97页。

与风俗）两个方面。这些被民族广泛认同并得到世代相沿的文化观念与行为模式、生活方式等被称为文化传统。同政治、经济相比，文化对教育的制约与影响具有广泛性、基础性、深刻性与持久性。

1. 传统文化制约教育特性

中国有固有的文化特性，各个民族因其天赋的气质、自然环境、社会环境，以及历史的变迁等差异，其特性也就彼此不一。教育绝不能置民族传统文化而不问。当代教育学家潘懋元说："不同的国家和民族，创造了不同的文化，而不同的文化，又塑造了不同的国家和民族，也塑造了不同的教育，各种形式的教育都要在一定的历史时期内，反映一定的文化传统。"所以说，人作为一种文化的存在，是一种文化生成，受教育者在受教育的过程中既要受所处民族文化传统的影响，又要对民族文化传统进行传承、弘扬与创新。[①]

对这样的论题，余家菊以教育的个体差异性类推教育的民族差异性，前者源于个体身心发展不平衡性和知识能力的水平不同，后者则由于各民族文化的特性所致。

> 因为于个人的特性就顾及，于全民族的特性就抹杀，一样的事，两样处置，世间当无此逻辑。于各个人，知道不可求使此人全像那人，于各民族，又希望使此民族之活动完全类似彼民族，于小处就明白，于大处反糊涂，岂非怪事？此无他，只因不事思考而已。大家若是平心静气一思量……必能恍然于教育要根据固有的民族特性。[②]

余家菊认为，"民族性是可以用文化造成的，而造成这种文化，就是教育的责任"[③]。中国有自己固有的民族文化传统，正是这些文化传统使中国成为中国而非他国。余家菊反对盲目排外，同时也反对全盘西化。

---

① 宋彩萍：《关于民族性教育的现实思考》，《教育理论与实践》2003 年第 12 期。

② 余家菊：《民族性的教育与退款兴学问题》，载余子侠、郑刚《中国近代思想家文库：余家菊卷》，中国人民大学出版社 2013 年版，第 161—162 页。

③ 余家菊：《民族性的教育与退款兴学问题》，载余子侠、郑刚《中国近代思想家文库：余家菊卷》，第 155 页。

民族性的教育并不反对模仿外国，也提倡吸收国外适合本国国情的先进方法，但是有一个重要的依据就是民族性。正如余家菊先生所说的："救中国的教育恐怕不是美国式的教育，亦不是法国式的教育，亦不是英国式、德国式的……教育，而有待于一种未产生的中国式的教育。"①

文化是复杂体，有许多彼此参差乃至互相矛盾之处。谈一个民族的文化，是就它的主流而谈。中国有着悠久的文化传统，中华民族的传统文化由不同的文化组成，中心或主流是中原文明的代表儒学文化，受到各民族的普遍认同，但不是清除或替代其他少数民族传统文化。余家菊总结民族传统文化的共同性在于爱和仁的文化。此外，还有清静无为、逍遥自得，乃至用权势鞭策督促等，都是中国文化所特有的，是不可一笔抹杀的。"但就在中国人身上发生重大影响的，还是仁爱，仁爱才是中国文化的主流。"② 在这种民族文化传统的影响下，中国教育特质是什么呢？曰：教学生立志，立志成为一个和平中正的人。

2. 传统文化制约教育的内容及方式

余家菊对中国文化深有研究，并且具有极深的造诣。他认为，中华文化之本旨，是仁爱。爱的文化有三大要领，就是亲亲，尊尊，贤贤。亲亲是博爱的根本，所谓亲亲是仁民，仁民而爱物，言博爱而不言亲亲，则是无源之水。尊尊是法制之本，不尊服威权则社会无从结合。贤贤是进步之本，不尊重贤能则学术无从昌明，又何来进步。所谓伦理、民主、科学是生活的三个面相，而亲亲、尊尊、贤贤是生活的三个要义。所谓复兴中华文化，发扬中国文化主流，教育应首推力行之。③ 中国近现代教育不能全盘西化，割舍传统文化，而应在教育内容及课程资源开发中挖掘其合理因素，继承并弘扬之，才能引导国人爱国。

文化传统还从多方面制约着教育的方式。东方文化的核心是追求和谐、崇尚德性、关注整体；西方文化模式的核心则是追求征服、崇尚理性、关

① 余家菊：《民族性的教育与退款兴学问题》，载余子侠、郑刚《中国近代思想家文库：余家菊卷》，第163页。

② 余家菊：《复兴爱的文化》，载余家菊著，余子侠编校《教育哲学论稿》，华中师范大学出版社2008年版，第111页。

③ 余家菊：《复兴爱的文化》，载余家菊著，余子侠编校《教育哲学论稿》，第111页。

注个性。受这种不同文化传统影响的教育方式具有明显的差异。东方注重内向发展，完善自身，培养的人应该严于“克己”“自省”“反求诸己”；西方则重视外向发展，对外在世界、对手的征服，培养的人应追求科学、彰显力量。在思维方法上，东方注重“师道尊严”“唯上唯书”、思想传承；西方则重视师生平等、自由民主、独立思考。这样看来，余家菊所构思的在民族性标准要求下，继承民族传统文化，吸取外来先进文化，制定教育的内容及方式方法，计划设计、构建新教育图景是十分可取的。

（四）民族主义教育的建构

19 世纪俄国教育家乌申斯基（Константин Дмитриевич Ушинский，1824—1871）提出民族性教育原则，表现为爱国主义教育。爱国主义教育应该培养学生的民族自豪感、自尊心，懂得并履行公民职责和义务，要求学生在祖国和民族需要时，无私地奉献自己的一切。同时，应该吸收本民族人民创造出来的优秀文化成果，把本民族的语言放在首位。但是，这种民族性教育原则与狭隘的民族主义不同，乌申斯基认为，在强调自身国家民族性的同时要尊重其他民族的文化，避免出现极端民族主义倾向。

民族性是由我们传承已久的文化发展而形成的固有品性，并对教育产生很大的责任，民族主义逐渐成为世界民族各自发展的一股潮流。近代史上最先兴起民族主义的国家有意大利、德意志、俄罗斯等。后来发展成熟的大日耳曼主义、大斯拉夫主义都可以视作民族主义思潮在世界范围内的典范。但是，在近代中国，这种民族主义思潮似乎受到了国内思想界的影响，以致我们逐渐丧失了中华民族的传统。“国人于民族性的教育，其所以始终无人谈及的，乃因思想界有所痼蔽。痼蔽在一般思想界有二，痼蔽在教育思想界的亦有二。在一般思想界的为世界主义，为非国粹主义；在教育思想界的为个性主义，为模仿主义。”①

1. 世界主义中的民族主义教育

每个国家都有自身鲜明的特点，没有必要为了世界大同而通过教育把所有国家同化成一类，这样就会丧失每个民族的特性。余家菊举例说：

① 余家菊：《民族主义的教育》，上海中华书局 1923 年版，第 1 页。

"英人治印度渐遵正义，印人自由，日日有加；印人若讲奴性的大同主，就很可以不必闹革命讲独立。然而印度人不愿如此。为什么呢？为的是民族的人格。"[①] 中国与印度相比，民族主义教育自愧不如，我们应该重视自身的民族文化传承，切忌因世界主义的思想而扰乱中国民族主义教育。

余家菊在谈到世界主义时认为中国传承已久的"天下大同"的观念是我们的民族主义观念欠缺的原因。"'把天下当作一家，把一国当作一身'是我们中国人的一句成语，虽然不能说我们果真人人都能如此存心，可是我们的国家界限观念确实不如别国人那样厉害。"[②] 中国人向来宽厚待人，虽然自第一次世界大战以来仍处于积贫积弱的困境中，但仍保持着宽厚待人、以和为贵的态度，把世界各国都视为一家的观念依旧保持，虽然我们强调国际协同及世界大同的教育，但是这些并不构成国家忽视民族主义教育的理由。

2. 国粹主义教育应予适当保留

在提倡民族主义的过程中会引发许多怀疑、非议或猜测，比如有人认为民族性教育就是提倡复古，恢复封建落后的思想与传统，国粹教育就是支持顽固党和守旧派，盯人陈腐、落伍的观念借尸还魂。余家菊认为这种想法是不可取的。国粹教育与民族主义的取向是统一的，实施国粹教育，培植和发挥民族性是为了保持民族的独特性、唯一性，保存自古流传至今的优秀传统文化和风俗习惯。如果不加选择而一味吸收西方文化就会导致国民被同化为西洋人，从而失去本民族的特性。

余家菊进一步分析说，国粹主义教育目前恰能补救民族自信心之失落。1894 年爆发的中日甲午海战，北洋舰队以全军覆没而告终，宣布洋务运动 30 余年经营军事改制的失败。1895 年，洋务派领袖之一李鸿章与日本签订的《马关条约》极大地挫败了国人的自信，由此引发了一系列信念的丧失，诸如国人对于本国学术文化价值认同降低。在对比其他民族时丧失了自身的民族自信心和自尊心，出现盲目崇拜其他民族而轻视本国民族的媚外心态。"至此国民自顾其身，乃无复丝毫昂藏之气，自尊

① 余家菊：《民族主义的教育》，第 4 页。

② 余家菊：《民族主义的教育》，上海中华书局 1923 年版，第 3 页。

之概。与外人相遇，只觉自惭形秽，无一是处。劣等民族之名号，不必要外人以之相加，而自己早已自认了。"[①] 民族如此自暴自弃是颓丧衰落的征兆，改弦易辙之根本要津，非开展国粹主义教育不可。在和世界其他国家民族交流的过程中，中华民族认识到自身存在着种种不足，这是面向国际挑战与沟通应采取的态度，是博大宽广的胸襟的体现。但是应该确信，中华民族的修复及更新力，通过改革可以改变困境，改进自身的问题。

3. 教育改革中的模仿主义与个性主义思考

（1）反思借鉴教育改革中的模仿主义

清末"新政"以来新教育运动史无前例，没有成式可以承续，只有寻求外援，"他山之石，可以攻玉"。模仿西方已经成为教育界的流行趋势，清末民初取经模仿日本，仿效德国，五四新文化运动后，面临层出不穷的教育新问题，眼见模仿不通就转而模仿美国现代教育模式。在模仿的过程中，主持者没有仔细分析各国的政治制度、文化特点、风俗习惯与中国存在的差异，而是一味套用，导致这些引进来的教育思想、教育制度并不适应中国实际，产生水土不服的现象。"从前只要是日本的就抄，现在只要是美国的就抄，将来或者有一天只要是法国的就抄。幸而抄对了，就是一国之福；不幸而抄错了，于是重新再抄。"[②] 如此不加选择，不知变通，一味模仿，容易使中华民族失去自身的特性，并且频繁地变更教育制度也不利于教育的发展，甚至有可能引起人才质量下降，教育水平倒退。余家菊提到"国人所用的功夫既倾注在外面，尽力了解别国，模仿别国；是于自身所处之民族，遂自然忘却"就是揭示的意思。在模仿主义盛行之前，政府的自尊心很强，不肯承认西方先进的知识和技术，但是经过一系列战争的惨败，政府逐渐了解向西方学习的重要性，却又出现方向歧路，甚至出现偏激极端的行为。模仿主义开始流行起来。随着时间的推移，历史步入"一切固有都是荒谬"的时代，这时国人的自尊心已经被抛诸脑后，全面否定历史遗留下来的一切，出现了"历史虚无主义"的错误观点。

---

① 余家菊：《民族主义的教育》，第 5 页。

② 余家菊：《民族主义的教育》，上海中华书局 1923 年版，第 7 页。

（2）教育改革中的个性主义与民族主义协调

个性主义与民族主义起初存在着争议，对于是应发展个性主义教育，还是民族主义教育，众说纷纭。首先探讨什么是个性，以及民族性。个性，就是一个人不同于其他人的性质，民族性，就是同一个民族的人们互相影响后所产生的相同的思想情感，不同于个人情感，具有群体性质的情感意志。余家菊在书中是这样表述民族性的："民族性是一种集团心性，是一民族中各个人间互相影响时所产生之通有的思想感情意志，大不同于孤立的个人之思想，亦不是孤立的许多个人之心的活动之总和。他是由数千百年中之自然的活动和社会的活动所产生的，对于各个人具有压迫的和敦促的势力。"①

余家菊所提倡的民族主义教育，不是拒绝西方先进的文化的复古主义，不是军国主义，也不是主张整齐划一的世界主义，而是主张具有民族性特色的民族主义教育。发展民族性教育首先要根除民族固有的弊病，这些弊病已经长久地留存在民族血脉内部很难被完全清除，但是要想求得在列强日益交逼、国际竞争愈演愈烈的特殊背景下中华民族的新进步，这是必不可少的一步。在此基础上推行民族主义教育，成效自然十分显著。

> 教育之最大的责任不在一仅仅民族之自觉，乃在更进而为积极地鼓励民族的心意。所谓民族的心意即指民族的感情信仰，目的而言此民族的感情信仰，目的果为何物？还是一民族于各个人之感情信仰，目的之外呢？还即是各个人之感情，信仰，目的之总和呢？还是一民族间各个人或大多数人之所通的呢？②

重视和突出富有民族性的民族主义教育，并非排斥个性主义教育。国际盛行的现代教育的重要特征在于力谋以主动教育反对被动教育，不能强迫将知识灌入学生头脑中，而要顺乎性情，使其自然地发展。个性教育对于一个社会其实也是必要的，学生有不同的心理特点及个性差异，具有特色和个体倾向的发展是教育的现实取向。从优秀者而言，在同一

---

① 余家菊：《民族主义的教育》，上海中华书局1923年版，第10页。

② 余家菊：《民族主义的教育》，第22页。

个社会中有些人会拥有常人无法具备的思考和眼光，是各个行业的佼佼者，足以领袖群伦，带领着社会中的其他人进步，从一个侧面证明发展个性是有利于社会发展的。

四 教育的相对独立性

教育为社会政治经济制度、生产力和文化所制约。但是，教育又具有它的相对独立性。这是解读教育作为专业学科研究具有自身独特性，以及教育包含内在规律性的特定社会活动的要津所在。

（一）一般意义上教育的相对独立性

1. 教育的历史继承性

教育的历史继承关系着社会背景下的教育，无论其思想、制度、内容、方法等诸多方面都与以往各个时代的教育有着继承关系。任何一种教育都不是凭空而来，随意捏造的，而是在整个历史发展过程中形成的。在此过程中，必然要从多方面吸收和利用以往历史时期的教育成果。正是由于这种历史的继承关系，因此不同民族的教育具有自身的延续性和稳定性，更有各自不同的传统和特点。如同样是封建社会下的教育，中国主要是以孔孟儒学作为教育内容，灌输儒家的伦理道德观念；西方则以宗教教义影响人的思想。同样是奴隶社会下的教育，古希腊罗马偏向于知识教育培养哲人，中国则重视道德教育，培养贤人。余家菊指出，教育负有社会的使命，其根本目的应该是养成共同信念，“欲养成共同信念，于历史的势力，须加以充分的注意”①。离开历史传承而重新创造，其成功的希望是渺茫的。

教育活动正是带有强烈的历史继承性，因此仅仅根据一个时代的政治经济关系、社会生产力发展的水平去说明具有特定形态的教育是远远不够的。这样做，必然导致对教育存在自身普遍适用性及内在规律产生偏见或边缘化的理解。

2. 教育具有自身的特点和原理

教育是培养人的活动，而人具有天赋的生命力、可塑性和向上性等

---

① 余家菊：《中华民族的教育要养成忠恕集义的理念》，载余子侠、郑刚《中国近代思想家文库：余家菊卷》，中国人民大学出版社 2013 年版，第 207 页。

特点，具有生理解剖、高级脑神经系统和生命节律的阶段特点和成熟规律。教育、训育及其他相关活动，不仅必须认识、遵循和创造性地运用其中基本特点与规律，才能卓有成效地培养人才，而且应当重视和遵循前人在这一方面总结的宝贵经验和艰辛探索所取得的成果。余家菊在求学期间，尤其在立定从事教育研究和奉献教育事业进步的志向之后，十分留意教育科学的思想和方法，同时，重视将心理学科的理论和技术方法导入自己的教育科学探索之中，“从哲学上、心理学上、生物学上，对于生之冲动，意识的发展，构成关系的活动，求个精确周到的了解。今后的教育者，是科学家亦是哲学家”①，从而使自己的教育原理思考定位在现代科学的范畴和水平层次。

按余家菊的识见，如果忽视教育自身的特点、规律与原理，企图用经济的、政治的规律、原理简单地取而代之，则会造成教育理论教条、标签化的萎缩或单薄，并对教育实际工作造成严重干扰或破坏，降低教育的效率和水平，影响人才培养的专业水平和能力素养。应该说，这种理解是深刻而富有前瞻性的。

（二）余家菊的教育独立论

1. 教育独立思潮溯源

“教育独立”的主张由来已久。民初国学家、教育家章太炎即提出教育独立的设想：“学校者，使人知识精明，道行坚厉，不当隶政府，惟小学与海陆军学校属之，其他学校皆独立。”② 他主张中等以上的学校要摆脱清政府的管控和干预，不能隶属于政府而失去自身独立发展学术和教育的权利，因此提出“教育独立”的构想。与他观点相似的还有王国维。他以上下两千年的文明史来证明教育自由的重要性：“自周之衰，文王、周公势力之瓦解也，国民之智力成熟于内，政治之纷乱乘之于外，上无统一之制度，下迫于社会之要求，于是诸子九流各创其学说，于道德、政治、文学上，灿然放万丈之光焰。此为中国思

① 余家菊：《自动教育新论》，载余子侠、郑刚《中国近代思想家文库：余家菊卷》，中国人民大学出版社 2013 年版，第 66—67 页。

② 章太炎：《代议然否论》，载《章太炎全集》（第 4 卷），上海人民出版社 1985 年版，第 306 页。

想之能动时代。”他强调：“学术之发达，存乎其独立而已。”① 如果想要发展学术与教育，唯有教育的独立才能实现。除此以外，严复也提出了有关教育独立的见解。以翻译一批西方自由主义思想家的代表作来支持教育独立、自由思想，并提出“政、学分途”的主张。可以看出，清末的知识界对学术和教育相对独立于政治已有了一定的认识，受到众多学者的赞同，但却不够完整，未成系统。20 世纪 20 年代，“教育独立”作为一种思潮在五四运动时期开始传播，这便是清末的“教育独立思潮”的兴起。

“教育独立”思想的真正确立要到新文化运动以后，最初也仅是局限于追求教育经费的独立。因为在当时教育经费短缺也是制约教育发展的一大问题。军阀混战，经济凋敝，在国家预算中教育经费所占比例极低。同时，国内外政治环境日益恶化，军阀政府忙于应付国内战争，完全忽视教育的正常发展需要，引起了教育界的强烈不满与抗议。随着教育救国观念和自由主义等近代文化思潮的流行与传播，教育事业作为社会活动中主体部门的独立性与传统政教合一教育模式下工具性之间的矛盾日益突出。

“教育独立”思潮的核心，是仿效西方“学术自由，大学自治”模式，努力使教育摆脱政治以及宗教的种种束缚，在国家机构中独立运行，专注于研究学术领域的问题，传承国家民族的文化并传递国内外进步知识。1922 年 3 月，近代教育家蔡元培在《新教育》上发表了《教育独立议》一文，阐明教育独立的基本观点和方法，成为教育独立思潮中的重要篇章。

2. 余家菊的教育独立主张

（1）收回教育权与宗教问题

在收回教育权与宗教问题的理解上，余家菊的立论是通过讨论近代的相关问题展开的。中华基督教教会副总干事、教育家程湘帆认为，教会学校和公立学校之间的不同主要在于宗教教育。针对教会学校在中国办教育的事情，程湘帆与其他教育家所持观点不同。他认为，外国人在中国办学校是为外国政府的利益服务，进行文化侵略或政治侵略，这是我们不提倡的，但是，如果由中国人创办中华基督教学校，其性质就发生了很大改

① 王国维：《论近年之学术界》，载姚淦铭、王燕编《王国维文集》，中国文史出版社 1997 年版，第 39 页。

变，属于民族性教育。同时，他提倡将基督教学校与帝国主义国家签订的不平等条约中有关教育的条款废除，将学校与帝国主义分裂开来。“程湘帆君曾语吾人，今后教会教育之所以异于公立学校教育者惟在宗教教育之一点。”[①] 教会学校内多宣扬基督教教义，而将教会学校中宣传宗教的教学内容剔除则可以达到收回教育权的目的。另外，程湘帆认为，宗教是有益于人生的。“宗教是否有益于人生，吾曾于《基督教与感情生活》中讨论之。程君于说明教会之所以施引宗教教育时，完全注重于宗教可为人生失意时之慰藉之一点，似亦宗教有益于感情之说也。”[②] 对此，余家菊有不同看法。“程君虽欲以此说消灭吾人之收回教育权的主张，然而吾人反因而益坚其所信。微论人生理想习尚等，教会学校未必能同于公立学校。藉曰能之，即此宗教教育之一点亦必为吾人之所以反对。”[③] 程湘帆的说法只是要放弃收回教育权的托词，也就是说，无论如何，教会学校都不可能等同于公立学校。

余家菊对此从宗教教育动机上进行了分析：

> 试问宗教教育之用意：（一）在以宗教为目的，教育为工具乎？（二）抑在以教育为目的，宗教为工具乎？若以教育为工具，则是教育之根本企图，全在宗教之传播。吾人当进而讨论宗教，是否有益于人生，应否利用教育以遂其传教之图？若以宗教为工具，则吾人不妨引为教育的同志而相与谈论，使用此工具之是否相宜，以及有无必要。[④]

从宗教和教育的关系而论，以工具和目的加以比较，两者的追求大相径庭。他得出结论说：教会学校更多的是以教育为工具，传播宗教，以精神同化我们的国民。这是有方向性误差的。学校真正要做的是以教

---

① 余家菊：《国家主义教育学》，上海中华书局 1925 年版，第 81 页。

② 余家菊：《收回教育权问题答辩》，载余子侠、郑刚《中国近代思想家文库：余家菊卷》，中国人民大学出版社 2013 年版，第 312 页。

③ 余家菊：《国家主义教育学》，第 81 页。

④ 余家菊：《国家主义教育学》，第 81 页。

育为目的，在教育的过程中可以将传播宗教知识列为课程加以教学，这是合理的教学设计，也是我们所期待达到的局面。

针对宗教可能会慰藉人的心灵这一说法，余家菊深入探讨了感情与理智的关系。他认为，发端于感情的行动如缺乏理智控制与协调，就会导致危害社会的后果，因而酿成人生的悲剧。并且会因此而找到失范行为的托词借口，以逃避舆论的谴责。“须知人格贵其统整，人生思想贵有一贯，感情无理智绝不可背道而驰。若蔑理弃智，则杀人放火之凶行，拜蛇敬猫之迷信，吾人皆不得议其非矣。”“若弃绝理智则势且相率而为盲目的行动生活，社会秩序随之大乱矣。”就感情本身而言，它有不同的层次及类型，其言行的取向效果自然会产生差异，甚至大相径庭、利害悬殊。“感情多端，有高尚者亦有卑劣者；有有益者，亦有有害者；吾人之得以辨别其孰可恃而孰不可恃，孰宜擒而孰宜纵者，皆理智之力也。”这种理智的内容和质性与科学真理存在统一性。“诚心维护宗教者当就宗教之理论上一考究其是否有真理的根据，徒言其功用无益也。”① 人有别于其他动物之处就是会理智地思考问题，如果轻视理智的作用而供奉牛鬼蛇神，则等同于轻视教育的作用。换言之，如果过于重视宗教情感慰藉的作用而忽视教育的作用，则与我们所倡导的理性思维和科学精神大相径庭。

余家菊认为，教育的最终目的“亦不过就是养成健全之人格而已”。而“所谓健全的人格就是有极显著的自我一贯的个性，依此个性以主持经历，宰割运会，不是单听外物之引诱，亦不是全凭瞬间的冲动”。但是反观教会教育，则是“利用人心之大惑而教以自欺之术”，诸多事情与现象明知不科学不合逻辑，却依然牵强附会。“总之，宗教是利用人们情意与理智之不谐和，以压抑其理智之活动。……此宗教利用人心弱点而不事养正之大概情形，与教育之真义相去甚远。”②

从社会利益需要及国家事业视角来看，余家菊反对利用宗教作为教育传播知识文化或学术思想的工具，而这正是典型的国家主义教育观。

---

① 余家菊：《国家主义教育学》，上海中华书局 1925 年版，第 81 页。

② 余家菊：《教会教育问题》，《少年中国》1923 年第 7 期。

> 教育为公共事业之一，教员为公职之一，宗教则为一派或一人之信仰，若利用公共事业以传播一己一派之信仰，于社会是为不信，于事务是为不忠。结果非引起社会对于社会之怀疑，即引起各教派从事教育上的竞争。
>
> 以宗教为教育工具之说，维护教育之人无不言之者，要非教会真意之所在也。纵令真意如此，吾人亦觉宗教不宜为教育工具。其详前述之文中亦会言之。去宗教信仰起于人类精神不健康之时。信之者，穷愁失意乃至意志薄弱之流。其主要观念在有强大之神来格来临，来援助我，安慰我，鉴宥我也。夫教育者乃所以使人得有健全的发育者也。今欲以不健康的精神产物用作使人得有健全发育之工具，是何异于南辕而北辙哉？非妄即愚。①

当时，最系统阐发“教育与宗教相分离”这一观点的当属国家主义派的余家菊。他在《教会教育问题》一文中，从社会、文化、教育以及教会自身等角度细致分析了教育独立的必要性。首先他认为，教育是一种社会职务，“近代国家有见于教育是一国昌大之根源，亦是一国平安之要素，于是认为经营教育为维持并发展国家生命之必要事业”②。国家必须确立统一的教育政策与教育宗旨，即保持“教育中立”，超越宗教派系之争。为此，收回教育权则是前提，否则会坐视基督教教育不断膨胀，更会引起各宗教派系之争。政府如不确定教育中立之策，那么，以后各教扰攘，五族分裂，中西冲突，皆将不免。政府如欲确定教育中立之旨，若不实行收回教育权之策，则是中立其名而行偏袒基督教会之实，恐难使各派心悦而诚服也。大乱之机依然存在。③ 教育是整个国家的事业、国民的权益，不应沦为宗教传播工具，否则会使国民对自己所生存的国家失去认同感。宗教教义与本土的精神认知极易产生冲突，并且，各派宗教会为教育权的归属问题产生纷争。因此，唯有收回教育权，在使教育成为国家事业一个部门的基础上保持独立地位，才能确保教育的发展。

---

① 余家菊：《国家主义教育学》，上海中华书局 1925 年版，第 82 页。

② 余家菊：《国家主义教育学》，第 82 页。

③ 余家菊：《国家主义教育学》，第 82 页。

与其他教育家观点不同的是，余家菊在分析二者相分离的影响中不仅看到了教育事业所获得的自由宽松的环境，同时也明确指出，如若宗教界持续占据教育领域，则宗教本身的力量及地位也会逐步被其他势力所分割。正如他在《教会教育问题》一文中所说：

即就教会学校本身而言，教育对于各宗教保守中立，不但有利于国家之昌荣，亦且有利于教会之生存。基督教利用学校去传教，其他之宗教亦必效尤而起，结果教育界为各宗教所分割，国家反无所用。其经营国民精神为各宗教所分领，国家反无从施以融合。于国家之生存固为不利，于教会之自身至多亦只是得失相消而等于零而已。何以故？因为教会既可利用学校以为传教之方便，则非教育派及异教派亦可利用学校以为宣传攻击言论之机关。结果于教会究有何益，亦只是激动社会上多生些扰攘而已。愿教会中人平心静气一深思之。①

诚然，在分析“教育与宗教相分离”这一观点时，余家菊与前文所陈诸位的角度颇有不同，他另辟蹊径地从教会的视角出发，阐释二者相分离不仅不利于国家昌盛，而且是不利于教会生存的。

利用学校来传教一旦为其他宗教及非教派所效仿，彼此占据领地竞相攻击，似乎教会也并无益处。接着，他在后文中又从文化的理由来阐发教育与宗教相分离的观点。“教育与宗教势不两立，混宗教于教育之中，是使教育根本失去其作用。……文化自进步全赖理智活动之敏锐，故教育以启发理智为一大目的。宗教之结果既使理智归于麻木，其与教育不能两立，就无待多言了！所以，无论是宗教教育也好，是教育宗教也好，总之不必用以骗人。”②

余家菊认为，教育的职责在于启发受教育者，使之能够领受已有的文化，这是教育的保守机能；而同时能够使之在已有的基础上创造新文化，这是促进机能，只有同时拥有这双重职责，才可以叫真教育。但是宗教教育却是违背这种教育职能的一种机械、被动式的接受形式。显然，

① 余家菊：《教会教育问题》，《少年中国》1923 年第 7 期。

② 余家菊：《教会教育问题》，《少年中国》1923 年第 7 期。

二者并不适宜。

（2）收回教育权与普及教育

关于普及教育的问题，余家菊是从收回教育权视角加以立论的。这就必然牵涉教会学校与普及教育的关系。他具体提出三点主张。

第一，中国教育不普及不足以为外国人享有教育权之口实。因为教育权与司法权一样，长期落入他人之手对本国利益而言简直是有百害而无一利。“中国教育不普及，外人不可因以保留其教育权。”教育之所陶淑者，乃是中国国民，若一任他人代施教育，便有殖民教育渗透的问题发生，其结果为：“是化中国民为外国民也，是侵略我国权也。”①

第二，教育不普及，容易成为外国掠夺中国教育权的一大借口。他们假借发展教育，实则为他们侵略中国提供了便利。教育本为我们国内之事，不应由其他国家代为施行，这属于插手中国内政。因此，我们应推进普及教育，为早日收回教育权扫清障碍。尽早普及教育有利于中国独立发展各项事业，否则就会受到外国势力的威胁。例如，交通运输业、矿业等部门如果未加重视，则在很大程度上会被外国势力所觊觎。除此之外，若中国的政府不作为，则外国势力也会代为行使行政权，这样一来，中国的内政就等同于落入外人之手，最终国家主权也就逐渐丧失了。为避免此种情况，应尽早普及教育，收回教育权。

第三，努力实现利用外资办学。在余家菊看来教育最大的问题就在于资金不足，这十分制约普及教育的实施。据 1919 年北京政府的中央预算，军费支出达 42%，教育经费竟不及 1%，许多学校处境窘迫，难以为继，教育经费独立运动应时而起。全国教育联合会第六届年会提出设立特种捐税以筹集教育基金等议案，可是当局挪用拖欠教育经费的状况依旧。1922 年 8 月，北京国立八校办学几乎停滞，可见当时各校的艰难情形。外国人在华办教育如果仅提供经济支持而不过分干涉，原则上可以接受。但是，这不符合他们准备通过教育同化国民的初衷，因此不能寄予其期望。“须知中国教育之不普及在钱难而不在人才之难。教会教育之优势在经济之充裕而不在人才之众多。使教会而愿无条件捐款助学，

① 余家菊：《国家主义教育学》，上海中华书局 1925 年版，第 83 页。

中国人中当不乏能负担教养此三十万学生之责任者。”① 对此，余家菊提出将教会学校加以改造利用，甚至合并办学，如此一则不会浪费之前的办学资源，二则也能解决目前教育资金短缺的问题。

余家菊主张当前最为紧急的事情不是收回教育权而是普及教育。当前教会学校不受中国政府管制而经营教育，一旦中国政府收回教育权，由教会学校培养的30万学生将面临失学的问题，政府理应承担起教育的责任。但是，在此之前，应先使国民能够享有受教育权利，即推行普及教育，然后再将教育权悉数收回，这样就避免因收回教育权而使得部分学生无法正常接受教育的问题了。

（3）教育独立于政治

余家菊认为，教育作为国家一项事业，“理应为全民所共有而共主之，非一派所得而自私”②。作为公共机关、公共事业的教育任务，旨在传播公共的理想与精神，这种理想与精神于全体国民是普遍的、一致的，亦即立国的理想。这种理想“须随处表现而无间于政治或教育”③，不仅不会因执政党的更迭而有所变迁，而且可以数千年如一日。那么，如何判断这种永久不变、超宗教、超党派的理想是否属于公共的呢？这取决于它是否获得大多数国民的同意，即以是否取得法律之允为判断标准，易言之，法律代表着大多数国民的意志，违反法律的教育，必定为国民所抛弃与否决。由此出发，余家菊特别提倡通过法治教育，培养公民法治精神：“欲确立国本，巩固共和，教育必以培养法治精神为其主要职务之一而后可。”④

余家菊指出，既然教育被视为一种公众事业，它的目的在于“使国民有公共的志趣，而无党派的龃龉”⑤。那么教师亦即公共服务者，在教育过程中，传授内容必须摒除己见，尊重公共的意见，恪守公论范围，“切不可滥用职权，利用自己所占有的公众地位去宣传一己或一派之信

① 余家菊：《国家主义教育学》，第83—84页。

② 余家菊：《教育上的国家主义与其他三种主义之比较》，《中华教育界》1925年第1期。

③ 余家菊：《教育原理》，上海中华书局1929年版，第36页。

④ 余家菊：《教育界与法治主义》，《中华教育界》1923年第7期。

⑤ 余家菊：《教育原理》，第34页。

仰”[①]，以免由此导致公众精神涣散。一旦出现上述情形，则应被视为不忠于职守，有负众望。

以此而论及基督教教育，也是同样的道理。余家菊认为，基督徒在中国的人数不及全国人数的1/10，基督教学校学生人数与非基督教学生人数之比为1∶20，可见，信仰宗教者为极少数人。若于此对国民强行灌入基督教教育，实属目无国家，是以宗教分裂教育界，割裂国民精神，于国家的生存极为不利。此外，如教育旨在促进社会文化之进步，而“文化之进步，全赖理智活动之敏锐”[②]。故教育的目的是造就学生具有健全之人格，而宗教则是利用人情的弱点助长情意与理智之间的不协调。总之，教育与宗教势不两立，切不可将宗教掺入教育之中，教育须在各宗教的纷争中保持中立。

余家菊提倡“教育中立”，要求教育中立于政治纷争之中，但并不同于一般的“教育独立”学说，他并不主张教育超政治而存在，而旨在宣传“国家至上”的国家主义教育思想。唯有国家主义的思想才能不偏不倚、持正公允；唯有国家主义的教育才能“确定立国之理想，涵养国民融和的精神，而使之携手偕行，一致努力于共同目标之下”[③]。最终达到“五族一家”“四民平权”“诸教平等”的目标。

结合以上余家菊关于教育本质问题的言论主张，以及笔者的相关分析，大致形成如下认识：教育作为社会的有机组成部分，具有多方面的属性，主要但不能全部归属于上层建筑，同样也不能归属于生产力；教育体现着多种复杂的社会关系，既不是单纯的物质关系，也不是思想关系；教育具有相对独立性，有时会出现与经济基础和上层建筑发展不一致的现象。但是，我们不能把教育的相对独立性理解为绝对独立性。因为教育归根结底是由生产力的发展水平和政治经济制度的性质决定的，受民族文化的发展状况与需求的制约，也就是教育的社会制约性仍是其根本的特性。每一时代的教育应当从以往的教育中继承什么，应当在哪些方面作出新的改革和发展，也是与这一时代的生产力发展水平、政治

---

① 余家菊：《教育教会问题》，《少年中国》1923年第7期。
② 余家菊：《教育教会问题》，《少年中国》1923年第7期。
③ 余家菊：《教育原理》，上海中华书局1929年版，第38页。

经济制度层次和民族文化发展水平相适应的。把握住教育的这些特点，也就在一定程度上把握住了教育存在和发展的合法依据、存在空间以及“安身立命”之所在。

第二节 教育目的论

教育目的的上位概念或范畴是教育方针、教育宗旨，下位概念或范畴是教育目标、教学目标。教育是人类社会有目的、有意识的专门化特殊性社会实践活动。目的、方向、旨趣及要津是带有活动灵魂、内在规定性内涵与要求的，制约着教育活动的方方面面，并贯穿其始终。教育无论何种类型或方式，也不论是哪派教育家论述教育问题，毫无疑问，都将教育目的视为无可替代的重要部分予以精心设计和推行。国家主义教育学的创建者余家菊也是如此。

一 何为教育目的

教育目的是指通过教育过程把受教育者培养成具有何种质量和规格的人。[①] 每个人都面临着一个发展可能性的空间，正如余家菊所言：人有可塑性和向上性。作为培养对象，其他人（包括家长、教师乃至整个社会）总要为他选择某一种发展的可能性，按照某种期望和要求去塑造他、培养他，使他朝着这种期望和要求去发展，这就是广泛意义上的教育目的。[②]

教育是人类所特有的实践活动，而任何一种实践活动从一开始就必定包含着某种改造客观现实的主观“要求”。这种“要求”是作为实践所要取得的结果先存在于人们的观念之中的，这就是目的。目的性是人类实践的一个根本特性。人的实践活动之所以不同于动物的本能活动，就是因为人的一切实践都是具有自觉的意图，具有预期目标的。[③] 没有目的，就不成其为人的实践。

① 南京师范大学教育系：《教育学》，人民教育出版社 2005 年版，第 145 页。
② 南京师范大学教育系：《教育学》，第 151 页。
③ 南京师范大学教育系：《教育学》，第 151 页。

在这里应该指出的是，人的目的虽然是作为人的一种主观的东西存在于观念之中的，但是这种主观的观念又是从客观现实转化而来的。目的必须以客观现实为前提，目的的提出要以客观因果性和规律性为根据。也就是说，一种正确目的的提出，是建立在实在的可能性基础之上的。

教育这种实践活动，也必定是具有一定的目的的。在教育实践活动中，教育者的活动对象是受教育者，受教育者就是他们所要改造的客观世界，要把受教育者改造成为什么样的人，在教育开始以前就以表象的形式存在于他们的头脑之中了。他们的一切活动都是要在教育对象身上实现自己的目的。正如加里宁所说："教育是对于受教育者心理上所施加的一种确定的、有目的的和有系统的感化作用，以便在受教育者的身心上，养成教育者所希望的品质"①。

余家菊是从国家主义思想立场表达与人类活动目的相关的问题的。

> 人生以活动为其本质，活动之第一要务为知止。止也者，非停止不进之谓也，乃活动当遵循一定之轨道而前进之谓也。活动必须遵循一定之轨道，否则个人将如无舵之舟，漂流所极，莫知所届；公众将成惊狂之群，东奔西突，抵牾干犯，莫得而宁处。树之轨道，则个人所得凭依，公众所得共晓，而各将其一己之活动自纳于轨道之中。社会行为之公式确立，社会秩序之安定得保，而个人活动之发展始有可能。若个人行动不遵循轨道，则不成社会之叛贼，即必受社会之淘汰，各随一己之好恶自决其行为，冲突扰攘之苦固无可得免，即社会之巉然不可终日，亦势所必至。此知止之所以必要也。知止为遵循轨道而前进，不仅趋向一定之目标已也。人之恒见，皆以目标远立于行为之前，行为自距离目标遥远之一地点而发轫奔赴之。是目标立于活动之外，今之活动尚未曾与目标合而为一也。②

---

① ［苏］加里宁：《论共产主义教育和教学》，陈昌浩、沈颖译，人民教育出版社 1957 年版，第 56—57 页。

② 余家菊著，余子侠编校：《教育哲学论稿》，华中师范大学出版社 2008 年版，第 13 页。

从上述言论主张可知，余家菊认定人的各项活动都有目的性，是有意识性和追求效果的设计和努力。个体的追求及规范设计应是国家和社会需要或发展的所属部分，并服务于后者的利益需求。就现实情形而言，个体的行为及达成愿景取向与目标之间，尤其是国家社会发展图景要求之间存在落差。虽然此处未专论教育，但肯定包括教育问题之所在，甚至是以教育目的的阐发为主旨。

二　教育目的的价值取向

在教育活动中，人们往往通过选择不同的教育目的来实现对教育价值的追求，体现了人的能动性本质。所谓教育目的的价值取向，是指教育目的的提出者或从事教育活动的主体在对教育价值作出选择时所持有的一种倾向。

人们对教育活动的价值选择，历来有不同的见解和主张，可谓“仁者见仁，智者见智”。首先，从个人发展与社会关系的角度考虑，有人认为应当把促进个体的个性发展作为教育目的；有人则认为应当把满足社会发展需要作为教育目的。其次，从个人的发展角度考虑，有人强调知识的获取；有人强调智能的提升；有人强调品德的完善；有人强调美感的陶冶；有人则强调德、智、体、美等各方面的和谐发展；还有人注重通识教育，重视文化素养的提升和扩展；而有人则注重实用教育，重视实用知识的获取与操作能力的训练。最后，从社会需要的角度考虑，有人关注政治效益；有人关注经济效益；有人则关注文化效益，有人着眼于长远效益；有人则急功近利；有人向后看，谋求维护传统的社会秩序；有人则向前看，力图改变社会的现状等。

人们对教育目的价值取向众说纷纭，绝非偶然。这不仅是因为社会生活是复杂的，教育功能有多方面性，人的选择又有多种可能；而且因为人们处于不同的经济地位，有不同的文化背景、实践经验、认识水平、政治倾向、社会理想、利益需要和价值观念，他们对教育目的也必定会有不同的价值取向。任何社会对人的发展和人的教育都会有价值的选择与界定，但方向的选择是否合理，分寸的掌握是否恰当，则需要探讨。

19 世纪英国哲学家、社会学家、教育家斯宾塞提出“教育为儿童完美的生活做准备”的论点，教育生活预备说为许多教育家所接受，并加以不断论说。19世纪末以来，欧洲掀起的“新学校”与“新教育”运动形成教育目的以生活自身代替生活预备的认识。这种思想在20世纪初经美国实用主义教育大师杜威的强化，被确立为“生活即教育”“社会即学校”“做中学”的现代教育信条，备受社会各界青睐，并获得广泛传播。这种现代教育思想在加强社会与学校联系及提升学生理论知识学习应用性的同时，存在学校教学被系统性打乱以及间接经验学习下降的缺陷。因此，以余家菊为代表的现代教育家对之多有微词，甚至加以反对或批评。

（一）“教育预备说”与“教育即生活”

余家菊回归斯宾塞所持的教育目的论，认为教育的目的就是为完全的生活做准备，所谓完全的生活不只是物质的生活，同时还有精神的生活。“完全活动实含五种活动：（一）直接有关于自己生存者。（二）间接有关于自己生存者。（三）有关于子女之教养者。（四）有关于健全国民资格之养成者。（五）有关于闲暇时间之消遣者。”① 当时，以陶行知为代表的生活教育派教育家引进和实践杜威现代教育思想，认为教育不是预备生活，但又将“生活即教育”翻了半个筋斗，成为“教育即生活”。批评教育的生活预备说认为，我们目前所做的努力都是在为将来做准备，而忽视了当下的生活。这两种观点的不同在于，“教育预备说”关注更多的是将来，而不关注现在；“教育即生活”的观点关注更多的是现在，而不是将来。

当时，流行的更多的是一些陈腐的学科知识，已经不合时宜，并没有与未来的生活相联系。这是课程与教学改革的取向和任务。但教育的生活预备着眼于教育的系统性和生产、生活需求的教育反映，规范教育的目标和质量要求，其本身是积极有效的，并不过时或保守偏废。

（二）教育实利说

实利对于现代社会形成社会效率，促进社会繁荣昌盛具有很大的帮助。教育应该以养成优良的社会生产者与积极的市场消费者为目的。实

① 余家菊：《教育原理》，上海中华书局1926年版，第27页。

利教育注重对学生进行职业教育，当下对学生进行的教育大多是纸上谈兵，不能对现实生活产生重要影响。“教育之不能超脱实际生活，其理浅而明。故以职业教育为教育目的之一或一部分原为正当。若以职业教育为教育之唯一目的，或认此目的足以涵纳其他各目的”① 则是偏颇无益的，而实际是有害的。职业教育有利于帮助学生从事现实问题的研究，对其生活有很大帮助。但还存在着普通教育对人多方面知识、素质及能力的培养教育需要。况且社会领域部门众多，行业工种细化，对从业者的差异性要求提高。从事职业工作的个性心理及知识技能的针对性十分突出。这就不能完全以社会效率的职业有效性作为唯一的衡量标准：“社会效率说之极端派，每以社会效率为批评教育之唯一标准而不问其对于个人之影响。例如选择职业，只问何种职业于社会最有贡献及应从而学习之，不问个人性能是否适宜于此职业……是社会效率之不能为教育之唯一目的也明矣。”② 即使我们要注重社会效率，也应该从国民个人出发，进行职业教育要选择适合个人本身的教育类型及组织方式。

（三）“广智说”与“自我实现说”

儒家学说以及近代欧洲夸美纽斯的“泛智论”、赫尔巴特的新人文主义课程都以广智为教育目的。《礼记》中的教育名篇《大学》一书中提到“齐家、治国、平天下”要通过格物致知进行教育，这与苏格拉底的“知识即道德”有异曲同工之处。

近代“广智说”的兴起有赖于科学知识的蓬勃发展，人们越来越意识到“知识即力量”“知识即权力”，知识甚至会改变一个人的命运。因此广智说引起社会很大的反响。持广智说的人们认为知识能够攻破一切行动，解决一切问题。

余家菊对教育目的“广智说”持积极的支持态度。他对间接经验知识“泛知”和直接经验知识“切知”，对事物探究知识和道德认识知识加以兼容与区别；同时，又将认知学习与情意学习互动交织作为知识与智力发展的途径。“第一当辨知有切知与泛知之别；第二当辨知有事物之知与德行之知之殊；第三当明知识与情意并非可决然分离者。切之为真知泫见之知，

① 余家菊：《教育原理》，第 32 页。

② 余家菊：《教育原理》，上海中华书局 1926 年版，第 34 页。

泛知为道德涂说之知。”[①] 显然，这样就将知识与学习论充分结合起来，是对教育智性提升问题的深化探讨，具有求知与求解的双重价值。

循着知能统一论的观点推演，余家菊又提出“自我实现说”。这种学说实际上是在“广智说”基础上形成的。余家菊认为教育应该发展人的全部性能以及全部兴趣，以实现自己的人生价值。他汲取近代瑞士民主主义教育家裴斯泰洛齐德、智、体、美、劳各方面教育“和谐能力”并重的观点，确定自我实现说即为“各种能力之谐和的培育”之意。自我实现说包含了精神、社会、审美以及知识能力的培养，所涵盖的范围十分广泛。这种思想要求尊重儿童，发展学生多方面的能力素质，提高其品性。“常人皆以为儿童时期为一无用时期。其本身原无内在的价值，不过为成年人之预备阶段而已。依自我实现之观念，则人生为一历程。此历程之各阶段，固各有其特能也……生活于儿童时期，即应以发挥儿童时期之特能为职志，而不得谓为应以预备壮年生活为其价值之所在也。”[②] 因此，自我实现说否定儿童属“小大人”，是成人缩小版以及由此形成的儿童教育为成人预备说，从而纠正那些儿童时期能力发展或素质培养无用的认识，并突出任何一个阶段都有其教育独特性作用发挥的价值。

如果以当代教育学的体例分析，在教育目的价值取向上，争论最多、影响最大、最具根本性的问题是：教育活动究竟应当注重满足人的个性发展需要，还是应当注重满足社会发展需要？对于教育发展历史上先后出现的有关教育目的的主张，一般大致分为两类：一类是“个人本位论”，另一类是“社会本位论”。

考察余家菊的相关著述，可以发现其教育目的观具有个人本位和社会本位的双重性，既主张培养完整的人格，教学生立志，立志自己，教育自己，实现理想的自我，又主张通过以国家为中心，加强国家观念的教育来实现国家的统一和独立。但比较之下，余家菊更倾向于教育目的社会本位论，虽然字里行间表明教育旨在促进人格的圆满实现，培养国民精神和气质，但最终的归宿还是实现国家的稳定和昌荣。

① 余家菊：《教育原理》，第 44 页。

② 余家菊：《教育原理》，上海中华书局 1926 年版，第 47 页。

三　余家菊教育目的观

余家菊指出，国家教育必具立国理想以伸张人类的进步发展及积极正能量。现实教育活动存在消极乃至反向的恶性教育。如匪帮邪教之类教人盗窃掠夺，就是这种恶性教育的例证，无可置疑。这种反教育活动，往往标榜“目的圣化”之说，自诩追求崇高目的，但实际上往往采取毒辣的手段方式。间谍学校，诲盗诲淫，邪教训练，造谣嫁祸等活动均属此类范围。这就导致教育不尽以正义博爱为职志，而渐行渐远，这确实是人生之大忧，也是教育思想立论的难题。“然而教育主乎真善美圣，所教必善，不善必不教之。如有恶性教育，吾人不以教育视之矣。教育之特质为向上，为日即于真善美圣之境。教育之所以发生，由于人类有向上之性，不以现状而自足。”[①] 显然，恶性反向教育并非教育真意及精神所在，是与教育的国家主义诉求相违背的。

（一）教育目的观缘起

在1933年出版问世的《教育原论》一书中余家菊从三方面探讨了教育之目的，首先辨析了个人与社会的关系，其次回溯了西方国家教育目的的历史滥觞，最后回归到中国的国情上，阐述中国教育目的建立的必要性。

1. 个人与社会

余家菊指出，在初始教育活动中，个人完全为社会所屈抑。为人群的生存计，主要传授生存技能和习俗规约。教育的目的在于训练个人使其受节制于社会。成人之中如有毁坏习俗者，当然会被施以严厉的制裁。然而，通过教育训练儿童，作为保持习俗之最妙的方法。原始社会的教育活动作为适应环境的历程，目标在于使个人能各司其职，善尽职分。此期的教育活动具有浓厚的生活、生产性，其最大的特点是教育活动被融合于生产、生活中进行。也就是说，个人的势力与社会的势力皆不知不觉地运行于其中。

个人与社会的关系存在着两者之间自然发生的互动性。

---

① 余家菊：《教育之向上性》，载余家菊《教育哲学论稿》，华中师范大学出版社2008年版，第5页。

> 个人既不曾故意伸张其个性，社会亦不曾故意屈抑个人于公众利益之下。个人因为生活于社会之中，当然须顾全社会的需要。个性虽然未受故意的摧折，然而摧折之事，乃为事势上之所必然。个人确实有所影响于社会而使社会受其转变。但是个人无论自觉其如何独立自主，然而个人的行动，到底多半出于社会所赞许的途径。[①]

余家菊反对现代学者认为国家压制个人的悲观议论。他认为，虽然现代国家存在个人服务于国家的要求，但自然法则的作用似乎必然因国家利益之故而抑制个人的利益。从代际传承上而言，本代人亦往往为了后代人牺牲利益，这才是人类文明传承及未来社会不断进步的切实保障。"每一时代，各有其自身的价值。各时代之最能促进全部的演进历程者，必其最能善尽其本代的职能者。只有使现代能为现代之故而善尽其职能，然后对于下代，始可谓确已为其所最能为力者。只有如此，牺牲现代的利益，始能有补于下代的利益。"[②] 所以，教育活动必然含有现代人牺牲自我于其中。教育的功业存于未来。从事教育事业者，谋求教育的目的在于他人成才和社会目标达成。以家庭教育而论，"父母的自我，扩大于子女的自我之中。子女的生活之中，依然存有父母的命运"[③]。从整体教育而言，教育的最高理想在于个体自我实现。然而，其间须经历牺牲自我以服务于他人及社会，方能实现自我。换言之，社会理想"须于牺牲自我之中求之"，社会的利益正有赖于教育者"人格之实现"。

在家庭教育中，父母愿望与子女设想之间或许不生冲突。如果涉及国家，则国家的需要与个人的利益容易相抵牾。然而，相反的势力往往适所以相成，因为个人与国家在民族独立、统一的背景下，有内在的互通、依存及其构成关系，会出现相互依托和转换的不可分割性。也就是余家菊所述的：冲突抵牾，只是进步之中的外部表象而已。个人所欲实现的最善之我，只有求之于国家之中，国家欲达其最高的发展，亦须以其各个国民的自我之圆满实现，为其必要的条件。

---

① 余家菊：《教育原论》，大陆书局 1933 年版，第 25 页。

② 余家菊：《教育原论》，第 26 页。

③ 余家菊：《教育原论》，第 26 页。

依循上述语义推论，国家所加于个人的限制，正是个人所赖以实现其自我的工具。那些视两者不可调和的论者，其实是不了解社会国家之于个体生存和发展中的基础和保障作用而出现的偏见。

> 认国家与个人的冲突为不可调和者，乃是立足于元子说以观察国家。误认个人不但有独立的存在，而且有独立的生性，只因事实的必要，乃互相结合以创立国家。误认各人先已完成其所以为人者，嗣后为补充其缺点而应付其必要计，始联合进行以创造国家。实则人与社会不曾分离，在人之形成中，同时即有社会之形成。分别考虑个人及国家，乃是分析抽绎的结果。个人绝非完全独立的单元，人类毕竟是社会的动物。①

2. 现实的需要

余家菊以社会现实问题的动荡离乱为观察点，表明国家主义教育的必要性，并以之作为教育救国的立论主题。他在《国家主义的教育》一书中指出："我们审顾内外，惧国命之将斩，特重提十年来国人因内乱而遗忘之教育救国论。先后作文以明此义。"② 并申明曰："书中所有使用名词如民族教育、国民教育，表现的主要精神则完全一致。主要精神为何？就是国家主义之教育而已。"③

那么，为什么会在教育的概念术语上加一个限定词"国家"或"国家主义"呢？在他看来，国家就是同一个地方人因共同的利害关系、共同的信仰，集合起来共同生活，有共同的历史，由此产生的"共同情感"就是国家的真精神。于是，他提出教育最重要的功能就是绵延国脉、发扬国家精神，而当"国命之将斩"时，应提倡国家主义教育。

在中外教育关系问题上，余家菊以捍卫民族教育独立，抵制外来教育侵略相标榜，认为庚子赔款兴学，是外国扩张文化势力的方法，教会教育是文化侵略，因此必须收回教育权。在他看来，国人于民族性教育，

---

① 余家菊：《教育原论》，大陆书局 1933 年版，第 26—27 页。

② 余家菊、李璜：《国家主义的教育》，上海中华书局 1923 年版，序第 1 页。

③ 余家菊、李璜：《国家主义的教育》，序第 2 页。

之所以始终无人谈及，乃因思想界有所痼弊。痼弊于普通一般思想者：一为世界主义；一为非国粹主义。痼弊于教育思想者：一为个性主义；一为模仿主义。在一一作了分析后，他提出：不能自立于民资，实无讲大同主义之余地，勉强来讲，亦只见其为奴性的大同主义、懦性的大同主义，大家不必顾虑民族主义是否违背世界主义。因此，民族性教育并非复古，因为就一个国家而言，无论是思想还是制度都不能摆脱历史传统的影响。忽视传统文化，完全套用其他民族的文化，只能产生精神的不安宁及社会的紊乱，而绝无成功之希望。

余家菊对“模仿主义”大力驳斥，认为本国民族与本国文化底线亦不是全恶的，有一部分还是不错的，还有一部分最少也值得保存。这样确立的教育方为中国的教育，中国教育家，才不是日本或美国实施同化政策之下的教育家。个性主义是自由教育和实用主义教育的核心理念，余家菊对此的态度时有变化，但批评居多，当然同时又有所吸收和保留。

他反复强调民族性教育无碍个性的发展。在民族教育中，余家菊特别注重民族意识的培养，“民族意识，不但对外有抗衡的功用，而对内亦有融合的妙处。一个民族若不自知为一体，或互相漠视，或互相歧视，这个民族之内部必定难得有均齐的进步，甚至失其和谐的关系，甚至互相残杀”①。而民族意识又可分为民族的自觉和民族的心意。尤以后者为要，“教育之最大的责任不在一仅仅民族之自觉，乃在更进而为积极地鼓铸民族的心意。所谓民族的心意，即指民族的情感、信仰、目的而言”②。那么，民族的感情、信仰、目的又是什么呢？它们彼此独立，形成结构总和，发挥出特别的心理力量。余家菊对这种心理学专业的问题不再深论。他提出须知道民族的感情、信仰、目的具有绝对的心理立场，对于各个人有驱策或束缚的动能。常使全民族发泄其感情，实行其信仰，努力其目的，虽走天下顶危险的路亦在所不辞。而这些恰是本国国家民族所匮乏、欠缺的，其表现从国民到国家政治，再到教育均是如此。

回顾国中，欲求一民族共有的信仰，实苦于穷思苦索而不可得。

① 余家菊、李璜：《国家主义的教育》，上海中华书局 1923 年版，第 21 页。
② 余家菊、李璜：《国家主义的教育》，第 22 页。

> 彼此既无相同的信仰、目的，彼此的联络协助就都变为手段的，自利的。辛亥以前，大家尚有一公共之目的，就是救国。讲教育的是想救国，讲政治的也是想救国。所以在当时的教育得有蓬蓬勃勃的活气，而在当时的政治活动亦有推诚相与的党会，乃至共生共死的同盟。今日则何如？大家对于救国之一念已丢到脑后了，一似中国不会亡的，无待于救，将全国的奇耻大辱都放在一边，只顾争膻逐臭以分割权力。政客且无论，即就教育界言，也无非早晨划一策以扩张党势，晚上又立一计以巩固地盘，这是其上焉者的。其下焉者的，就无非天天想方法出奇制胜以鸣高一时。大家久已没有关心民族前途，更说不上共有的民族目的，更说不上制造民族的感情、信仰、目的了。……要打破教育者的以及一般人的自私自利心，还是要建设一个民族的目的，大家共同努力于此目的之下，而使个人的利害关系受此民族目的的调剂和制裁。这样，国民之精神才有妥协之一日，纷争之浪费才有停止之一日。①

余家菊认为，训育是学校落实国家主义教育的有效课程和重要途径。而当时中小学训育教育空洞无实，作用稀微，主要缘由在于国家、民族的意义及地位未能有机融入，迸发其发生感情和信念的教育艺术力。一般讲训育的人，日日劝学生牺牲一己以服务社会，而于社会之为何许物，社会之鹄的安在，又茫然不知有所启示，一句抽象的话如何能激起学生之奋发。倘若变其形式，而告以我们为民族的光荣计，为民族的生存计，不可不如此，那么，其效力将是不期然而然的。实因目的之确定，既为人心所易把住；而自尊心之利用，又合于人心之自然。人人既知道以民族的荣辱为荣辱，则利害上之些许冲突，就都无害于事，而不至于妨及彼此之协同的动作。是故养成民族的目的这一点，在学校内为训育之良法，在社会上为团结的连锁。能够尽其本职的教育，必能完成此使命。②

---

① 余家菊:《何谓民族性的教育》，载《余家菊（景陶）先生教育论文集》（上），慧炬出版社1997年版，第368—370页。

② 余家菊:《何谓民族性的教育》，载《余家菊（景陶）先生教育论文集》（上），第170页。

很显然，上述内容是教育性教学或知识的品格目标在国家主义教育学中的例论，从中体现出国家、民族利益的教育目标价值，而且教学实施中的心理正向促进作用得到了有机渗透，是十分深刻的。

（二）教育目的提出之依据

国家主义教育不赞成采用社会政治革命的手段，主张通过以国家为中心，加强国家观念的教育来实现国家的统一和独立。国家主义教育思潮的基本观点是：围绕国家这一中心，按照国家的需要并符合国家的共同利益和要求实施教育；通过教育培养国民共同的民族意识、民族精神，内除“国贼”，外御侵略，从而稳定社会秩序，维护国家的统一，绵延民族的生命，进而振兴国家；教育应是一种国家的主权，是国家的事业，是国家的工具，是一种国家教育制度，而不是任何私人、党派、地方、教会和外国的主权、工具，据此，必须反对任何党派、私人、地方、教会的教育以及外国的殖民教育，要求以养成所谓以国家为前提的爱国国民为统一的教育宗旨，并加强学校的军事教育、政治教育、知耻的救国教育。

教育为立国之本，而教育宗旨又为教育设施之依据。余家菊非常重视教育宗旨在教育规划设计，尤其是教育目的及课程教学实施中的作用。他指出，教育宗旨是教育界共同的趋向和一致的精神，能凝聚人心形成合力。教育宗旨的制定是教育能否取得成效的关键。因此，制定教育宗旨必须考虑教育活动的时、空及历史三个维度以及遵循渗透性和确定性原则，才能在教育中发挥作用。

> 一曰时间性，合于此时之需要者也。二曰空间性，合于此地之需要者也。三曰历史性，合于此民族之需要者也。此三者，合名之曰国家性。是故教育宗旨各国不同，非可转贩者。四曰渗透性，可以贯穿于各项教育活动者也。五曰确定性，可以明示教育者以努力方针者也。无渗透性则难免适于此而不宜于彼，无确定性则易于人执一辞，皆不宜也。故五者缺一不可。①

① 余家菊：《国家主义下之教育行政》，载余子侠、郑刚《中国近代思想家文库：余家菊卷》，中国人民大学出版社 2013 年版，第 350 页。

余家菊在考证中国教育宗旨沿革的基础上，对 1922 年在美国实用主义教育思想引导下制定的“壬戌学制”所确立的“养成健全人格，发展共和精神”等七项教育标准深怀忧虑，并进行了理性分析。他指出这一宗旨虽然体现了“五四”时期思想自由、个性解放的潮流，反映了时代的特征，但它“笼统空泛，不着边际，中国用之可，英国、法国、德国用之亦无不可，盖全无国家性者也”[①]。由于教育宗旨的不适当，中国教育成为无中心思想的教育，由此又产生“无中心信仰之国民”。因此，制定教育宗旨，须遵循以下维度和原则：“一曰国民之独立性，对外能抗强御暴，不失其大国之民风；二曰国民之责任心，对内能奉公守法，克尽其国民之天职；三曰国民之和谐性，彼此相扶相助而发挥其休戚与共之情谊。”[②] 依此，他在其中加入国家民族的内容，将其改为“养成健全人格，发挥国家精神，培植共和精神”[③]。余家菊对教育宗旨在教育事业中作用的深刻认识，教育宗旨内在因素的规定，以及适应抵御外侮需要的特性进行了阐发，其强调教育的目的性、计划性与宏观调控，是从国家主义视角对教育这种复杂社会现象本质认识的深化。在当时的历史条件下，这些对教育实践有着积极的影响。

余家菊认为，教育由国家经营，是国家的一项重要使命。那么，教育也就成了国家制度，是保障国民生产和生活权利的工具。教育对振兴国家，提高国民素质等所发挥的作用是明显的。但如何体现出“教育能力深远”“启发数目众多之国民”，从而造就具有伟大势力之国家，是一项艰难而深远的工程，“则一日之失可为百年之患，深可惧也”。其中的关键因素在于教育活动中应结合或渗透国家精神，这不仅是国家立国和强大的需要，同时也是教育促人向上的自身性质所在。两者是统一的。国家若想教化国民，首先要有立国思想，其为基本之

---

① 余家菊：《国家主义下之教育行政》，载余子侠、郑刚《中国近代思想家文库：余家菊卷》，中国人民大学出版社 2013 年版，第 350 页。

② 余家菊：《国家主义下之教育行政》，载余子侠、郑刚《中国近代思想家文库：余家菊卷》，第 350 页。

③ 余家菊：《国家主义下之教育行政》，载余子侠、郑刚《中国近代思想家文库：余家菊卷》，第 350 页。

要义，并且要使理想在现实中逐步体现与渗透。同时，立国理想可能会随时代的发展而产生变化，需要改进，但是在总体上要延伸人类的向上性，稳定国家秩序，促进国家进步。因此，考察国家首先要考察其教育。

（三）国家主义教育目的观

在以余家菊为代表的国家主义教育学派看来，中国的教育目的应当培养个体健全人格，但其中心应汇聚于或凝结于国家之上，实现自我忠于国家的神圣使命。个体发展与国家的进步，双方兼顾，同构一体。然而，欲完成此等愿景和目的，就存在着如何落实具体目标这一问题。而且从中应体现中国的教育宗旨，亦即教育目的如何适用于中国现实教育问题。从该层面而论，现今的中国教育宗旨偏于一般通论，而缺乏对当前棘手问题的反映及国家的特色，同时也存在流于形式，实际推行手段不清晰的问题：

> 中国今日之教育果无宗旨乎？曰，有。中国今日之教育，果有宗旨乎？曰，无。所谓有者，就其纸片上的法令言之也。所谓无者，就其事实上的措施言之也。树立教育的宗旨，既须了解人生的大道常道，又须认识今日的情势，以断定其孰为千古之所不易，孰为今日之所必需，孰为吾民之所长，孰为吾民之所短。然后权衡审量，制为标的，以求国人之共赴。①

余家菊在上述叙述及思考的基础之上，设计出中国教育目的的方案：

教育宗旨第一标的应该是“服务精神的培养”，究其原因在于“今日中国之大病无他，曰私而已”②。由于人人皆有私利之心，而不知尊重他人的权益，更无论扶助他人的情怀。于是就会出现“人人皆知唯权利之争，而不知犹有义务之存在，更无论乎尽其责而不求其报也。人人知

① 余家菊：《教育目的论》，载余子侠、郑刚《中国近代思想家文库：余家菊卷》，中国人民大学出版社 2013 年版，第 450 页。

② 余家菊：《教育目的论》，载余子侠、郑刚《中国近代思想家文库：余家菊卷》，第 450 页。

有己而不知有人，于是强者夺而弱者疑。遍全国之内，人间关系非夺即疑，如是而欲社会之安定，国民之融和，真难于登天矣。”① 也就是说，只有通过教育陶育国民的服务精神，使其收敛自我伸张之性，学会尊重他人的行为，祛傲慢，去贪私，相互间的沟通才能敞开心扉。互信之心得以形成，如此则社会安定，国家稳固的局面才始有可能。

教育宗旨第二标的当注重“民治态度之发扬”。社会的政体由中国封建帝制转变为民主共和已经有近20年时间。在此期间，无年不争，无年不战，外有侵略，内有腐败，社会紊乱，经济破产。而余家菊认为究其原因之所在，并非由于帝国主义的侵略，而在于民治思想未曾确立，民治态度未曾形成。1912年1月，中华民国在名义上成为民主国家，以民主国家之故行民主政治。但实际上民主政治徒有形式，无民治思想基础，更缺民治精神的支撑，如此一来，要想政体不动摇，是不可能的。而要稳定政治，必须先确立民主政治。欲确立民主政治，必致力于民治思想的宣扬和民治态度的锻炼，其途径方式应通过教育活动才能有效而持续。一国的教育目的应该与一国的组织精神相契合，若背道而驰，则其组织精神必然无法落实；若分道扬镳，则教育必感于前路漫漫而不知所往。

余家菊提出了民治态度概念，认为教育应完成民治思想宣传和民治态度锻炼的职责。对于前者易于理解，对于后者则需要清楚其中的项目要素，以着力于教育活动的针对性。民治态度包括：“第一为因主张而奋斗的气概，第二为宽容态度，第三为团体生活，协同动作。”② 这三方面的内涵即所谓“主张坚定、态度宽容、生活群化”，锁定这些要素，正是“教育之所当努力培成者也”③。

教育宗旨第三标的当属“科学精神之鼓铸”。科学精神与科学的知识是有区别的。科学知识固然重要，然而，其重要性次于科学精神。科

---

① 余家菊：《教育目的论》，载余子侠、郑刚《中国近代思想家文库：余家菊卷》，中国人民大学出版社2013年版，第450页。

② 余家菊：《教育目的论》，载余子侠、郑刚《中国近代思想家文库：余家菊卷》，第452页。

③ 余家菊：《教育目的论》，载余子侠、郑刚《中国近代思想家文库：余家菊卷》，第453页。

学精神首先必确见其真方认为真。一切事物都要经过理性的判断，“理性认为是，则必以为是，虽举世而非笑之，不顾也。理性认为非，则必以为非，虽举世而非笑之，而戮辱之，不顾也。王阳明曾言：‘问之于心而以为是，虽仲尼谓为非，吾必仍谓为是；问之于心而以为非，虽仲尼谓为是，吾必仍谓为非’。”① 其次是证据充足，才下判断。余家菊认为，科学的判断根据事实而来，科学的假设需要用事实去验证。不得以好恶用事，亦不得以成见存心。对于他人所说的言论以及自己笃信的真理，都需要追问其证据，以及其与事实符合的程度。只有这样，个人的见解才能够不断地得到改进，对于他人的观点有拒绝的理由。处于人群之中，始终不为他人的煽动而迷误，而自身的见解也不至于成为革新的障碍。顽固的人，病在不能周察事实以推翻其所旧有的观点。浮躁的人，病在不能广搜证据来检验其所新知的观点。前者病在停滞，后者病在匆忙，停滞则不进，匆忙则不稳，都有碍于人生的发展。基于上述分析，他对上述两方面“科学精神”的教育价值得出如下结论：“有第一种精神，便能服膺真理；有第二种精神，便能保持物观态度。既能服膺真理又能保持物观态度以探求真理，无论为学处世，始能立住脚跟，而发挥其堂堂的作用。”②

概而言之，国家主义教育目的即以国家主义为依归之教育导向及任务达成。其含义可随时伸缩。就中国的现实遭遇及目标诉求而言，教育的目的主要在于：（1）培养自尊精神以确立国格；（2）发展国华以阐扬国光；（3）陶铸国魂以确定国基；（4）拥护国权以维国脉。考究这四方面缘由，余家菊的解释是：“盖自尊精神为国民昂藏之气所由出，失此则濒于奴隶之境矣；国华为数千年历史所鼓铸而成，理宜引申而发扬之；国魂为全体国民情意之所由融洽，步趋之所由协谐；国权为民命之所由保，行动之所凭借也。”③

① 余家菊：《教育目的论》，载余子侠、郑刚《中国近代思想家文库：余家菊卷》，中国人民大学出版社 2013 年版，第 453 页。

② 余子侠、郑刚：《中国近代思想家文库：余家菊卷》，中国人民大学出版社 2013 年版，第 453 页。

③ 余家菊：《国家主义教育学》，上海中华书局 1925 年版，第 5 页。

（四）普通教育目的

这里普通教育目的是指学校教育各层阶的具体教育目标，而不是学制各类型如师范教育、职业教育的具体目标，更不是学制之外的乡村教育、军事教育等特别种类的教育目标。学制内由低到高不同层阶学校教育惯称为普通教育。余家菊认为，教育实施上的具体目的，无论其属于高等教育、中等教育，抑或初等教育，大致可划分为三个项目：一为公民，二为经济，三为个体。依项目而言目的，则为目标，这是教育学的通识。公民目标在于教人具有生活于人群社会间的知能目标；经济目标在于教人在经济活动中成为健全的生产与消费者；个体目标在于提高个体的精神，并优美自身的生活。高效的教育应将这三方面统合起来，形成合力，以发挥出最大的力量。教育者如果能将公民、经济和个体三方面作为教育标准和目的奔赴，教育所产生的功能必将有益于社会和人生。至于各方面之具体目标如何，教育目标子目要素的设计在教育目标分类学中是有意义的，因为其更有助于教育导向的清晰、具体，这无论是对教育过程的诊断和改进，还是对于教育评价与督察都是有必要的。以下是余家菊所述的分类教育目标设计：

1. 公民目标

（1）乐群的习惯与思想，矫正其孤独怪僻的性情；（2）合作互助的习惯与理想；（3）关于社会制度与机关之正确认识，对于各种社会制度与机关应有的价值观念；（4）对于人群生活中所起的种种公民活动所必须具有的知识、公民活动的理想与标准；（5）对于国家活动与国民生活之种种主要知识、国家活动与国民活动之理想与标准；（6）政治知识，对于政治的理想与责任心；（7）“社会良心”或社会责任心。

2. 经济目标

（1）职业活动的知识、技能与习惯；（2）对于经济原理之最低必要的知识；（3）对于世界经济状况之知识、世界经济之健全的理想与标准观念；（4）职业兴趣；（5）各种职业在社会生活上所具有的固有价值；（6）对于同业间、异业间、劳工资本家间、生产者消费者间所应有的关系之适当的观念及习惯；（7）了解经济与政治间之必然联系及其适当的态度与习惯。

3. 个体目标

（1）社会责任心；（2）身心之优美体态；（3）消闲享乐的标准观念与适当兴趣；（4）若干恶劣娱乐所发生的悲惨结果之正确知识。[①]

在余家菊看来，普通教育的分类目标，具有教育价值诉求的普遍和一般意义，涵括于所有不同教育功能之中。

（五）教育目的论的思想核心——爱国精神培养

教育救国论是在第一次世界大战结束后各国竞相准备军备竞赛，妄想再次发动侵略战争的背景下提出的。以余家菊为代表的国家主义派认为培养爱国精神即为国家主义的教育，但是，国民的爱国精神与某些西方国家相比似乎并不高涨，“在他们的国度里，遍处矗立着铜骑铁马的将军像和阵亡将士的纪念碑，他们举国崇尚的最高的道德标准是国家观念，对于此等社会，提倡世界和平是必要的。可是，现今的中国，民心为私利所囿，毫无国家观念”[②]。在余家菊看来，爱国是一种情操，而非单纯的情绪，是一种高层次、长存的性向。“非欲学生常生爱国的情绪经验，乃欲其具有爱国的性格（情操），随国家情状之变迁而经历适当的情绪，更由此情绪而发为适当的行为也。”[③] 余家菊提倡的爱国教育不仅要培养国民的爱国情绪，而且将这种情绪转化为实际的爱国行为。国民中存在支持世界和平主义的行为，无论当前国内国际局势如何，无论世界和平主义是否适合中国，妄想通过世界和平主义使中国免受战争的威胁。1923 年，在旧金山召开的“万国教育大会”上通过了“国际主义”“和平主义”的决议案。该决议案有如下条款：“体操必须废除兵操，公民科必须废掉爱国主义；历史科旨趣之编订者，无一语道及发挥民族精神；地理科之要旨无一项可以养成国民之独立气度。”[④]

余家菊对此种行为深恶痛绝。虽然中华民族自古以来崇尚和平，但是此时外国列强连续发动侵略战争，中华民族正遭遇着灭顶之灾，国家

① 余家菊：《乡村教育之目的》，载余子侠、郑刚《中国近代思想家文库：余家菊卷》，中国人民大学出版社 2013 年版，第 423 页。

② 孙培青、李国钧：《中国教育思想史》（第三卷），华东师范大学出版社 1995 年版，第 380 页。

③ 余家菊：《爱国教材在小学教育上的地位》，《中华教育界》1926 年第 1 期。

④ 余家菊：《非和平主义的教育》，《少年中国》1924 年第 10 期。

尚且不能自立，倘若实行世界和平主义，国家的完整性将不能得到保障。余家菊认为唯有国家独立、民族富强才能使中国屹立于世界之巅，免除侵略危机。因此，他提出在学校中实施爱国教育，培养学生的爱国精神，具体包括三个方面：启发学生的爱国知识、培植学生的爱国习惯、树立学生的爱国理想，其中涵盖了知、情、意、行四大要素。[①]

1. 启发学生的爱国知识

知识具有指导行为的作用，因而爱国知识是成为一位爱国国民的认识基础，一个国家观念缺乏、国民意识模糊的人，难以养成高尚的爱国情操。因而，余家菊主张教育者应注重爱国知识的传授，使学生明了国家的意义，了解个人与国家“皮之不存，毛将焉附”的密切关系，并使之明白，如果个人不为国家尽一国民之职责时，国家将遭受祸害；国家若不发达或遭受祸害，个人亦很难得到权益，因为国家的富强正是个人发展之必要途径。此外，诸如发展国家经济所具有的经济知识等也可纳入爱国知识之类。总之，个人应在为社会服务中寻得自我价值的实现，而在国家昌明之后，个人亦可享其福利。这就是传统所言“国泰而民安”的道理。

2. 培植学生的爱国习惯

仅仅掌握爱国知识并不足以养成个体的爱国习惯，习惯是行为反复发生、不断强化以及不断训练的结果。因为一个人有了爱国的知识、思想，但并不能保证他就一定具有爱国的行动。而行为习惯的培养则以知识激发情感，两者交融；通过意志、努力、信念形成等环节，落实到行动；因不断强化而成为自然而然的行动方式或举措。通过内外活动，从而提升行动方式的层次水平，克服知行脱节相违之弊。对这种习惯所产生的力量，余家菊说：“一种行为，一成习惯，于适当的情形之下，每自动的发作，莫之致而至，纵欲阻遏，亦且无由。”[②] 为此，他要求教育者在实施爱国教育过程中，应注重对学生爱国行为的实际训练，训练活动愈多，日积月累，爱国习惯亦愈易成功造就。

---

① 孙培青、李国钧：《中国教育思想史》（第三卷），华东师范大学出版社 1995 年版，第 381 页。

② 余家菊：《爱国教材在小学教育上的地位》，《中华教育界》1926 年第 1 期。

3. 树立学生的爱国理想

爱国的习惯力量固然极大，而外界环境的不断变化，往往会使原先习惯养成的环境或条件发生改变或令人产生困惑，同时爱国行动复杂，变化多端，这一切都将导致习惯减弱或失去其应有的效用，解决矛盾及弥补困惑的方法就是培植学生的爱国理想。所谓爱国理想，即古代儒家所说的志向或目标。余家菊认为，理想是控制人们行为的概括性的方针，是检测人们成就的“测量器”，是防止人们堕落的“保险品”，一个具有爱国理想的国民，依凭理想的驱策，能为国赴汤蹈火而在所不辞。因此，爱国理想的培植是学生爱国教育中最重要的一项任务。

四　国家主义教育目的实现路径

中国的教育目的既然设计了，为了避免落空，或徒具形式，就需要有可行的途径加以实现，确立起保障其目的的条件或要求。余家菊为此精心设计了纲领性主张。

第一，收回教育权。包括“1. 非中华国民不得于中华民国国土内创立学校、管理学校，并经营其他一切教育机关。违者得分别封闭并惩戒之；2. 任何教育活动不得有宣传宗教之意味夹杂其中以确立教育中立三旨。学校违反此条者，则封闭之；教师违反此条者，则惩戒之”。[①]

第二，教育宗旨。包括：“一曰国民之独立性，对外能抗强御暴，不失其大国之风；二曰国民之责任心，对内能奉公守法，克尽其国民之天职；三曰国民之和谐性，彼此相扶相助而发挥其休戚与共之情谊。”[②] 尤其强调：“养成健全国民，发挥独立精神，培植共和精神。”[③]

第三，教育机会均等。国家应当确定奖学制度。使无力求学者能够享受国家津贴以维持生活，并取得受教育所需的必要的费用。在小学更应该提供免费膳食，免费为家贫子弟供给膳食。

---

① 余家菊：《国家主义教育学》，上海中华书局1925年版，第32页。

② 余家菊：《国家主义下之教育行政》，载余子侠、郑刚《中国近代思想家文库：余家菊卷》，中国人民大学出版社2013年版，第350页。

③ 余家菊：《国家主义下之教育行政》，载余子侠、郑刚《中国近代思想家文库：余家菊卷》，第350页。

第四，蒙藏教育。蒙古、新疆、西藏为俄英勾引煽动，必须借教育与宣传之力以通其情意培其同心[①]，特设蒙藏师范学校培养教师，于内地学校酌留蒙藏名额或设专校，并由高等教育机关遣人深入蒙藏，以探讨其人情风俗，于中小学史地教科书，尽量采用有关蒙藏之教材。

第五，侨民教育。“首当坚固其眷念祖国之心，发强其抗拒西人之念。一面当示以本国文物之伟大，山河之锦绣，土地之饶沃，物产之丰富，以激起其爱护之心，一面又告以西人统治殖民地之毒辣方法，商场战争之倾轧策略，以养成其自卫之能。”[②]

第六，国史研究。“全国应设立一国史学院，专司历史的研究，自政治学术以迄风俗习尚无不在其研究之列。中小学之历史科亦必郑重教授。凡语涉轻薄之教本，一律摈除。”[③]

第七，学术独立。“择全国适中之地，设立二三研究院，丰富其设备，广延人才，优其待遇，使之专心致志于研究之业。若考虑经费不足，则可逐年减少官费留学名额而移拨其经费于研究之业，日积月累，久而久之，其图书仪器当可应有尽有矣。”[④]

第八，教育管理。教育随政潮而转移，此最不幸之幸也。教育而不超出政潮之外，则各派政党将竞用教育视为政争的工具。或则用学校作为宣传机关，或则用学生作为攘夺武器，皆足以离散国民之凝结心而戕贼国家之精英也。欲救济之，则教育行政机关须有独立之组织。依英国例，教育部仅设永久次长一人总理全部事务，不随总长为进退。又依法国例，设全国教育会议一，议决教育方针与教育政策，不以总长一人之好恶而牵动全国教育。至于一般教育官吏，则限定以有教育专门知识者充之，更加以法律的保障，不得无故更调。各省区教育厅之组织亦仿此。[⑤]

---

① 余家菊：《国家主义下之教育行政》，载余子侠、郑刚《中国近代思想家文库：余家菊卷》，中国人民大学出版社 2013 年版，第 352 页。

② 余家菊：《国家主义下之教育行政》，载余子侠、郑刚《中国近代思想家文库：余家菊卷》，第 353 页。

③ 余家菊：《国家主义下之教育行政》，载余子侠、郑刚《中国近代思想家文库：余家菊卷》，第 353 页。

④ 余家菊：《国家主义下之教育行政》，载余子侠、郑刚《中国近代思想家文库：余家菊卷》，第 359 页。

⑤ 余家菊：《国家主义教育学》，上海中华书局 1925 年版，第 42 页。

第九，确立教育周。

> 于全年中指定一周为教育周。一则以使全国人民皆晓然教育之重要；二则以使全国教育界皆有若干相同的教育旨趣，如设立爱国日则全国教育界当一致提倡爱国；三则可以提醒教育界研究实施某种教育之方法，如设立国防日，至是日则教育行政人员与教育实际人员皆当讲求国防的教育方法；四则可以提醒教育界实施某种教育，如设立蒙藏教育日，至是日则各教师皆当以开发蒙藏之义训示学生。[①]

教育周各日宣传、讲论、实施之事项而分别定其日名如下：第一日为爱国日，第二日为教育普及日，第三日为教育权收回日，第四日为蒙藏教育日，第五日为侨民教育日，第六日为体育日，第七日为国防教育日，用以宣传国家的教育旨趣。

第十，训育。其所包括内容：一曰以理性指导情意，使学生有整肃之气，精进之心；二曰以他律补助自律，使学生有忌惮之情，自爱之心；三曰以纪律范围自由，使学生生活于活泼之中恪守秩序；四曰以理想提持习惯，使学生脚踏实地而又知所趋向。[②]

第十一，课程。编制课程应当秉持均衡原理，自然科学和人文科学要齐头并进，同时将国民人格与国民情意的圆满与协和作为奋斗目标，将国民的身体发育与精神发育视为同等重要之事。

第十二，军事教育和师资培养。余家菊认为，战争为人类生活中一大事项，历史上未尝止息，而中国国势衰弱，外侮相逼，非整军武未足以自立，学校亟须实施军事教育，其用意包括：御外侮、勘内乱、守纪律、严组织、壮胆气、强筋骨、讲军学以及习武艺。自小学后期起即施行相当的军事训练。师资训练中可以将余家菊拟定方针概括为六条：全国师范方针宜统一，如此师范生对于本国文化有较深的了解；使教师明了教育的价值与教育者在国家中的地位以唤起其责任心；培养师范生的坚毅性格，使其有爱人之品格、育人之能力；教师应发展多方面的素质

① 余家菊：《国家主义教育学》，第 43 页。
② 余家菊：《国家主义教育学》，第 49 页。

与能力；师范生应有成熟的教学技能与组织水平。为此，余家菊又主张师范教育应由国家经营；师范学校应当独立；师范生宜享受公费。①

综上所述，余家菊所论述的教育目的是在弘扬个人价值的同时，利用教育建设国家，其用意与清末改行新教育及民初教育家持国家主义教育论者有继承及发展关系，表述的教育思想颇为丰富系统，已经自成一家之教育学说，非他人能企及。就中国现代教育学术史上看，确有其特殊价值。

第三节　教育功能论

教育功能是教育学的基本理论命题，主要回答教育能够“做什么”的疑惑。有的人认为教育无效，以为人生受制于天赋，天赋已定，就不能有所改变。按照遗传法则，身躯短小的人，教育之力决不能使其高大，智力低劣的人，教育之力也不能使其明敏，所以教育无效。但是也有人持教育万能论，以为人性不是固定而不能转移的，正如河水之“决诸东方则东流，决诸西方则西流”（《孟子·告子》）。教育无效说着眼于遗传的作用，教育万能说着眼于后天教育、训练及环境的作用。教育虽然不能使“下愚”变为“上智”，但如果不施以教育，即使有“上智”的资质也不能到达“上智”的境界。所以，缺乏教育介入的“上智”与“下愚”的定位是不会改变的。余家菊基于古老人性论与教育作用问题的讨论，对此有如下的思考和理解。

水本来没有东西之分，也就不能有上下之别，种瓜不能得豆，种豆也不能得瓜。所以说，教育之力不宜作无限度夸张，而其效果也是有限度的客观存在。② 教育动机也包括部分预设，往往是利己的，而教育的主要规划及结果则往往是利群的，推及至国家，教育规划与管理者所郑重考虑的应聚焦于国家的利益。

余家菊所说的教育之力，也即教育功能。什么是教育功能？教育功

① 余家菊：《国家主义教育学》，上海中华书局 1925 年版，第 61—63 页。

② 余家菊：《受教者》，载余子侠、郑刚《中国近代思想家文库：余家菊卷》，中国人民大学出版社 2013 年版，第 439 页。

能指的是教育活动对个体发展和社会发展的影响与作用，在教育系统内部表现为对个体发展的影响和作用，在社会系统中表现为对社会发展的影响和作用。从教育作用的对象来看，教育功能分为教育的个体功能和社会功能；从教育作用的性质和方向来看，教育功能分为教育的显性功能和教育的隐性功能。

此处主要分析教育对社会和个体发展的正向功能。教育对社会的正向功能主要表现为促进社会政治、经济、文化的发展。教育对个体发展的正向功能主要表现在促进个体的社会化和个性化以及谋生和自我发展上。这些学理虽然是当代教育学语义下的思想主张，但与现代教育学内容资源一致。这也就意味着以此作为话语符号构建或呈现余家菊国家主义教育学的教育功能论是合适或有效的。尽管余家菊的教育功能论确实是以社会发展、国家利益为中心的，但他并没有排斥对个体的教育用力，而是以成就个体、实现群体和社会的需要为目的。

一　教育的社会功能

教育的社会功能与教育的社会制约性，在理论逻辑上十分一致；同时体现出教育的社会化作用，诚为教育本质的首要方面。其中所指的一方面是教育的社会担当和责任，另一方面则是个人成长的社会服务信念及实际作为，还兼及学生发展的社会性因素提升。这些恰是国家主义教育学的图谱象征。此外需特别说明的是，在普遍意义上论及“教育的社会功能”的教育理论命题，往往依序分列为教育的政治、经济及文化三大功能。但在余家菊所述言论中，其重心却在第一、三项。故以下设计突出政治、文化两方面，先行予以排序解读。

（一）教育的政治功能

就教育学理论的普遍意义而言，教育的政治功能主要是指教育通过传播与宣传一定社会的政治理念、意识形态，调控或主导着一定社会的舆论和规范，积极地影响人、引导人，尤其注意通过培养年轻一代的政治理念与品德，以促进和保障一定的社会政治制度与路线的巩固和发展。但就余家菊对此论题的理解而论，其视域及重心并不在此。他是从教育的民主平等观念，以及个体教育作用于社会政治理想与现实的角度论述问题的。

余家菊认为，教育的普及化、民主化与社会政治变革相辅相成，表明社会政治的平等与开放。教育的这种思想制度既是社会政治变革的重要标志，也是重要的推动力量。这是因为教育的这种道路取向要求国家必须从政治或者法律上保证全体成员不论其社会地位、种族、性别等因素，都有机会受教育。

余家菊力推乡村教育运动，乡村教育运动意义何在？其用意就在通过推行中国人口最多、教育最低以及社会矛盾尖锐突出的乡村教育，实现国家政治的变革，促使社会稳定，民族强大。

> 直接是救济乡村的危机，间接就是救济全社会的危机。乡村教育，长此以往，不加促进，势必使乡村人民的知识能力与都市人民的知识能力相差日远。乡村既无良好的教育设备，欲使子弟受良好教育的人，自然涌集到都市上；自幼在都市上受教育的人，又必定不愿过乡村的生活。这样推演下去，社会上将有分裂成为都市阶级和乡村阶级的危险。我们日日以铲除阶级相号召，谁知无形中竟有一种势力日日从事于破坏我们所理想的平等。权利上的平等，关系还小；智能上的平等，关系实大。万一发生了两个智能悬殊的阶级，社会的安宁必定从此破坏；社会的前途，亦必从此黯淡。所以乡村教育直接是乡村的问题，间接就是社会的问题。①
>
> 乡村人民和都市人民能为相当的适应，不至于酿成乡村社会和都市社会的冲突，全社会才能为和平的进步。②

余家菊认为，教育的政治功能还表现在公民教育对国家民主政治的建设方面。也就是说，通过公民教育的推行提高全民文化素质，有效地促进国家的民主政治建设。在他看来，国家的政治是否民主，主要取决于该国

① 余家菊：《乡村教育运动的涵义和方向》，载余子侠、郑刚《中国近代思想家文库：余家菊卷》，中国人民大学出版社 2013 年版，第 96—97 页。

② 余家菊：《乡村教育运动的涵义和方向》，载余子侠、郑刚《中国近代思想家文库：余家菊卷》，第 99 页。

的政体，但也与国民的文化素质密切相关。一个国家普及教育的程度越高，国民的文化素质越高，其国民就越能认识民主的价值，在政治生活和社会生活中就越能履行民主的权利。在一个文盲充斥的国家里，政治独裁、宗教迷信和官僚主义则是比较容易推行的。从世界上许多国家进行民主政治建设的实践经验来看，几乎没有一个国家不凭借教育的力量。

余家菊曾对“何为公民教育”这一问题进行苦苦的思索，但“力求一适用的界说而不可得”。时下有学者“就字义及法律以言公民教育之意义”，只不过沦为政治训练而已。但中国应根据国势民情，审核国民所最需的公权，所最缺乏的公义，因此制定信条，加以宣传并实行。这并不困难。因此，他提出“若夫眼不察当世情形，心不识当地疾病，漫然割裂陈言，抄袭西借以成所谓公民信条者，则直为盲人教育而已。吾人根据国势、政情、民习之三者，拟定公民教育目标”①。正是这些公民教育的信条及内容彰显了教育的政治功能。

公民教育常又呈现为国民教育。如此而论，教育的政治功能则表现为发扬国民主体意识，改变以往有家无国，淡漠国事的民族心理，确立权利与责任双重统一之品性。

> 吾国为民主国，揆之约法主权在民之义，发扬民权乃为当然之事。教育性质随国体而异，用教育阐扬民权以求国体之确定、民权之实现，亦教育者之当然职责而无可推诿。况我国民，数千年来皆生育于宽大的政治之下，日出而作，日入而息，对于国家，极少关系。由是对于国政漠不关心，纵有主权，亦自甘放弃，而不行使。此习不改，则政权将始终操于少数人之手，而真民治即无从实现矣。……民国者，全民之国家也。国家既为全民所有，责任当然应归全民担负。国民对于国事，应当视为已事，不可袖手旁观。②

---

① 余家菊：《公民教育之基本义》，载余子侠、郑刚《中国近代思想家文库：余家菊卷》，中国人民大学出版社 2013 年版，第 409—411 页。

② 余家菊：《公民教育之基本义》，载余子侠、郑刚《中国近代思想家文库：余家菊卷》，第 411 页。

民权是民主共和政体的基石，现代国家的性质集中于人民权利的拥有和行使上。但缺乏国家独立权力的民权不仅是虚无缥缈的，而且是一厢情愿的。因为这样的民权无立足之基，也缺乏现实依托。于是，教育的社会功能便发生了明显调整，国家主义的教育指向便格外明显了。

> 民权为共和政治之基本，而国权又为民权之所依托。国权若失，民权即无从存在。亡国之民，只有被人统治，决不能自治，故无所谓民权也。吾国今日，内有国贼之暴虐，外有强权之侵凌。优良的国民，固须向国贼收回主权而恢复主人翁之地位，尤须向外人夺回国权以保障我主权之完整。其有侵略我国者，则反抗之；其有卖国误国者则铲除之。①

从教育传播学和广义教育意义上而言，教育是形成社会舆论、影响政治时局的重要力量。学校是知识分子和青少年汇聚场所，他们有知识、有见解，思想敏锐，勇于发表意见，通过教育者和受教育者的言论、讲演、文章和社会活动等，宣传主流思想意识，造就一定的舆论导向，借以影响群众价值观念，为一定的社会政治和风尚文明服务。对教育担负这一层面国家社会作用角色的论述，余家菊是从师范学校的视角加以剖析的。

> 教育一事，最可靠而最有力的，只是舆论。我们不必问国内有无能做教育言论中枢的，只问师范学校应不应放弃这种责任。师范学校是一省或一国教育人才的总汇，得着的凭借既大，所挟的势力亦复不小。通过制造舆论，外瞻世界的趋势，内省本国的实情，把教育上应举的事业，审定精当，应取的方针，从详考核。本校内研究之所得，鼓吹成为一种舆论，以期全国共晓，进行容易。现今大家都叹息于国内教育之不发达，试问大多数人民，谁知道教育的重要。其次纠正舆论，我国教育舆论，初将萌芽，不健全、不周到的

---

① 余家菊：《公民教育之基本义》，载余子侠、郑刚《中国近代思想家文库：余家菊卷》，中国人民大学出版社 2013 年版，第 411 页。

> 处所很多。大概是一唱百和，不加深察。衍为舆论，害及百年。像提倡职业教育，就提倡金钱万能一类的事，并不为少。再次整理舆论，五四以来，教育的舆论，零篇断简，一知半解，也还屡见不鲜。但是时而德谟克拉西，时而职业训练，时而自动自治，时而共同生活。究竟凡此等等，有个什么关联，于理应该加以整理。最后传播舆论，已经有了健全的舆论，还要散播出去，收效才能大而且速。①

教育于社会方面传播先进的思想、弘扬优良的道德，从而促进社会政治的理性建设；教育通过传播科学知识，培育优良道德，形成正确舆论，倡导进步思想观念，促进社会文明进步；教育通过筛选、净化伦理思想、风俗道德、价值观念以及行为规范，弘扬社会政治、思想、道德领域的积极因素，抵制、消除其中的消极成分，从而为推动社会理想政治与现代文明服务。这些都是余家菊所阐述的教育政治功能的集中表现。

（二）教育的文化功能

1. 教育的文化传递功能

人类文化的保存主要有两种方式：一是以物的载体形式即通过物质或者借助于物质载体把人类精神活动的产物客观化、外化的保存方式；二是以人的载体形式即通过人的活动、心理、行为加以延续和保存的方式。② 物化的知识是静态的，而作为教育者化身的教师头脑中所保存的知识是活的、能动的。没有教师头脑中所保存和不同境遇下建构的知识，任何社会所保存的知识都是枯涩而不具体的，物化的知识会因自然的风霜雪雾、日晒雨淋，历史变迁中的沧桑岁月以及人为活动的破坏等多种缘由，而难以得到真正的、持久地保存。同时，非物化的文化如理智传统、研究方法、学术精神则以教师的教学、研究、心理、行为等方式存在和创新着。

人类社会能从愚昧和野蛮走向今天的文明开化，是与人类同步而来的教育实践活动的成效或结果。而教育活动的前提是人类文化的积累及

---

① 余家菊：《我对于师范学校的希望》，载余子侠、郑刚《中国近代思想家文库：余家菊卷》，中国人民大学出版社 2013 年版，第 28—29 页。

② 李国昊、范明：《高等教育发展对区域影响的研究》，《未来与发展》2001 年第 3 期。

创造。教育无时无刻不起着传递文化的作用，尤其是学校教育因其具有明确的目的性、计划性等特点，古往今来，一直承担着传递文化的重任。余家菊对教育的文化传递功能十分重视。

> 数典忘祖，古人视为亡国之兆。近人称引故实，辄曰甲国何如，乙国何如，而于本国之所有反茫然无所知，则其视人国为文明，为先进，为伟大，而自封为野蛮，为后进，为劣种也，又何怪焉！吾人欲涤除国民之媚外性而发扬其独立气概，则非提倡国史之研究不可。……吾国学人于故有文物有毁弃而无阐发；于先圣昔贤，有鄙视而无尊崇；不事了解，妄肆讥评；不顾历史背景，率以现代理法指摘前人。于是历史上无一可敬可爱之人，无一可歌可泣之事。循是以往，势必全国人民皆存自暴自弃之心，不待外国之欺凌，而将以主权奉献于外人，版籍贡呈于外政府矣，可不惧哉？故救国必自爱国始，欲人民爱国，必使人民识国。而历史文物之探讨阐发宣传，则使人民识国之唯一方法也。①

余家菊所述教育文化传递作用重在历史文化的梳理、挖掘，并将对其的开发、利用融入学校教学之中，尤其突出对中国文明智慧的弘扬及现代意义的阐发。这种思量可谓匠心独运，爱国情感的培植及自信力的确立矗立其间，国家主义教育学的寓意是明晰可见的。

2. 教育的文化选择功能

为了有效传承文化，必须发挥教育的文化选择功能。由于历史积累和现实存在的文化过于庞杂，不能全部照搬，采取拿来主义，必须通过教育“简化”，吸收其精要内容；文化中存在毒素杂质，必须通过教育“净化”，清除其陈旧、落后成分，汲取其优秀元素；为了使人们避免他所在社会群体的文化狭隘和困境，又应该通过教育来“平衡”社会文化中的相关资源，以便与更广阔的文化建立充满生机活力的多元联系。

文化的选择，实际上意味着价值的取舍和认知的转变，并且是为了

---

① 余家菊：《国家主义下之教育行政》，载余子侠、郑刚《中国近代思想家文库：余家菊卷》，中国人民大学出版社 2013 年版，第 354 页。

文化自身的健康发展。教育在本质上就是一种价值引导的活动，将人类创造和积累的文化精华按照人们最易接受、理解和掌握的形式分门别类地组织起来，使之系统化、逻辑化、简约化，以课程、教材为媒介实施教学，为学生提供适应社会生产、生活所需要的知识、技能与态度，作为满足其生存和发展的必备资源及工具。由此可见，教育对文化的多方面、多途径的选择，其实质是依据一定的社会价值标准，有目的、有意识地培养人而发生的理性行为。借助于这种行为，使得适应社会培养要求的文化精华得以传递继承、传播和发扬，而那些不适应这种教育需要的文化糟粕则被排斥、摒弃，从而逐渐被淘汰。

余家菊的学术所长主要在教育学、政治学及社会学，应属人文社会科学的范畴或领域，从人文主义学科，而非科学主义视角讨论文化资源及选择问题是很自然的。而且，延续上文所述的古典文化的教育价值，更倾向于课程教学资源中的圣贤、经典图谱及形象地位。

> 吾人应当信圣贤，圣贤者，民族智慧之结晶也；信教师，教师者，时代知识之代表也。民族智慧者，合有史以来全民族之集体智慧也。个人寿命短于民族，其阅历之事也少于民族。个人活动范围狭于民族，其经验之心得也少于民族。民族智慧大于个人智慧，所以民族内流行之教训不可轻易损毁。民族所奉为圣贤者，是民族所认为足以代表其智慧的人，能于民族的经验中撷取其英华，抉摘其深远意义者。所以侮辱圣贤即为侮辱民族。个人以短促的生命，狭隘的阅历，欲超越民族经验之上，只见其不自量而已。诚然，在一点一滴上，个人的智慧有时亦可有补于民族的智慧，然而个人欲超越圣贤，终必在了解圣贤教训以后。所以在受教育的时代，仍当尊重圣贤。①

在余家菊看来，国民对于本国文化必须有较深的涵润，而后其人格乃确为本国化的；于先民的精神始能感染于无形；且对于固有的文化始能为正确的评价，而发生爱慕之情与仰望之心。

---

① 余家菊：《知止》，载余家菊著，余子侠编校《教育哲学论稿》，华中师范大学出版社2008年版，第16—17页。

从现代教育论的教学内容和组织设计而言，余家菊所论或许过于偏向历史文化，且带有某种保守性色彩。但是，与国家主义教育学的脉络及主题是契合的，因为民族文化、经典智慧是具有民族自信力和国家认同感的。

3. 教育的文化创新功能

文化的生命不仅在于它的保存、积累和选择条件下的赓续前进，更在于它的更新与创造。教育通过把人类已有的精神财富内化为学生个体的精神财富，培养他们对文化的浓厚兴趣，使他们不仅能够适应和参与现实社会的文化活动，而且能够根据未来社会的需要创造更为先进和具有活力的文化。

就教育文化学的意义而言，如果说保存、传递、选择文化以及促进受教育者的社会化是教育的常规或一般功能的话，那么更新、创造文化，培养受教育者的文化创造意识和创造能力则是教育的积极性功能，即教育的文化创新功能。余家菊认为教育学生爱国家，国家必须有被爱之处，所以应引导他们学习中国文化，创新中国文化。

余家菊认为教育为文化传承工具。对已有的文化，无教育则无法传承于后代；新兴的文化，无教育亦无由传播于儿童和青少年。因此，教育成为文化之赖以不坠的依托，更是文化在传承、选择基础上不断更新、日有进境的杠杆。

余家菊将教育的文化创新功能提高到教育本质的高度加以认识："培育学生向上之真实意志是矣；简言之，即培育学生之为善诚意。就社会之观点言，教育之机能在维持社会已有之文化而发展之；就学生之观点而言，教育之机能在培育学生使其汲取社会之已有文化而更促进之。"①显然，这里的"发展之""促进之"都不是停留在传递、保存和选择的层次上，而是实实在在地表明了教育对于文化创新的深远意义。

（三）教育的经济功能

教育通过传承与发展生产经验、科学技术与经济管理知识，培养能够参与各种经济活动的劳动者和专门技术人才，促使社会生产力和经济

① 余家菊：《教育之生命》，载余子侠、郑刚《中国近代思想家文库：余家菊卷》，中国人民大学出版社 2013 年版，第 496 页。

得到发展。这是在普遍意义上思考教育反哺于经济的作用而言的。就知识经济和信息化社会而言，教育的经济促进力远非限于此，其拓展较之深远很多。就余家菊所处的民国时期而论，主要在于前者范围。

构成社会生产力的基本要素是劳动力、生产工具和技术工具。其中劳动力要素是最活跃和最核心的，它既与其他两者交互作用，同时作为其他两者的拥有及实践者发挥主体力量。余家菊主要是以此聚焦论述教育的经济作为的。

1. 教育是促使潜在劳动力转变为现实劳动力的基本途径

个体的生命成长只构成潜在劳动力，一个人只有经过教育和训练，掌握一定生产部门的劳动知识和技能，并能生产某种剩余价值，才能成为现实的生产力。可见，只有经过教育和训练，才能把年轻一代分类培养成为适合社会各部门需要的合格劳动力或专门人才，从而推动社会经济的发展。

中国传统教育沿至清代后期空疏虚浮，教育不切于实际，只能作空洞之大言，不能应付事实问题的解决。经济落后，人民失业者众多，因此大力提倡实业教育。清末“新政”施行新教育，制定的教育宗旨为：“忠君、尊孔、尚公、尚武、尚实”，最后一条即指实业教育。1917 年，职业教育才取代实业教育。

余家菊在对中国教育进行检讨时指出，教育“须适合于政治上社会上之实际需要，务期养一人即有一人之用，需一人即有一人之储”①，培养社会经济建设所需要的人才。在各种类型的教育中，他认为职业教育的兴盛和价值最能体现教育的劳动力培养及提升作用。因为职业教育以求实用为要政，以增进财力与养成勤朴之风为目的，使人人有可农可工可商之才，既有生活之智识，又有谋生之技能，“下益民生，上裨国计”，是“富强之要图，而教育中最有实益者也”②。

2. 教育是提高社会生产劳动效率的重要因素

近现代世界竞争不仅在武力，而尤在财力。况且武力的强大需要财

① 余家菊：《中国教育之检讨》，载余子侠、郑刚《中国近代思想家文库：余家菊卷》，中国人民大学出版社 2013 年版，第 465 页。

② 朱有瓛：《中国近代学制史料》（第二辑上册），华东师范大学出版社 1987 年版，第 155 页。

力的支持，发挥教育的经济功能，实属当务之急。现代社会物质生产日益采用机械化，商品生产效率提高与古代方式不同，主要不是依靠增加劳动力数量和延长劳动时间，而是取决于新方法和新技术在生产中的应用、推广和不断革新，而其中的关键力量则在于劳动者受教育的程度和质量的层次水平与能力素质，并进而考量能否充分发挥劳动者在生产和改革中的创造性。

余家菊认为应该提倡农业示范教育和家庭工业教育。中国是农业国家，粮食产量低下，经济基础薄弱，无以支撑国之发展和人民生存之需要。欲免除这样的祸患，固然应当多设农业学校，但那是缓不救急的方法。我们还要有治本的计划，即试用新法，将试验所得的好成绩给他们看，他们势必很喜欢改用新法。学校既负社会教育的责任，就应当设示范园，试验各种农业的新法，作为他们的模范。除农业示范以外，家庭工业也由学校提倡，将来机器发达，手工业就无立足之地，应当提倡使用各种机器，用钱少，成绩很大。①

综上所述，教育的社会功能随着社会的发展而重心有所变化。在原始社会，教育主要具有生活与劳动经验的传承功能。在古代社会，教育依附于政治与宗教，因之教育的政治与文化信仰功能便成为教育的头等作用。近现代以来，随着市场经济、工业生产的发展，民主法治的建设不断推进，教育的经济功能迅猛凸显，其政治功能、文化功能也不容忽视。因此，在现代社会中，教育多种功能的发挥是必然的。

当然，国家主义教育学以国家、社会利益作为教育核心导向或目标追求，始终贯彻教育多种功能始终。余家菊则更是为此而不遗余力地呐喊、恪守的一代教育学宗师！

二　教育的个体功能

教育之目的安在？简言之，亦不过就是养成健全之人格而已。所谓健全的人格就是有极显著的自我一贯的个性，依此个性以主持经历、宰制运会。不是单听外物之引诱，亦不是全凭瞬间的冲动。其内心状态、

① 余家菊：《乡村教育的实际问题》，载余子侠、郑刚《中国近代思想家文库：余家菊卷》，中国人民大学出版社2013年版，第128页。

情感与意志、冲动与理性，皆保持其稳定状况。当其未发动时，呈现平衡静态；当其既发动时，发生和谐有序运动，而绝无忧患畏惧情绪，亦不存在难以排遣的欲求。这种身心协调、互相支撑、结合圆满的结构，是个体的发展境界——健全人格，成为教育的个体追求。“富贵患难，生死老病，无入而不自得。有生命时就自乐其生，将死亡时就自安于此。既无不可必得之贪痴，亦无自身柔弱之苦感。这就是健全的人格，亦就是教育之所蕲向。”[①] 具体而言，其外延范围涵盖个体社会化、个体个性化以及个体谋生能力等多方面作用。

（一）教育促进个体社会化的功能

余家菊认为人格的发育，大体而言分为三个阶段：重利（物质我）、重名（社会我）、重义（精神我）。在物质我阶段，重视生活物资的获取，以此作为人生第一要务，“饥必食，寒必衣。以有衣食之必要而发为经济的活动，更进而讲求其活动之便利与效率，确实与安全，于是而文明起矣”。在社会我阶段重视社会对自我的评价，受称赞则喜，受贬斥则忧。于是，个人便努力追求业绩荣誉。人类生存既不能离群索居，又不能置社会毁誉于不顾，故对于社会之所称许，则努力蹈袭之。对于社会之所斥责，则尽心避免之。基于这种心理动因，“社会乃得以其是非标准授诸个人，社会乃得维持其道德水平于不坠。就个人言之，则正因此故，个人得以同化于社会的文化范型，个人得以踏入于民族演进的最高阶段”[②]。

“人生有其肉体的生命，自当有所需求于物资。人生有其社会的生命，自当有所需用于名誉。人生又当有其精神的生命，故当有所发扬于正义。”[③] 人格发展的三个阶段逐级升高，至精神我阶段则人格发展臻于完善，也是教育的最终目的。教育的功能，即在使受教育者成为上述三阶段或层次发育完全之人，所谓“学也者，所以学为人也”。这种人具有理性人格。“理性的人格取向应该铲除三座思想大山，那是自由主义的

---

① 余家菊：《教会教育问题》，载余子侠、郑刚《中国近代思想家文库：余家菊卷》，中国人民大学出版社 2013 年版，第 264 页。

② 余家菊著，余子侠编校：《教育哲学论稿》，华中师范大学出版社 2008 年版，第 19—20 页。

③ 余家菊著，余子侠编校：《教育哲学论稿》，华中师范大学出版社 2008 年版，第 21 页。

思想大山、功利主义的思想大山、保守主义的思想大山等，如此才能走出一条理性人格的康庄大道。”① 个体理性人格的形成，正是教育个体社会化功能实现的集中体现。而其中内涵又可分为如下三方面。

1. 个体观念的社会化

个体观念是指个体在成长历程中逐渐形成的对社会、自然、人生的看法、倾向及态度，具有动态变化性和相对稳定性的双重特征。个体从“生物个体”成长为“社会个体”的过程，实质上就是接受社会文化熏陶的过程。从某种角度来看，这一过程也是社会客观文化内化为个体主观文化的过程。个体如果能够适应并参与社会生产活动、正确认识并处理各种社会关系，就必须将所在社会的主流文化和价值观念、行为规范内化为自己的品质。教育的作用就是在个体观念社会化的过程中，能有计划、有目的地按照一定社会的要求，帮助人们形成社会所需要的观念。教育促进个体观念的社会化突出地表现在促进个体政治思想和伦理道德观念的社会化上。

2. 个体智力和能力的社会化

个体智力、能力的发展离不开社会的环境基础，同时又需要教育的指导与规范。个体智力、能力的发展方向在总体上是受社会条件制约的，同时又受到教育的指导与规范，不同阶段或不同类别的教育将个体智力、能力引导到适应社会生存，并为社会发展服务的轨道上。教育也以特定目标、内容、方法以及途径规范着人的智力、能力目标与水平。

3. 个体职业、身份的社会化

教育通过生产知识、经验和技能的传授，使人获得了谋生的本领，尤其是在现代社会里，个体谋求某种社会职业通常是以接受相关的教育与训练为前提的，教育资格成为大多数职业任职的凭证，教育使个人具有适应不断变化的经济领域必备的知识和技能。可见，教育是促进个体职业社会化的重要手段。个体身份是个体在整个社会结构中的地位，在现代社会中个体身份与地位也是与其所具备的教育素养密不可分的。任何社会身份都不同程度地蕴含着对教育的特定或相应要求。

---

① 余家菊著，余子侠编校：《教育哲学论稿》，华中师范大学出版社 2008 年版，序第 3 页。

教育的个体社会化智慧及谋略在于知其所止、崇尚真理。余家菊强调知止之教为教育之首要功夫，而知止教育，以信仰之行为为主导，若信仰与知识发生冲突，则改变信仰，若知识与信仰一致，受教育者从信仰其当然到知其所以然。他认为："大学之教，首重在行，其关键在知止以修其身；人生活动应当遵循一定的轨道运行，循着一定的目标而前进。人与家庭、社会、国家等的关系有着一定的伦常轨道，这就是道理。"这个伦常与道理经常要与时俱进，就是"通古今之变，究天人之际"动态的自我定位，成一家之言。这样才能生生不息，展现出"青取之于蓝而胜于蓝，徒出于师而胜于师""吾爱吾师，我更爱真理"的新生命力。①

（二）教育促进个体个性化的功能

何谓个性？个性是一种心理品质，心理学的分支学科中有个性心理学。这种心理是指个人不同于他人之心理特征或性质，其差异并非某种心理性质的有无，也不在乎某种心理性质的强弱，而聚焦于个体独特心理性质的和谐与统一。

在当代全面发展或素质教育中，个性心理的意义不断加大，成为打破教育整齐划一、标准模具式人才培养固定、僵化弊端的工具或抓手，也是其内容和组成部分。这样说来，余家菊有关教育个体个性化的论述，具有教育改革的前瞻性眼光。

1. 帮助个体主体意识的形成

主体意识是人作为认识和实践主体的自觉意识，包括主体的自我意识和对象意识。教育对人的主体意识的形成与发展起着重要的作用。从某种意义上讲，教育正是通过对人的道德、智力、能力的培养而提高人对自己的认识的。对于个体而言，教育的过程是一个不断提升自我的过程，是激发并弘扬人的主体意识的过程。

余家菊从儿童早期发展心理学出发，论述人类个体早期主体意识形成过程，尤其突出教育所发挥的特殊作用。他描述道：儿童生活在母胎中，为无条件的独尊时代，不必饮食，不必呼吸，事事皆有人为之服务。一旦出母胎而入现实世界，起初凡有需要即以号哭表示要求，此为幻想

① 余家菊著，余子侠编校：《教育哲学论稿》，华中师范大学出版社 2008 年版，序第 3 页。

的独尊时代。稍进能够运用手足，凡有需要，即以姿势表示所求，此为姿势的独尊时代。再进语言能力渐次发达，凡有需要，即以破碎不完整，却又自成一格的言语表示要求，此为思想与言语的独尊时代。上述种种皆属儿童用以满足其幻想欲望的工具。每失败一次，对于真实世界的认识即正确一分，而自我意识也明了一分。所以，余家菊得出这样的结论："自我意识乃是经验之结果，尤其是与社会的经验关系更大，而人类经验的传递，尤为教育所重视。"① 这就揭示了教育促进个体主体意识形成的作用机制，具有教育理论的逻辑力。

2. 促进个体倾向性和心理特征的发展

教育虽然是按照社会的要求作用于个体的成长，但是社会化本身也包含着对人的个体倾向性和心理特征形成的充分需求。现代教育必须尊重个体差异，教育主要通过不同的教育内容、教育方法及途径促进个体开发内在的潜力，并充分地发展受教育者的特长。

余家菊上述现代教育观有着清晰的认识：古代教育的重心在教材，近代教育的重心却在教材之外，特重教学方法。教学方法须适应于受教育者的身心状况，"故儿童学之研究蔚然大盛"②。人类在气质、特长、能力上有差异，也有大小强弱之别，颇有出入。在这种情势下，教育不应该削足适履，以求相同。而是本着差异性原理，"根据受教育者的性质，故于各儿童的个性宜有以利导而发扬之，于各儿童间的个别差异，宜有以顺应而将就之"③。

个体倾向性和个体心理特征的发展受许多因素的制约和影响，既有先天因素也有后天因素，其中教育是一项非常重要的因素。余家菊的思考，不仅突出了教育的个体成长中心理力的培植作用，而且表明国家主义教育学对于自然个性教育的包容与吸纳。

3. 有助于个体价值的实现

每一个生命个体如何展示其人生的价值，归根结底是通过他在社会

---

① 余家菊：《人格之动力（节选）》，载余子侠、郑刚《中国近代思想家文库：余家菊卷》，中国人民大学出版社 2013 年版，第 184 页。

② 余家菊：《受教者》，载余子侠、郑刚《中国近代思想家文库：余家菊卷》，第 438 页。

③ 余家菊：《受教者》，载余子侠、郑刚《中国近代思想家文库：余家菊卷》，第 443 页。

中所发挥作用的大小来衡量的。个体发展的程度、素质的高低，又决定其在社会中发挥价值的大小。教育使人意识到生命的存在，并努力追求生命的价值与意义；教育赋予个体创造生命价值的信心与力量。

余家菊认为，教育可以培养服务社会精神。“近代中国之大病无他，曰私而已。人人皆知唯己利之是图，而不知尊重他人的利益，更无论乎扶助他人。人人皆知唯权利之争，而不知犹有义务之存在，更无论乎尽其责而不求其报也。……计唯有陶育其服务精神，使其稍戢乎自我伸张之性，略习乎尊重他人之行。傲慢既祛，贪欲亦少。”① 服务社会精神，是与控制私欲、尊重他人、推己及人的品性修养相联系的。因为只有如此，才能与人合作无间，乐意付出，而不图回报；同时在感恩社会的情怀之下，尽心尽责于职业，服务社会，无怨无悔。基于这种远大和积极的宏愿，他尽心于乡村教育的拓荒，指出师范学校的师范生要投入乡村教育的发展中，自愿服务乡村，在乡村实现人生的价值。

（三）教育兼顾个体谋生和自我完善的功能

在余家菊看来，教育对个体谋求能力的提升和自我完善的作用是统一的。因此，教育活动对此应加以统摄和包融，也就是保持两者的兼顾、并存状态。教育的个体谋生功能，是指人们通过教育可以获得一定的职业知识和技能，满足社会生产和职业生活对人的要求，为个体谋生创造条件。一个人，无论担负何种社会角色，都必须从事一定的职业，这既是个体为社会服务的手段，也是个体生存的基础。个体只有通过劳动，才能成为履行社会责任的主体，从而才能真正实现自己的人生价值和人生理想。教育的个体谋生功能除了将社会文化行为规范传递给受教育者，使其获得未来社会中相应的角色认同之外，主要还在于通过职业、专业教育，使个体掌握所从事职业必需的基础、实用知识和技能技巧，为其从事一定的职业提供必需的条件。

教育的个体谋生功能要求沟通教育与职业的沟壑或裂缝，是教育作用于国民生计问题解决的集中体现，余家菊认为，现在国中多数办理教育或研究教育者都非常留意国民生计问题，职业学校所设科目为社会生

① 余家菊：《教育目的论》，载余子侠、郑刚《中国近代思想家文库：余家菊卷》，中国人民大学出版社 2013 年版，第 450 页。

活所必需且积极创立，毕业生无雇主也可独立奋进自己经营。这种现象已凸显出现代教育物质生产性力量的重大意义。与此同时，余家菊又十分强调教育之于个体自我完善的价值。他认为，为救济贫乏困苦的状况，促使国民精力投向社会实践，推进生产、生活、事业日益丰富，教育家注重职业教育，在今日的中国是大家所认可的。但是，在物质生产、生活丰富的同时，人的名誉、精神生活同样重要。如果个体仅仅追求并满足于物质享受，他只能像动物似的生活着，像植物似的生长着。而缺乏了作为高级动物、万物之灵的人所应具有的丰富和高尚的精神。难道我们的教育只教导他成为一个木匠、铁匠、泥瓦匠、机械工等技术操作性的熟练工吗？这显然是片面或畸形的，教育应该帮助其养成国民精神和国民人格。质言之，理想的教育必当培养学生有自求知识之能力、巩固之意志、优美之情感，能应用于职业而自谋其生活，同时进而能协助社会、国家之幸福，方为完全有用之人物。

余家菊在参观职业教育家黄炎培在上海创设的中华职业学校后指出：

> 依理来说，个个学校都可注意职业，但不可有一个学校单只注意职业。职业的目的，是在解决吃饭问题，此种教育当然是少不了的。可是人类不是专门吃饭的动物，所以于吃饭教育之外还应再受别种教育。一个学校应该注意教育之全体，不能专只从事于职业的一部分。即就甲种实业学校说，它于职业的智能以外，仍应启发其职业的理想与兴味，这就有待于人文教育了。从事职业的人，若无相当的理想与兴味，那就简直是个机械了。教育岂应以造就机械为目的？我想中华职业学校的本旨，是绝不会如此的。①

在对中华职业学校案例的分析中，余家菊所称的“人文教育”“理想与兴味”，就是在职业教育解决谋生能力的同时，注重个体的自我完善素质养成。对职业学校既如此，那么对普通学校而言，其意味及深意更是可以想见了。

---

① 余家菊：《中华职业学校之一瞥》，载余子侠、郑刚《中国近代思想家文库：余家菊卷》，中国人民大学出版社 2013 年版，第 139 页。

第五章

余家菊国家主义教育学理论建构（中篇）

第一节　道德教育论

德育，又称道德教育，在现代教育学全面发展及素质教育或核心素养培育中所居地位及作用均十分突出。无论是在教育目的还是在功能论探讨中，都因它在教育活动与学生成长中的核心作用而被聚焦分析。从国家对教育培养人才规格与个体完善上而论，德育都有着不可替代性的价值。余家菊《国家主义教育学》内容体系中自然有这部分素材，这是题中应有之义。

20 世纪 20—30 年代的中国正值民国早、中期，北洋政府和蒋介石的南京政府新旧军阀更替把持政权。国家内忧外患不绝如缕，亡国阴影笼罩在中国人心头；民族危机非但未能下降或减缓，反而呈愈演愈烈之势。究其根源，虽然因素甚多，但是社会道德沦丧可谓其重要导因。为救亡图存，提高国民素质，并转变社会风尚，余家菊从国家主义教育学视野出发，充分肯定道德教育之于国家振兴和民族复兴的重要价值，并从其思想内容和方法上作了一定的理论诠释。

一　道德教育的多方面作用

（一）以道德消除社会危机

国家主义派积极呼吁社会注重道德作用，其重要成员如余家菊、曾琦等人对此作了必要的学理论证。

曾琦明确强调以道德为精神支撑，消除现实内外危机：

> 一国之社会能秩然有序而日趋进步，全赖有最高道德以维系之。法儒孟德斯鸠之言曰："共和国家最要者，为道德。"在昔君主国家以忠为教，忠君即其最高之道德也。民主国家之最高道德在爱国，实则爱国即爱己，即爱其祖宗所创之业，更从而发扬光大之。所谓国家主义之精神亦即在是。今日中国社会之所以陷于混乱者，即由专制而入共和，守法之观念已失，爱国之信条未成，无最高道德以范围一切，而一般卖国贼乃敢于横行无忌耳。①

余家菊对此深表赞同，"回顾吾国，数千年之立国精神，已由东西潮流之激荡而震撼，浅薄学说之摧残而消亡。国人既失其中心信仰，人心即无所维系，而精神上的感应，遂无从发生，猜忌之风，倾轧之习，乃不期然而然矣。此国家所以纷扰之原因，亦教育的根本问题也。"② 此期，清末 1905 年补充"癸卯学制"办学旨向的"教育宗旨"所规定的"忠君""尊孔"已经终结，爱国信条却未形成，以致国民大多缺乏信仰，行为失据，随意妄为，以至社会混乱，余家菊力谋国家主义教育发挥培育国民爱国意识的作用，以使政治回归正轨。在这里，道德成为他疗治社会痼疾、振兴国家的重要手段。

（二）现代教育以道德教育为核心

余家菊强调现代教育发展需以道德教育为核心。在中国近现代史上，从 19 世纪 90 年代资产阶级改良主义开始，教育救国论便不绝于耳，至民国时期更是甚嚣尘上。平民教育、职业教育蔚为此期教育思潮，广为流行，并颇受人推崇。究其内涵，前者旨在以个性发展为神髓，而后者谋求使无业者有业，有业者乐业。对此，余家菊持有独见，认为平民教育与职业教育虽在教育事业中具有相当位置，但不可视为中国教育的根本宗旨。它们两者都有偏颇，例如，平民主义教育注重发展个性而削弱国性，导致国民个性主义膨胀，而社会群体离心力加剧，不仅无以救国，反而无以自救。"中国现在正患不统一，若是再提倡个人主义，那么，中国的情状越发糟糕。年来国内的混乱，就是吃了这个人主义的钙。因为

---

① 曾慕韩、黄根源、陆洸：《国家主义者之四大论据》，《弘毅月刊》1925 年第 2 期。

② 余家菊：《教育建国论发微》，《中华教育界》1925 年第 7 期。

个个人都只图发展自己，而不顾公共利害。怎能不竞争？怎能不混乱呢？所以个人主义对于中国是利少害多。”① 从社会学而论，它建基于国家主义之上，不能完全脱离国家主义而存在。所以应提倡国家主义教育去改变这种现象。比较而言，职业教育虽然可以改变中国教育不重视职业的弊端，然而它只是教育的一方面，用它来代替教育总体，容易使人忘记教育的根本所在。在他看来，学生的道德教育能有效达到建设道德新信仰的目的，并经由道德启迪成为促进国家进步目的实现的主要手段，其内在机制是实施国家主义教育培育现代社会成员的国民性，形成新信仰而确保国家安全和稳健发展的愿景。

（三）培育国民立国精神离不开道德教育

自古以来，中国民众对社会政治、国家形势十分淡漠，常言所称的“事不关己，高高挂起”“各扫自家门前雪，勿管他人瓦上霜”，正是这种情形的真实写照。余家菊等国家主义派主张国民有必要出来过问政治，当务之急应该是唤醒国民，激发其政治热情，即以国家主义思想来唤醒国民关心政治、改造政治的意识。在余家菊看来，国家主义者的当务之急在为国招魂。所谓国魂即一国国民之公共心灵，亦即一国国民之特别精神。这种特别精神对国民而言意义重大：“有浸润之功，束缚之用，驰聚之力。可以使人眷恋故国，亦可使人赴汤蹈火而不辞。”② 具体“招魂”之方就是借国家主义来振作国民的精神，激励国民的感情，团结国民的意志，以求洗刷国民的耻辱。而具体方法则在于以教育为制造国性的工具，尤其滋润国民的国家立国理想，通过“培养自尊精神以确立国格、发展国华以阐扬国光、陶铸国魂以确定国基、拥护国权以维国脉矣”③。“盖自尊精神为国民昂藏之气所由出，失此则濒于奴隶之境矣；国华为数千历史所鼓铸而成，理宜引申而发扬之；国魂为全体国民情意之所由融洽，步趋之所由协谐；国权为民命之所由保，行动之所凭借也。”④

---

① 陈启天、陆兆传：《国家主义与中国师范教育的改造》，《中华教育界》1925 年第 1 期。

② 余家菊：《国家主义教育学》，上海中华书局 1925 年版，第 6 页。

③ 余家菊：《国家主义教育学》，第 5 页。

④ 余家菊：《国家主义教育学》，第 5 页。

由上可见，国民道德教育重在以培植国民公共社会理想为导向，以爱国精神为目的培养国民立国精神。唯有如此，才能使涣散的国民个体携手偕行，一致努力于共同目标之下。

二　民族道德的诠释

余家菊出于深沉的历史责任感与使命感，积极主张推进民族道德教育以培育现代国民性，确立国民的国家至上意识，以实现国民政治理想。他对现代民族道德的理论诠释颇为丰富，其中尤为重视现代社会公德问题的思考。从他论述的内容及思路分析，主要包括理论识见、核心理念、理想追求、主要内涵、实现途径、内在实质等诸多方面。

（一）理论识见：道德与国家的互动性

诚如上文所述，在余家菊视野中，民族和国家常相互代指应用，使其有共同喻义。这里的国家一词大体便是民族的同义词。

余家菊认为：国家主义教育以服务国家为职志，而国家又为实现道德的必要工具。国家主义不但示人以道德目标，而且予人以道德工具。在他看来，国家是道德教育的强大资源，视国家为道德的团体亦无不可，因为它能御侵略、除强暴以维持正义，增进民福，满足道德的要求。

> 国家之职务虽繁，要可总括之曰，维持正义。增进民福也。外御侵略，内除强暴。此国家之最原始的任务也。然而曰御侵略曰除强暴，其为维持正义，满足道德的要求，至显明矣。普及教育，振恤孤贫，此各国增进民福之一端也。增进民福之事，随国民道德心之发达而日益加多。近世各国的国家道德任务之所以愈趋繁者，即以此故。由是言之，虽谓国家为道德的国体，亦无不可。故抱有道德上的宏愿者，决不可不利用国家以为其实现道德理想之工具。①

作如此诠释足见具理论深度。余家菊对道德与国家彼此互动、共同利用的思考颇有见地。

① 余家菊：《国家主义概论》（续），《新国家》1927 年第 8 期。

（二）核心理念：爱国为现代国民最高信仰

余家菊深受法国国家主义思想家费希特及德国公民教育建构者凯兴斯泰纳观点的影响，将个人与国家视为“一体”，而在国家面临危险，或自身利益与国家需要发生矛盾时，应放弃个人所图而服从国家，因为国家是全体国民共同的守护者。“有谓个人乃为国家而生，国家非为个人而设者。故个人应以国家之存在与发展，为其生存之目的。人生而无所裨益于国家，则是枉生一世，有愧昂藏七尺躯也。有志男儿，纵不能以生利国，亦当以死报国。”① “牺牲一己以保我子孙黎民，是国家主义所昭示于国民之道德目标也。”② 他大力培养国民的爱国情操，而爱国情操必须以国家为中心观念组织而成为一个系统结构。这种情操系统感于内心，而表现于外，随国家所处遭际境况而有差别：“国家若有可爱之事则喜，若有可悲之事则忧，若有人侮辱之则怒，若有人毁坏之则恨。喜怒忧恨之各种情绪，皆以国家观念为其中心而随宜发现焉。”③ 行为、情操、观念三者层阶推进，联合一体。爱国行为生于爱国情操，而爱国情操又以国家观念为其根据，国家主义的根本落实于此，由此而言“国家主义即爱国主义 ”。这种爱国主义是纯正的、非功利的，是为爱国而爱国，不是用爱国做手段，以爱己为目的，爱国是出自天性，不是来自利害的打算。利害的打算，是十分低下甚至龌龊的心思动机，所产生的观念非常危险，我们必须反对。简言之，余家菊希望教育培育国民纯正无私的爱国信仰，以摆脱国家危难之境，开创国家新生命。

（三）理想追求：培育国民理想人格

国家主义派沿着古希腊哲学家柏拉图的教育万能论线路，认为国家与个人同体共生，只是放大与缩小的关系。由此得出个人教育能够实现理想国教育的蓝图。国民的人格是德育的主体内容，理想人格较之普通人格是道德精神等多方面集于个体之身的更高要求。国民的理想人格在国家主义派看来，更应指向国家社会的目标。他们认为：每个国民人格的放大便是国家的人格，而此种国家人格的缩小便是每个国民的人格。因此，在社会

---

① 余家菊：《国家主义概论》（续），《新国家》1927 年第 7 期。

② 余家菊：《国家主义概论》（续），《新国家》1927 年第 8 期。

③ 余家菊：《国家主义之心理的基础》，《醒师周报》1927 年第 118 期。

中广大民众不仅需要做好百姓，而且更要做好国民。因此便有必要以教育为首要途径，教人救国救民，即以孔孟学说中的恻隐、羞恶、是非、辞让之心而利导之，鼓铸之，促其自觉；从而鼓铸民族心性，陶养国民意识，高尚志向。进而由个人人格完善推及国家、民族，表现出捍卫、服务国家的人格力量。在余家菊看来，“国家主义最足以提高国民之人格，而发挥其忠烈勇敢牺牲之诸种美德焉”①。具体地说，依国民的独立性（对外能抗强御暴，不失其大国民之风）、责任心（对内能奉公守法，克尽其国民之天职）、和谐性（彼此相扶相助而发挥其休戚与共之情谊）来“养成健全国民，发挥独立精神，培植共和思想”②。很显然，余家菊欲借社会公德来塑造国民新人格，进而服务于民主共和国家。这里的独立、责任及和谐都属现代公民的道德，而健全、共和与忠勇则是理想人格的构成因素。

（四）基本规范：明确现代国民的道德品质

道德的基本规范可视为道德教育的内容，现代公民的道德品质可以认为是由道德基本规范凝练而成的。余家菊对此的设计既是国家主义教育学的体现，更是现代道德的质性因素的结合。

1. 理性奋斗

> 一件真正的道德行为，其所具有的理智性特别浓厚，乃是一件合理的行为。不仅在行动之际会经思考而被认为善，乃于最醒活而深澈的思维中所将继续被认为善者。吾人所谓的合理行动乃行动会经审核考量一切的必要情况者，其中所有的行动、本能、意向、习惯、意见、偏见（如若有之）都会被超出圈外的考量所缓和、所指导、所确定。理性在道德中的特有功能，不仅是树立鹄的选择工具，并且要依据一种标准以评判此等工具与鹄的价值。其结果便是道德的认识，便是一般的是非判断，与夫因变事时于一定的繁难事项中所行的是非判断。③

① 余家菊：《国家主义概论》（续），《新国家》1927 年第 8 期。

② 余家菊：《国家主义教育学》，上海中华书局 1925 年版，第 34 页。

③ 余家菊：《道德学》（下），上海中华书局 1935 年版，第 305—306 页。

余家菊认为：理性是生活中不可缺少的美德。历史中不乏因为坚守道义而奉献生命的人，这恰恰体现了人不可丧失本性的理性精神。做人要忠于自己，做事要尽力而为，国家主义者既要明确目的，又要慎重考虑，选择正确的手段和方法，勤勉努力，力求除恶扬善、真相大白。凡是自己力所能及的事情，都应该提倡和实践。在他看来，认定一条路就要坚定地走下去，为自己的理想而奋斗是一件十分幸福的事情，他极力反对一切不求上进、自暴自弃者，主张培养国民奋进的崇高理想。“国家主义主张培养国民奋进的理想，凡为一切自暴自弃有损自尊精神之说者，国家主义必反对之。”①

2. 公共精神，同胞情谊

余家菊指出：从现代观念而论，国民教育为公共事业，应传播公共的理想精神，不应鼓吹派系之所见。他将传统儒学的“宽恕”之道诠释为平等：恕以及物，人己同权，是为平等。又指出：我们要忠于自己的思想、信仰、人格，同时，我们也要让别人能忠于自己的思想、信仰与人格，这即宽恕，亦即平等。在他看来，“国家主义则抱同胞精神。于国民，则鼓动其相亲相爱，相友相助。于一己，则勉责其视国家如一身，而牺牲小己以利大群，而戒以勿因私愤而忘公义。”② 这种公共精神和同胞情谊实际上与传统礼制内容要求，以及《礼记》“大学篇”所述格物、致知、诚意、正义、修身、齐家、治国、平天下的修养之道和国家一体观是相统一的。

3. 明耻有为，自尊独立

余家菊认为：通常所谓耻辱定是一种个体心理状态，必须是具有人格修养的有心者方能具备。“明耻”也就是“知耻”，其心理同样可由个体推延至国家，“今既言国耻，则必承认国家之人格，承认国家为独立之团体”。在他看来，羞耻心理的发生定由于个人自尊心为自卑心所遮蔽。而“知耻”之可贵之处则在于个体确立自信、自强，焕发自尊，从而能促人努力，催人向上，而竭智尽忠以涤雪其耻。真知耻者必能扫除其可耻之事，而决不安于现状。但国耻与个体耻辱的关系不限于一般与个别

---

① 余家菊：《国家主义教育学》，上海中华书局1925年版，第5页。

② 余家菊：《国家主义概论》（续），《新国家》1927年第8期。

之关系，同时具有群体与个体的差异。国耻的问题更多地应通过教育手段来解决，从而更成了国民道德品质的内容。所谓国耻即全体国民所有可耻之事，当借教育以明之。具体地说，借“国家主义的教育培养自尊精神与独立气概，发展国性而阐扬国光，陶铸国魂以奠定国基，拥护国权以维国脉”①。从理论上而言，国家是一个进步的抽象观念，以主权意识为其特征，以同类意识为其基本认识。其根本要素为独立精神。在追求国民精神独立之际，努力促进国人精神趋于统一，从而形成新的共同信仰，达到“本国的领土主权，不能为外人所攘夺，为外人所限制。外人割据我土地。干涉我财政，固应竭力反对，就是以国际手段解决我国事，或借甲国势力，以抵抗乙国，或希望国际团体，代我筹谋，均足减弱我国民独立的精神，我们承认只可暂用而不可常用，其可常用而无弊者，惟我国民独立的精神”② 的目标要求。

4. 自觉意识

余家菊指出：国家之成为国家，必须由全体国民自觉为具有共同目的之国家本体发挥一致力量才能构建。一个国家欲在世界上立足，就应具备该国家特性，即民族性或民族意识。其中主要包括民族的自觉和心意。余家菊主要是从社会心理学角度对此进行诠释的，他认为自觉是指国民对本民族有自觉意识和对本民族有向往的归属感，而心意是指国民对民族的感情、信仰和目的。从民族心理特质出发构建国民道德基本规范，正是国家主义教育学的鲜明反映。

（五）实现途径：借国家主导与学理创新培育道德

余家菊的道德教育思想是在国家教育独立自营、自我规划及调控管理的背景下构思的。实际上，这也成为道德教育的基础。否则，教育自身就是非道德的。因此，他以炽烈的民族主义情感倾诉道：“于中华民族之前途有至大的危险的，当首推教会教育。教会在中国取得了传教与教育权，实为中国历史上之千古痛心事。”近代自鸦片战争以来，“外国在我国设立教会学校，不存政治侵略之心，即怀经济侵略之

---

① 余家菊：《演讲国耻的教育》，《醒狮周报》1925 年第 37 期。

② 余家菊：《国家主义的教育之意义》，载余子侠、郑刚《中国近代思想家文库：余家菊卷》，中国人民大学出版社 2013 年版，第 364 页。

图；不怀经济侵略之图，即具文化侵略之念。如赔款学校，其动机多在政治的与经济的方面；如教会学校，其动机则多在文化侵略而其结果则实为政治侵略与经济侵略的前驱。吾人为国家之生存计，为文化之延续计，为社会之安宁计"①，必须收回教育权。事实上，国家又为完成道德的一种制度，国家有义务，也有责任禁止不合道德的行为，奖励合乎道德的行为。

具体落实到道德教育的路径上，余家菊主要从课程与教学层面展开讨论。他提出，在课程方面需注重爱国主义。在具体教学内容上，国语教材须多取本国各民族优秀作品，教材中取自世界的美文更应当直接或间接有助于国家思想的养成。历史教材的重心应着眼于本国史教学，以引起祖国的观念与民族的思想，中国近代以来的历史则尤应突出国耻史。研究本国历史不但可以了解本国文化的由来和演进，还可以促进国民爱国心的养成。余家菊明确反对否定传统文化所具备应有价值的言论。"国家主义主张发扬国家精神（国魂），凡毁弃国家文化之优点者，国家主义必反对之。"② 谆谆告诫西方论或西学教育救国论者，不要让国民沦落到恨不得自己是黄头发蓝眼睛的后代。

道德教育的内容和方法是历史的概念，处在进程中，而非凝固不变、静态停顿的。近代以来，西学东渐，社会制度的革命与观念剧变，教育从传统向现代蜕变。在这种背景下，道德教育已不复沿袭传统儒学伦理道德的"三纲五常"巢窠，而是引入西方以人为本的道德教育思想，这是与民主共和时代相适应的新道德。这在蔡元培、陈独秀及胡适等近现代教育家身上有突出表现。但以晏阳初、梁漱溟以及余家菊等为代表的一批乡村教育家则不然。他们主张道德教育不能完全西化，而应部分保留传统，甚至应该使传统优秀道德成为教育根基，不仅在本国发挥作用，而且应传播到国际上，为世界人类文明做贡献。余家菊认为，中国的发展虽然需要西方文明，但更多的是需要依靠东方文明的救济，西方人在精神上中毒太深，协调东西方文明的责任，恐怕还需要我们东方人担负起来。其中外学理创新之意显露无遗，而道德教育的思想方法建构取向

---

① 余家菊：《国家主义下之教育行政》，《中华教育界》1925 年第 1 期。

② 余家菊：《国家主义教育学》，上海中华书局 1925 年版，第 4 页。

中西合璧之意图更是一览无余。

（六）国己一体的国家观

余家菊是国家主义的重要理论家，将个人与国家视为“一体”，而非“并存”或“同在”的存在体。他说：

> 个己生存于国家之中，离国家则个己为虚空；国家诞生于个己之内，离个己则国家为幽灵。视国家为己外之物者非，视国家为己上之物者亦非，质实言之，国家即个己，个己即国家。国家与自我具有深切的关联。国家不能存在于纯客观之中，国家实存在于自我之内。离我之认识，无国家；离我之情感，无国家；离我之意志，无国家。闻及国家而其心情冷漠如闻及海王星者，是无国家观念者也。真有国家观念者，必视国家为“我的”，为其自体之本身，至少正如视父母妻子之为其本身然。谓国家存在于自身之外者，非恰当之说，从而谓国家存在于自我之上者，亦非究竟之论。我与国家，同其宽博，同其高峻，同其悠久。[①]

国家对个己并非残酷的压迫者，个己对国家亦非机械的工具。二者实为一体，为生命存在的不同侧面、不同形式而已。国家主义的核心主张在于国家至上，强调国民共同的精神、共同的行动。因此，基于中国民众传统观念中将个人修身道德聚焦于家族，而旁落社会、弱化国家的偏颇，余家菊与差不多同期在今重庆直辖市北郊嘉陵江流域开展城镇化乡村教育实验者的思想主张一致，个体与家庭，无一例外，均应服务于国家和社会，为其利益和发展让步，甚至牺牲。他强调说：“国家道德为最高的道德。单言家族道德而不顾及国家，则失之于卑劣。超越国家而言世界道德，则失之于缥缈无着落。故宜用国家道德以统摄家族道德，可因国家之故而忘却家庭，万不可因家庭之故而牺牲国家。”[②] 这是国家本位道德教育观的集中表述。

① 余家菊：《余家菊（景陶）先生论著》第六辑（二）《中华文化要义》，慧炬出版社2001年版，第113页。

② 余家菊：《国家主义概论》，《新国家》1927年第7期。

三　余家菊道德教育论的思考

余家菊的道德教育论是对民国早期严峻国家危机的积极回应。作为道德教育必要的化解之道，不可避免地带有鲜明的时代特征，并留给我们思考的空间。笔者拟在上述余氏道德教育资源呈现及诠释的基础上，加以拓展和认识。

（一）道德教育体现民族性与国际性共存

针对当时西方倡言的国际主义思潮和大同主义，余家菊认为，国际主义首先要每个国家武装起来才能去谈，不大合于我们祖先哲人之理想。如此强盗式挟刀相向的要盟，实在不敢盲从，不愿领教，明确倡言国家主义。在他看来，从历史上而言，国家的产生为人类演进上的一大进步，不要因其带有军国主义色彩而加以反对。余家菊指出，从更深层次而言，世界为扩展线，民族为出发点。世界为集团，民族为分子。世界大同应该容忍分子之独立，而分子之独立也无妨于世界之大同。就道德而论，“国家道德为最高道德。欲讲世界道德，必以国家为世界单位，运用国家之机能促进世界之正义。而超越国家而言世界道德，则痴人说梦而已”①。上述言论充分体现了民族性与国际性统一的道德教育思想观念。

（二）道德教育谋求工具性与价值性结合

道德之于国家具有积极价值，古今中外概莫能外。在传统社会里，道德是国家意识形态和价值观念中的决定力量，更成为官学正规教育的支配因素。在近代，道德同样具有不容忽视的地位。余家菊重视道德的价值正是基于教育历史的研究和评议。他的道德教育论蕴涵着明确的工具性立意，将道德教育提到救国图存的理论高度加以理解，即欲借道德教育的实施从根本上解决中国教育困惑及社会现状，挽救民族危机。但是，在追求工具性的同时，他也没有忽视其教育本体价值性的恪守。在他看来，为本国争生存，即为世界争公理。爱国“即为公理之故，为人类之故，而自爱其国。非仅为本国之故，而爱好本国。更非为损害他国

---

① 余家菊：《国家主义概论》，《新国家》1927 年第 7 期。

而爱护本国也。诚以非如是则理性与情感不能保其和谐也。此国家主义者，每每即为人道主义者之故。如斐希底固明言振兴德国乃所以改进世界，如孔子，固绝对的大同思想家，然而仍努力于存鲁。盖国家主义者之爱人类爱世界，乃拓充其爱国心以成之”①。这样就将道德教育的工具专门指向与其一般普遍价值实现统合一致。

（三）作用于传统道德教育的现代更替

余家菊虽然以中国本身国家、民族为基础加以立论和思考，但绝不持狭隘的民族主义，或绝对的国家中心主义，而是具有国际视野。他的道德教育学说同样体现了中西文化交融的特点。他认为：“国家主义原非闭门独善主义，实欲于自强之中，实行兼善天下之事。”② 这里的“兼善主义”，“兼善”就是汲取世界先进文化思想加以融合，形塑于现代中国文化和道德教育中的努力。其实，余家菊所倡导的国家主义思想实源于西方资产阶级政治思潮。其创始人费希特的国家至上、民族至上等思想对他的影响甚巨。但是，余家菊的民族主义德育仍是显著的，他认为真正的民族性教育致力于自尊心复活运动，使国人承认西方文化不是全善，本国文化亦不是全恶。将本国的一切思想学术信念完全丧失无余，简单模仿西方，都是他所极力反对的，主张合理吸收适合本国的外来文化。也就是说，在现代道德教育的建构中，我们应学习适合本国的西方文化，而不是全盘西化，食西不化，水土不服。由此可知，融合中西文化成为余家菊构建现代道德教育的必然途径。这在一定程度上推动了传统道德的现代化更替或改造。

（四）昭示中国现代道德的取向

受以美国现代实用主义教育家杜威教育活动中学生“本位论”思想的影响，20 世纪 20 年代，中国学校德育崇尚学生的自主、独立和自我管理，认为这符合活动教学、学生中心和个性主义的现代教育潮流。如果与此相违或不完全协调，就会被认为是封建传统的道德教育，被批为扼杀个性发展的陈腐说教。从理论上而言，努力追求独立人格符合世界道德发展史潮流，这是毋庸置疑的。但置于此期中国现实的社会环境中，

---

① 余家菊：《国家主义概论》（续），《新国家》1927 年第 8 期。

② 余家菊：《国家主义教育学》，上海中华书局 1925 年版，第 23 页。

就显得颇有浪漫和矫情之嫌，它与社会、国家的总体诉求有分歧，乃至冲突。余家菊一方面承认平民主义与职业主义教育视域之道德教育个体成长的主体功能，有其合理价值，而另一方面又反对过于倾向于实用主义的本能教育论、兴趣导向的个人主义，因为这会摧残国性。他主张抑制偏激的个人主义，提倡国性主义，使个人道德与国家道德统一起来。反对民族性与个性截然对立。如此将个人人格与国家人格综合起来的道德主义设想在理论上昭示了中国现代道德教育总体趋势，也符合当前中国学校道德教育论的合理选项。

当然，我们也应清醒地认识到，余家菊的道德教育思想虽力主个人与国家的统一，但实际上仍存在偏于国家道德的价值倾向，在提倡国民牺牲私益以追求公益并为国家奋斗时容易导致传统封建道德权威，服从乃至专制的倾向。但是在当时特定的社会教育背景下，仍是一种富有针对性及理性的积极思考。其中所保留的精神资源，体现了余家菊尝试用现代道德来唤起民族自信心，整合社会力量，挽救积贫的国家，渐至复兴民族的努力，值得给予正视。对此，我们应以实事求是的客观态度加以分析。

第二节　教学论

教学是教育的重要构成部分，教学活动是实现育人目标和教育理想蓝图的重要途径和方式。在现代教育学中，教学一般被视为学校教育的主体而备受重视。同时，教学与课程是紧密结合的，研究方法的科学性及设计探索的客观精确与有效性都更为明显。余家菊国家主义教育学中的教学论在具备如此共同性的基础上，还具有个性化的创新价值。

一　学生的发展是教学的本质

余家菊认为，教育的最高价值在于成全与完善受教育者，育人是教育安身立命之本。因此，培养人是教育的本质。作为教育重要组成部分的教学充分体现出对于受教育者的重视和关怀，以学生的发展为其本质内容和活动追求。

（一）从性善论出发论教学的主体性

余家菊对教学本质问题的阐发基于对孟子“性善论”的理解。在谈及如何利用人性本善的特性进行施教的时候，他指出，孟子所称性善的首要任务在求其发育浸润培植之功，勿加妨碍，勿与束缚。人性之所以会由善转为恶，乃是人性这一有机整体各部分组成元素之间和谐运作失去了协调使然。要想发扬人性善的特点就需要使人性有机整体的各元素之间和谐运作。余家菊认为，教学的目的在于发展完全的人，人生的责任就在于“葆养人性之善而充实坚定之”。孟子称要“充实精神我”之发育即“先立乎其大”，使其发育至尽，以至于至善。此处所述用意一则在于以教学实现道德性教育；二则突出了学习者精神心理在学习建构中的作用；同时充满了主体性力量的开发取向。诚如有的学者所评议的：余家菊所理解的教育是教育的可能性建立于人类之可塑性与向上性之上；教育事业发源于爱他之心，教育之特质为向上，以至真善美圣的境界。这里的教育自然包括教学在内，其中爱的对象就是人，也就是受教者。其实，余家菊希望的是施教者怀着一颗赤诚之心，为受教者传道解惑。不应“只重视优秀学生，而忽视其余”①。每位学生都具有向上的努力和潜力，即上进心。教育者不应该放弃任何一个有上进心的学生，要带着爱去开展教学活动。

上述思想主张的形成，一方面表明余家菊受到基督教博爱和悲天悯人情怀的感召，另一方面也体现出他对于儒家孔孟学说的继承。教学应依据学生的自然天性，发展其潜能善性，就是要从受教者的角度出发，转换教学方式，适应学生个性。教学不是扼杀学生的个性，不能打击学生的积极性。在教学中应注重学生的差异性，“于此等差异，必须有以石英质，使学生各如其才性以发展前进”②，将学生主体能动性的发挥与促进其最大限度发展这两者放在教学的首要位置，这就是教学的主体性。教学的最终目标是培育出符合社会需要的全面发展的人才。当今社会的人才竞争更为严峻，随着全球化趋势的不断加速，人才也成为各国争夺的首要目标。

---

① 余家菊：《教育原论》，上海大陆书局 1933 年版，第 107 页。

② 余家菊：《教育原论》，第 107 页。

（二）教学应重视学生习惯和品德的培养

教学不等于智育，不应限制于知识技能上，而尤应重习惯训练和德行养成。这是教育性教学原理的核心。国家主义教育学注重习惯和道德在学生发展中的地位和作用，因为这在学生社会化及国家责任担当中具有突出的意义。因此，学生自然性的依托和潜能的发挥只可能是教育国家社会化取向的有效手段。

在《教育原论》中余家菊提出“训育着力的对象，为学生的行为。行为由次数的反复而成为一种行动倾向，便成性格。此种表现而成某种行为之行动倾向，吾人名之曰习惯或习性”[①]。教师需要做的就是改良与改造学生的习惯，形成学生优良习惯素养和道德水准。古语言：“少成若天性，习惯成自然”。学生是带着固有的习惯入学的，教师应该及时发现学生的不良习惯，继而进行纠正改造。当然，这种纠正不能操之过急，要在教学过程中潜移默化地进行。在纠正了学生的不良习惯之后，教师要在教学中培养学生良好的学习习惯。余家菊认为最能有效培养学生优良习惯的就是功课和竞赛，“竞赛足以养成协同动作之习性，足以养成忍受痛苦而无怨言之习性，足以养成牺牲个人志愿以追求公共目的的习性，足以养成服从德业相若甚至并不如己者之习性”。功课可以培养“理性的习性”，所谓理性的习性就是“依照一定方式以从事于理智活动之行动倾向也”[②]。竞赛是让学生为了一个共同的目标协作拼搏，有助于形成学生相互合作的品性，也能增强其抗压能力与牺牲自我而成就国家的精神。这两种方式是教师应该着重应用于教学之中，以培养学生优良习惯的有效教学手段。

在余家菊看来，德行就是完美地在教学活动中履行义务，有德行的人就是有责任心的人，而愿意履行自己的义务并勇于担当的人是国家和社会所欣赏的。为此，教师要时刻提高学生的责任意识，培养学生“智勇节公”四德。“智”是“整个人生的指针，亦是设立计划以达到目的时之所必需”[③]。此智并不是指教学中单纯的智商，亦是指成绩之意，而

① 余家菊：《教育原论》，上海大陆书局 1933 年版，第 114 页。

② 余家菊：《教育原论》，第 114 页。

③ 余家菊：《训育论》，上海中华书局 1931 年版，第 62 页。

是在包括这两项内容的同时，重在解决实际问题的能力。这就需要突出发展学生的逻辑思维能力，使其遇到问题时能冷静思考、独立判断。"勇"是"坚持其志趣，于遇见障碍乃至遇见危险时"[①]的心理品质或精神斗志，勇气不等于鲁莽，真正有勇气的人不会遇到困难就退缩。在遇到困难时，教师要引导学生先找到困难之所在，通过磨炼意志，运用策略，找到困难的症结所在进而解决问题。"节"是"无内心的嗜欲以响应"[②]的道德修养，节制是与一个人的节操、志向相联系的。学生常常会在愉悦的生活和快乐的活动中迷失自我，教师就是要为他们把持愉悦、快乐的节度或合理度，以免学生为物质功利所诱惑。在这里教师的威信是体现学生尊师敬长品行的标杆，只有他们真正地尊敬教师，才会听取教师的建议。有威信的教师在教学中占据主导地位，才能在学生中拥有话语权，真正地引导学生远离诱惑。"公"就是公正，"唯有公正能凝聚各种人心而勿使离散"[③]。在教学中教师要注意培养学生的公正心，不能凭借自己的主观想法去做事，应该公正地看待一切。在这样的前提下学生才能获得更好地成长，拥有更加广泛的视野和见解。余家菊确信，如果教师在教学中能让学生理解并运用好"智勇节公"这四种品德，那么他们就会成为真正有德行的人，教师的教学意义也就得到了最大的实现。

二　活动教学及教学方法

教学组织与教学方法是教学活动推行中时间、地点、环境条件的结合模式，以及教学实践的具体方式方法。教学组织与教学方法两者有别，前者指向为了完成教学任务，教学以何种结构或样式得以顺利进行，后者则指教学过程中所采用的具体方法及技术。但两者的界限常常出现模糊，很难截然分开。班级授课制、分别教学、复式教学、现场教学、社会考察、研学组织等都是其中的代表。而从教学类型的核心问题视域分析，则又可划分为课堂教学、活动教学和家校合作教学等诸多领域。余家菊论教学组织形式，除采纳利用诸种教学组织之外，还突出利用与活

① 余家菊：《训育论》，上海中华书局 1931 年版，第 71 页。
② 余家菊：《训育论》，第 73 页。
③ 余家菊：《训育论》，第 75 页。

动教学相关的教学形式，以显示学生的主体地位和作用。活动教学是一种新型的教学方法，一般是指教师根据教学要求和学生获取知识的过程为学生提供适当的教学情境，根据学生身心发展的程度和特点加以设置，让学生凭自己的能力参与阅读、讨论、游戏、学具操作等课堂教学的方法或过程。这种教学方法的特点是学生参与活动，通过听觉、视觉、空间知觉、触觉等在大脑指挥下协同活动而获取知识。

余家菊在其《游戏教育》中对传统教育方法进行了揭露和批判，并深入阐释了他的活动教学的主张。首先，活动教学之于学生具有极高的价值：一是对于学生身体有"使人活泼自如"的强身价值；二是对于学生有"益于儿童精神之发育"的心理价值；三是对于学生有"培养种种积极品性"的道德价值；四是对于学生有增进社会生活经验的价值；五是具有陶冶儿童性情的"美育价值"。教学组织对于教学内容及教学任务的实施具有反作用，会影响教学目标的完成。而教学目标则包括了德、智、体、美、劳等多个方面。余家菊认为学习应该有效率，学生应该有跟自然多接触的机会。相比于大块时间在课堂上，多接触自然、感受社会对学生更有益。余家菊还认为人的兴趣必须与社会相结合，每个人都要学会协作，不然就会一事无成。余家菊认为"个人活动，既欲取得他人之协作，同时又当有所贡献于人群"①，这也说明他对于学生协作精神和人的社会性的肯定。人都是需要在社会中生存的，之所以要劳逸结合就是因为怕学生变成只会读书的书呆子。这也与余家菊的留学经历有关，他希望学生不只拥有课堂上的知识，还拥有在社会上生存的能力。

活动教学起源于18世纪法国启蒙主义思想家卢梭的自然主义教育理论，其中突出儿童教育自由、自然及个性发展，提出以乡村为学校，事物为教材，自然为导师的主张。19世纪下半叶至20世纪初，西欧新学校、新教育浪潮中出现以活动反对记诵静坐，以兴趣反对高压束缚，以自主反对纪律管理的教育新论点。20世纪初，美国实用主义教育大师杜威从生物本能论与教育经验论出发，论述活动教学为中心，以及活动类型、组织方式及"活动教学中由学生兴趣及学"的方法。贯穿其间的是

---

① 余家菊：《教育原论》，大陆书局1933年版，第121页。

以愿望为取向，教师发挥协助、咨询及解答问题的作用。余家菊并不赞成西方现代教育家将活动教学视为学生为主教师围绕学生转动的组织方式。他认为，教师要在活动教学中占据指导地位，对学生的活动进行良性引导而非加以干涉。余家菊指出“教师指导，最忌直接的干涉”，认为“所谓指导，并不是遇事干涉，干涉最足以妨害儿童的自动，减少儿童的兴趣和活气。指导只是于不知不觉中给予儿童以适宜的暗示去救济当时的情形，或者补助儿童的缺欠”①。实施活动教学最重要的一个条件是要适于儿童的本能，绝不能用成人的想法去设计活动，要从儿童本身出发思考活动要如何进行。成人认为有意义和有价值的活动，在儿童的眼中也许是无聊的设计。但同时教师需要在活动教学设计中辨别各种活动是否有意义，为学生指明真正能使他们获得成长的活动，绝不能完全放手不加以引导。由于活动教学的本质是学生主体性表现下的探索性学习，无论是活动中的知识学习，还是能力发展、社会化成长，都需要宽松、活跃的氛围和自信心确立，因此激励教育十分重要。余家菊一直认为无论是哪种教学活动，教师都不应该过多地直接指出学生的错误，而是要通过具体指导一点点纠正学生的错误。过多的干涉和纠错很容易打消学生活动的积极性，使他们不能畅所欲言、积极探索，思维得不到广泛发散。会教书的教师是好教师，但是教师也应该具备“教玩”的技能。

余家菊的教学论思想较多地聚焦于基础学校教育，很自然，他的活动教学组织方式或偏向游戏教学。所谓的“教玩”也不是指与学生发展毫无关联的玩，而是教师应该具备活动教学的能力。让学生在活动过程中快乐地学习和创作。但作为活动教学的表现形式，一方面，游戏必须与课程内容相关联，另一方面这种游戏式活动教学的优点也应运用于课堂班级教学组织之中。学生参加游戏和活动时，大多是兴高采烈的。而与此相对应的另一种场景是：在课堂教学中，出现机械教条、枯燥乏味，以至学生昏昏欲睡的状态。教师要使学生集中注意力，仍要不得已地采用相当的刺激方式。如果能够使学生在课堂上如同参加游戏活动那样，

---

① 余家菊：《游戏教育》，载《余家菊（景陶）先生教育论文集》（下），慧炬出版社1997年版，第466—467页。

教学将收到相当好的效果。所以，余家菊在《游戏教育》中提出：“倘若学校的正课，如国语、地理、历史等科都能和游戏联络起来，使得正课即是游戏，游戏即是正课，那就是最完善的教育了。”[①]

余家菊认为，要使学校教育收到圆满的效果，必须下功夫使校外游戏活动与校内游戏教学活动不相抵牾。学校因为自身的角色和条件所限，对校外游戏活动无法干预，但也绝不是无所事事的。“若是校内所从事的游戏，有若干种是儿童在校外所可从事的，儿童散学归家后就不至于做出不正当的勾当。”在他看来，校内与校外活动相结合有两个方面：一是校内游戏活动教学采取校外游戏中的无害而有趣的、有益的内容与形式，儿童觉得更饶有兴味、更为热心从事，“于教育的效果亦必费力小而成功大”[②]。二是走出校门围墙开展活动教学。譬如学校的军事教育，可以走出学校，“使习两军对垒之事，猛击阴袭之举，更益以自卫之术，防御之识，久之，自能养成其临事不惧，虽千万人吾往矣之气概。军事训练时或长途行军时，野外露宿，又或跋山越涧，练跑习跳，皆可以强筋骨，壮体质，且培养其耐劳习苦之性格也”[③]。

教学方法是教学活动的重要组成部分，作为完成教学任务，实现教学目标的重要手段，备受余家菊重视。早在中华大学读书时，余家菊的英文基础就相当好，这成为他广泛阅读近现代西学教育专业著述，并认真吸收其中教学方法养分的一个优势条件。因此在北京高师教育研究科攻习期间，他就对当时英美教育名著“尽取而读之”，并且“初学译书”。在英国留学期间，他相继对英国的中学教育、大学教育以及教育行政一一向国人进行了描述。通过对英国伦敦市立斯垂三中学的现场参观，迅即捕获到其时正在英国试行的美国教育家柏克赫斯特的道尔顿制对于传统教学模式变革的活力。

余家菊留英归国之后，对照中国的教育现实，从国人对教育重视的

---

① 余家菊：《游戏教育》，载《余家菊（景陶）先生教育论文集》（下），慧炬出版社1997年版，第467页。

② 余家菊：《游戏教育》，载《余家菊（景陶）先生教育论文集》（下），第468页。

③ 余家菊：《学校军事教育问题发端》，载《余家菊（景陶）先生教育论文集》（上），慧炬出版社1997年版，第346—347页。

情状、家长在子女教育中的地位、教师在学校教育中的权限、儿童在学校中生活的状况等方面，较为全面地总结了“中英教育之异点”，尤其是在道尔顿制教学法实验方面。余家菊在《达尔登制之实际》（达尔登制即道尔登制。——笔者）一文中提出，道尔顿制能发展学生个性，其实施不需要大规模的组织，“研究室”之大小也可视学校经费的实际情况而立，在“既无人才又无钱财之中国”是最经济便捷的设计教学法，可见余家菊对该法的推崇。他借助文字及时向国内教育界引介了道尔顿制教学法，并由此引发中国教育界迅速形成一股试行道尔顿制的实验热潮。

尽管到20世纪30年代中国试行道尔顿制的学校日益减少，但作为其时中华教育界宣传和研究的一大热点、教育实验和试行的一股热潮，道尔顿制在中国教育舞台上的出现，为此时正在探求教育科学化和民主化的中国中小学教育注入了一股鲜活的变革动力。

三　经验与教学

学生都是带着经验来求学的。经验分为直接经验与间接经验两大类。直接经验是基于感知认识和时间活动逐渐积累而成的。间接经验主要源于人类长期以来所发现和传承的系统文化知识、科学技术以及思想方法，是以课程教学及教材文本的方式呈现的，成为学生学习的主要内容及认识世界的主要途径。当然，经验也可以从生产经验、生活经验以及科学实验三个方面理解。学校师生教学活动的基础及活动方式更多地依赖于生活经验，尤其对学生学习而言，更是如此。国家主义教育学家余家菊探讨教学问题同样以上述思想作为理论基础。

在《教育原论》一书中，余家菊指出：“往昔教育以教材为中心，教师所注意者只在于学科知能，而不甚重视教导的方法。”① 于是他提出教师在教学中应当遵循归纳法，所谓归纳法就是“为从多数特殊事例中抽析一普遍原则”②。余家菊认为，归纳法在学生间接经验的学习中表现为知识间的整合学习。这主要指向学生在书本知识学习时，能主动地将相近似的知识联合起来加以记忆，会使知识的记忆更牢固。在学习中最

① 余家菊：《教育原论》，大陆书局1933年版，第99页。

② 余家菊：《教育原论》，第100页。

为重要的是学习之胺合，无组织的学习杂乱无章，不能形成为知识，知识的前后连贯才能“始成一家之言”，知识的学习应取其精华去其糟粕，这才是真正的有组织的学习。对于教育者来说，在教学前需要把计划传授的知识进行整合，将有联系的知识进行归纳梳理。这种方式可以使受教育者更好地感受知识间的关联性，还可以有效地提高教学效率。精简知识也能提高学生的学习积极性，知识的整合教学是高效率教学的手段之一。在整个人类文明发展进程中，各处都体现着整合知识的重要性。无论是学术上的创新还是科学上的发明都离不开整合的作用。自然科学的实验，社会事业的服务，都可帮助你了解书本。如果学生能在接受广泛的知识时及时去除重复的东西，归纳整合零散知识的共同点，形成自己的一套知识体系，那么知识水平将有一个质的飞跃。所以教师在对学生实施教学方法策略指导时应采用这种方法，启发学生不断积累知识、归纳知识、整合知识，最后将知识真正吸收，当学生能将知识灵活运用于各种问题时，就真正地获得了知识所赋予的能力。

为了更有效地完成培养人的目标，仅仅使用归纳法是不够的。余家菊提倡演绎法在教学中的作用，“应用普遍原理于特殊事物”[①] 是演绎法的意义所在。他认为教师应该为学生找到问题的关键，接着以问题的关键为中心向外延伸，寻找到与问题关键相关联并且可以运用的原理和理论，加以推理论证或思辨分析，得出结论或获得规律性的认识，这能有效缩短学习系统知识和技能的周期及效果，并且是智能训练的必要手段，是促进学生心智成长的阶梯。当然，探寻到有意义的理论则必定以不断的实践为前提，在教学过程中积累更多的知识从而总结出更多的学习原理。在知识积累的前提下，教师才能自如地运用演绎法去实施教学。

余家菊重视经验在教学活动尤其是学生学习中的意义。学生学习求真知就要多动手，并说：“丰富的知识产生于丰富的经验，没有经验做背景的知识，算不了知识，乃是‘道听途说’，‘能言之鹦鹉’而已。”[②] 无论是自然科学实验，还是社会的各种经验都可以是学习的内容和方式。

① 余家菊：《教育原论》，大陆书局 1933 年版，第 99 页。

② 余家菊：《学习法第一课》，载《余家菊（景陶）先生教育论文集》（上），慧炬出版社 1997 年版，第 84 页。

“他山之石，可以攻玉。”利用积累的知识文明，乃至其他民族的科技成就，都有助于增进自己的知识与学问。在教学中，新知识与旧知识是结合的。新的知识经验皆受到以往知识经验的支配，如果要摆脱自己的“一隅之见”，了解别人的经验与看法，就应当使自己的见解有丰富的内容，而丰富的内容应从广博的学习和求知中来。同时，知识经验的丰富有助于学问的保持与迁移，学问经验丰富就会增加记忆率并且加大解决问题的可能性。而对于不愿学习的知识，主动自发地学习一次，下次再学就会容易很多。

余家菊认为，在教学过程中“一切学者，皆为自己学习”①。教师在学生学习的过程中始终是一个辅助者，真正的学习是由学生本人自主进行的。教师传授知识，学生接受知识、吸纳知识、运用知识。教师应该了解这个教育规律，在教学过程中多鼓励学生自主学习，重视启发诱导而不是死板地罗列知识。苏格拉底的产婆术就是注重知识的启发，通过提问使受教育者得到答案。教师在教学中可以适当地运用这种方式，多提出问题让学生主动思考，并且从其答案中判断他们对知识掌握和运用得如何，以便通过教学反馈和过程性评价，有针对性地实施教学。同样地，教师也应该在教学过程中运用自己的已有经验。教师是教育者，具有从教的各方面素质和能力要求。教师的职业合法性和专业成长离不开各类经验条件和作用，尤其是教学活动中更是如此。但除此之外，教师还需要有教育教学的经验，这是教学活动顺利开展的充要条件。教师不应故步自封，要把自己放在更大的格局中学习和思考。为此，他们应该多与其他教育者进行沟通和交流，交换彼此的经验，使自己的教学行为和教学方式更加完善。教育者也应该在教学过程中引导学生互相交流，要让每个人都有主动表达的机会，这样才能使受教育者最大限度地从别人身上“取其所长”，经验是人人都有但各不相同的，如果教育者愿意去发现每个受教者身上有益的知识经验并将其归纳整合，不仅对教育者的教学有很大的帮助，还可以使教育者更好地了解受教育者。

现代教育家陶行知曾对青年人说：“书本的科学，陈列的实验，定能

① 余家菊：《教育原论》，大陆书局1933年版，第108页。

当科学实验之名，他和老八股是同样无用的东西。请看三十年来的科学发明在哪里？制造在哪里？科学客倒遇见不少，真正的科学家在哪里？青年的学子书本的科学是洋版的八股，在讲堂上高谈阔论的科学客，与蒙童馆里的冬烘先生是同胞兄弟。"① 这段话符合他的"行是知之始"的教育观点，也指出了实践是认识的唯一途径。余家菊赞同这种观点。他主张教学的本体所在是各种实践，不能脱离实践实现人才培养的使命。无论是教师还是学生都要在不断的实践中获得成长，教师需要不断提升自己的教学水平，在教学实践过程中善于观察，通过积极开展教学实践去探索更优化的教学活动。我们现在所提倡的"新型课堂"就是在教师们的一次次实践中得到的。学生则需要通过丰富的实践去提高自己的认识能力，在知识的运用中不断纠错，领悟到知识理论的深刻性，以便在之后的学习中改进方式方法，并将学过的知识灵活运用于实践。实践是教学活动的基础，重视实践是余家菊教学论思想中的重要方面。

四　课程与教学

课程是教学的资源，既为教学提供条件和背景，同时又使教学活动有所依规并发挥作用力。但课程在教育中有其特殊性，课程成为教学活动开展的引领及导航。余家菊所论重在教学，但课程的地位仍十分凸显。

（一）课程原理

课程是学校学习活动的材料、资源和依托，余家菊从课程主渠道或显著类型出发，将其分为学科或细化为科目。"科学既是对于人类的经验加以理论的组织，故各科之间界限甚广，而不可凌乱，以其非如此则不足以保持一贯性而成为一整体。"② 同时应充分重视学科知识体系及逻辑层次结构的严密，余家菊认为，在教学的主体性问题上赞成杜威"教育即生活""教育即生长""教育即经验的改造"等现代派教育论点，主张教育者应当以儿童为主体，课程教材以儿童的经验作为首要考虑的因素，在具体操作中应防止过于复杂，不能脱离儿童的生活。

---

① 陶行知：《"伪知识"阶级》，载华中师范大学教科所《陶行知全集》（第2卷），湖南教育出版社1985年版，第93页。

② 余家菊：《教育原理》，上海中华书局1926年版，第61页。

余家菊进一步就课程、教材的选择设计出其中的相关原理：（1）从社会的观点来看，分别是准备原理和保守原理。准备原理，即教育应该为生活做准备，教学的内容应该在以后的生活中可以应用；保守原理，课程的资源应有相当比例汲取古代文化传承下来的经典及优秀素材。（2）从儿童观点来看，存在长进原理和个性原理。长进原理即以相对稳定的教材进行学习，能够有效发挥教师的主导作用，开发教学经验，在最短时间内促使学生进步并达到较好程度；个性原理即教育应该因材施教，对待天赋能力不同的学生要使用不同的课程板块以及可以选用的教材栏目。

（二）分科教学

分科教学，又称学科教学，是将教学理论和原则与具体学科内容及思想方法结合运用的表现，两者相依相存，是普遍与特殊的辩证统一。余家菊基于国家主义教育教学的专业学识对基础教育的主要学科教学特性加以探索。

1. 国文教学应努力提高学生传递情思的方法以及文学欣赏能力，有助于提升学生的文学修养。

2. 科学教学要注重培养学生的观察能力和思考能力以及辩证思维能力，能够对事物进行批判性的学习。

3. 外国语教学要使学生了解他国语言与中文的语法差异，同时熟悉各国的风俗习惯以及特色文化。

4. 数学教学偏重学习实际而具体的数学内容，比如说度量、算术等知识，可以使学生将其学习到的数学知识应用于实际生活中。

5. 地理教学要引起对于人类生活的兴趣，通过对地图的学习使学生认识到世界的辽阔，同时保持对生活的好奇心。

6. 历史教学突出“古所以知今，知人所以知己”，以少数的名人为中心了解各个民族的性质以及文化，同时记录生活社会的变迁。

7. 手工教学应培养学生对学习内容的兴趣，而不是作为谋生的手段。

8. 图画教学养成学生精细观察事物的习惯以及鉴赏能力。

9. 音乐教学注重引起青年的想象能力，进而增强秩序和谐的纪律。

余家菊关于学科教学思想涉猎多科内容及方法，体现出学科个性，融能力、道德培养于学科知识教学之中，是难能可贵的。而其中所述民族文化风俗、社会秩序及其习惯养成等因素，则是国家主义思想在教学中的反映。

（三）教学方法

教学方法向为教育界人士所努力探究，并是教学一线教师所十分欢迎的论题。教学方法由教学对象及内容所决定，但又反作用于教学实施的成效及质量。一般认为，教学方法分为教师教的方法和学生学的方法，但在教学过程中，教师一般占有主导地位，因此，教学方法更多地以教师教的方法为主。教学方法通常体现着特定的教育教学价值，是实现教学目标的重要手段。同时教学方法一般会随教学内容的变化而发生相应的改变，也会受到具体教学组织形式的影响。余家菊认为："方法不可离教材而存在，故教材若变，方法亦宜随之而变。依教材之性质而言教法之种类。"[①] 在理科教学中通常会用到演绎法、归纳法、比较与抽析法、操练法，文科教学通常会用到讲演法、问答法、记诵法、考察与温习法、示范法等不同方法。这些教学方法清晰而有序地运用，促使教学任务圆满完成。教师教学使用正确方法，有助于提高教师的教学水平以及学生的学习水平。这就清晰地阐述了教学内容发生改变后，教师变化教学方法的重要性。

在教学过程中，教师选用合适的教学方法，同时也要注意采用相应的教学原则：首先，适应学生个性特点。每个学生都是独立的个体，有其禀赋才能，教师应尊重学生个性发展，因材施教，使每个学生都能施展才能。其次，引起学生自发地学习动机。教学中如果一味强迫学生学习，常常会起到相反的结果，学生甚至会产生厌学的情绪。因此，教育者应该引起学生的正当动机，了解其先天的能力以及后天形成的习性以及经验，对其进行正确的引导，激发其内在学习动力，这样才能进入自主学习的状态。再次，注意学生身心活动的衔接。以夸美纽斯创立的直观教学法和蒙台梭利的思想武装自己，构建将感觉训练与各种仪器相结合的教学方法，与此相反的是想象训练法，以神话故事等为凭据或工具

① 余家菊：《教育原理》，上海中华书局1926年版，第76页。

发挥儿童的想象力。最后，鼓励群体学习。班级教学是群体学习最好的实现方式，在群体内学习的学生可以相互竞争、激励，有助于学习效率的提升。

五　西方学习理论的介绍与现代教学研究法的探讨

学生的学习是教学活动的主体和教学效果的最终决定者，而教学研究方法是现代教学论走向科学和操作实践的必要环节。毫无疑问，从严格意义上说，这些均来源于西方近现代教育学和心理学成果在教学论中的运用。现代教育家余家菊对此进行了引进和探讨。

（一）介绍西方的学习理论

1. 人格理论

在余家菊留学的时代，西方人格理论正在形成阶段，精神分析的人格理论与行为主义的人格理论方兴未艾。1922 年 12 月 20 日，余家菊在伦敦完成《人格之动力》一文，从“人格与自我之意义”“自我意识之生长”“自我之统整与分裂”“析心学与教育”“全人格与意志”与“人格之堕落”六个角度全面分析了人格的动力。余家菊在详细介绍弗洛伊德（S. Freud）、桑代克（E. L. Thorndike）等人的心理学理论后，提出人格教育的目的是建立理想的自我，而理想的自我是“服膺真理的人”。换言之，就是要“使人有倔强刚毅之气，敢于作为，敢于担当，绝不至于泄泄沓沓，暮气沉沉”。这与余家菊唤醒国人的自尊心和国民性是一脉相承的。

2. 学习理论

1923 年初，应《学习杂志》之约，余家菊作《学习法第一课》，专论实用的学习方法。余家菊指出，学习法是使求得知识与习惯的历程最经济、最有效的方法，应作为每年新班开学的第一课。他结合当时西方学习理论的最新成果，介绍了意志控制律、经验律、记持律、选择律、胶合律、疲劳律六大学习方法。在上述方法中，余家菊尤重意志控制律，认为尽管有智力测验辨别学生的优劣，但立志仍是求学的第一要义，并号召青年学生“立志求学要紧”。这和余家菊教育救国的主张也是前后一贯的。

3. 情感理论

针对一战时期精神疾病偏多的现象，余家菊结合自己所学，于1923年4月20日作《感情教育论》一文，向国人介绍了西方关于情感、情绪、情结的最新研究成果。余家菊在介绍詹姆斯（W. James）、麦独孤（Mc Dougall）、弗洛伊德等的情感理论的同时，提出情感教育的移接法则、刺激法则、发泄法则以及省察法则。为了鼓励青年学生的情感发展，他建议青年学生每日用如下的话语激励自己："我要做个堂堂的人，为国家服务，为同胞服务；我的身体的锻炼，学问的研究，性情的陶冶，都一天好似一天。"由此似可感受到余家菊时时处处鼓舞国民的良苦用心。

（二）提倡现代教学研究法

教育研究方法是教育工作者有效地认识教育现象，探索教育规律和创新教育理论的重要手段。余家菊深谙教育研究方法的重要性，他指出："吾既欲从事于教育事业，或教育之研究，则当知研究教育之方法。"①余家菊主张教学研究中运用多样的研究方法，如民族学方法、历史研究法、思辨法、观察法、调查法等。这些研究方法对余家菊教学理论的丰富、教育知识的增长具有重要意义。

1. 民族学方法

（1）民族学研究法与国家主义教育

余家菊认为，所谓民族性教学，简单说来就是"要养成显著的民族意识"。而民族意识包含民族的"自觉"和民族的"心意""教育之最大的责任不在一仅仅民族之自觉，乃在更进而为积极地鼓铸民族的心意。所谓民族的心意，即指民族的感情、信仰、目的而言"②。因此，余家菊的民族学研究法理念是其国家主义教育思想研究中的一个重要组成部分，它是围绕以国家利益为中心，以弘扬民族精神与民族文化至上而进行的教育研究方法，是把民族观念同国家利益思想结合在一起，使个人的命运与国家的兴衰结为一体的研究方法。

---

① 余家菊：《教育原论》，上海大陆书局1933年版，第6页。

② 余家菊：《民族主义的教育》，载《余家菊（景陶）先生教育论文集》（上），慧炬出版社1997年版，第167—168页。

（2）民族学研究法与外来文化

对于人类文化遗产，余家菊既反对盲目排外，固守民族旧有的、落后的、腐朽的东西不放，又反对全盘外国化，照抄照搬外国文化。余家菊的民族学研究法里充满着一种较为理性的民族主义研究思想，既反对狭隘的民族主义也否定民族虚无主义。余家菊坚决反对“全盘西化”，反对“同化于西洋文化”，坚持文化的多样性共存。他认为如果外来文化的性质与固有的性质绝不相容，甚至背道而驰，则同化的结果只能产生冲突与紊乱，不益于文化发展。

（3）民族学研究法与个性发展

通常认为，余家菊教学思想是以国家为中心的，排斥个性发展。的确，从教学理论研究来看，余家菊教学思想对当时流行的平民主义教育、实用主义教育思潮理论重自然性轻社会性、重个性轻群性、重学生轻教师等方面进行了批判与纠偏。但这并不能说明他的教育思想是绝对排斥个性教育的。“国家生活之均衡发展，系于个己之各得尽量发展其自性。个己之人格有以崇高性见长者，国家宜听其发展；个己之人格有以宽博性见长者，国家亦宜听其发展。国家生活之特征，应如天地之无不覆载，应如日月之无不照临，以博厚之气象，为普遍之煦育，实保持国家生机之唯一枢纽。”① 由此可见，余家菊教育思想并不是纯粹的国家唯一而排斥个性发展。他排斥的只是没有群性的个性，他强调的是国家性与个性的统一。

2. 历史研究法

首先，考察教学的历史沿革可以洞察其得失利弊、了解各时期教学发生发展的因素以及改革的原因。其次，还可以知道教学在整个社会中所产生的作用以及所受的影响，“能使人疏通知远，而无拘墟板滞之病”②。余家菊举例说，如若研究“教学民主化”这一课题，要了解这一历史的教学民主化是如何发生的，对政治的影响如何……这些问题的研究都必须采取历史研究法。此外，余家菊还指出历史研究法的另外一个功用：“至于历史上教育家的风范气度，能予吾人以感染，示吾人以理

① 余家菊：《国家主义教育学》，上海中华书局1925年版，第5页。

② 余家菊：《教育原论》，上海大陆书局1933年版，第6页。

想，亦为历史功用之一”①。

3. 思辨法

余家菊指出“所谓思辨法者，即以思考作用推动真伪估量价值之谓也。”② 运用任何方法研究教学问题，都需要思考。通过思考可判断问题的真伪，评估问题的价值所在。任何研究方法都离不开思考法，正是因为思考法有其独特的体系，所以可以独立存在。余家菊举例说，如若学习外国话，应该先思考是学习英语还是法语，这个思考便是价值判断。确定好这一价值所在，继而判断哪一个选择最具价值，这个问题便解决了。“凡此，皆有赖于健全的思考，非其他地方志所能替代者也。”③

4. 观察法

实验法包含在观察法里，不同于观察法。观察法是在一定条件下考察某一事物如何变化的方法。实验法最大的特点是控制或者改换条件。余家菊举例说，如若想要知道外国语的直接教学方法和翻译教学法哪种更优，就可以用实验法来研究。选择两个班级，选拔具有同等学力的学生，智力相同，都一样勤奋，不同的变量就是教学方法的不同，由此就可得出结论。余家菊十分重视实验法，肯定了实验法在教育研究中的量化作用。“实验法，能发现新理，亦能证明旧理。凡科学之开辟新园地，多有赖于实验法。”④

5. 调查法

调查法，就是收集资料以发现其中的问题或解决问题的办法、方法。多被应用于实际问题与现象研究，而这些问题也必须应用此法。比如小学教师的最低薪水是多少？想要解答这个问题，首先，要调查一般的物价水平；其次，调查教师的生活标准；再次，调查一般小学教师的家庭经济状况；最后，需要调查一般小学教师除去生活费以外还有什么经济负担。只有根据以上调查结果，才能得出合理的薪金标准。又比如想要调查学生听课注意力不集中的原因所在，也要用调查法。先统计各个学

---

① 余家菊：《教育原论》，上海大陆书局 1933 年版，第 6 页。
② 余家菊：《教育原论》，第 7 页。
③ 余家菊：《教育原论》，第 7 页。
④ 余家菊：《教育原论》，第 7 页。

科学生在听课时没有教师在场的情况下注意状况如何，以及有教师的注意状况又如何，在不同时间段内的注意状况如何。将这些调查结果加以统计分析，“即可以有所领悟矣”①。

除了上述研究方法外，余家菊还强调新手科研工作者应注意从事教学研究经验的积累。教学研究经验是了解教育问题，理解教学理论的敲门砖。“故初学者，宜寻求机会以扩张自身的教育经验。”在教学研究之前积累丰富的经验，然后才会有推进教学研究的根据。

六　教师的培养

余家菊十分注重教师的培养。他提出：“教育之事待其人而后行，有其人则举，无其人则废。”“其人”即指教师。“有教师然后有教育，欲教育良，必先使教师良。”②“教师之良窳，为教育成败之重大枢纽。”③为了养成优良的教师，余家菊在师资的培养上注意到两个问题：

首先是选拔合格的师范生。“欲养成优良的教师，当先选拔其生而具有能为教师之材质者。”④为此提出了八项具体要求：身体强健；言语清明；态度和易；意境恬适；忍耐力强；注意精密；存心真挚；智力优秀。经过选拔，汰劣选优，使一批真正有教师材质的人进入师范学校。

其次，教师应具备为人师表、榜样表率的素质和能力。余家菊在《教育原论》中提出“教师之良差，为教育成败之重大枢纽，故于师资之培养宜加以充分注意”⑤。真正优秀的教师必定富有专门的知识，懂得教育的艺术，拥有专业的修养，既有科学的思维和手段，又有人本化的思想意识。从古至今，富有专业的知识始终是作为一名教育者的基本条件，对这点不作过多阐述。懂得教育的艺术也就是懂得如何提高学生的学习效率。余家菊提出：“教学的技术，第一为演讲。演讲

---

① 余家菊：《教育原论》，上海大陆书局 1933 年版，第 8 页。

② 余家菊：《师范教育》，载《余家菊（景陶）先生论著》（第 5 辑），慧炬出版社 2000 年版，第 334 页。

③ 余家菊：《教育原论》，第 147 页。

④ 余家菊：《国家主义教育学》，上海中华书局 1925 年版，第 59 页。

⑤ 余家菊：《教育原论》，第 137 页。

者，教师直抒己意之方法也。”[①] 他认为教学手段方法中的第一位就是演讲，一名优秀的教师一定是一位优秀的演讲者。教师在教学过程中必须直抒达意，不能说话没有逻辑和条理。教师的声音也要抑扬顿挫，随着课程的进行而改变语调，声音过高会使学生精神疲惫，过低则没有了教师的威严。所以教师应该在教学中寻找合适的语调进行讲授法教学，以生动鲜活的讲解取代死板的灌输，让学生在教学过程中感受到讲解的魅力。

余家菊要求教师拥有专业的修养，这是对学生和教学工作负责，每位教师都会有职业倦怠期，时刻保持对教学的热情就是一个教师最应该具备的专业修养。除此之外，在教学工作之外善于思考，与学生保持平等交流的关系，公平看待每一位学生是教师专业素质的体现。余家菊对于师范教育的理解十分透彻，他非常看重师资力量的培养，多次阐述教师在教学中的作用和组织管理中应有的地位，从而更大空间和可能地发挥出教学组织引导学生成长发展的教育力量。下面以教学中学生的疲劳、休息为例，对教师教学中的主导地位及教育影响力加以说明。

众所周知，教学活动中学生处于学习强压之下难有效率，因为任何知识都有消化的过程，教师在教学中应该给予学生自由的空间。余家菊重视培养学生的自学能力，认为“若学生不起学习的志向或努力，教师无论如何善教，绝不足以使其有所心得”。[②] 其实，这种主张隐藏着《学记》中所述的“藏息相辅”思想。学校中教师的讲解要与学生的理解相结合，讲解之后还要给学生一些消化的时间，这样才能更好地促进学生对知识文化的领悟和加工，提高教学效率。所以善于教学者，务使在学习正业时专心修习，在退而休息的时候，就尽兴游乐。在这个过程中，脑体结合、动静搭配、张弛有序，大脑左右半球交相利用，神经系统兴奋与抑制平衡。唯有如此，才能使学生巩固所学，从而亲近师长，乐于交友，恪守信念。毕业后即使离开了师友，也不会违背师友的教导。所以教师应在学习中使学生劳逸结合，真正做到

---

① 余家菊：《教育原论》，大陆书局 1933 年版，第 103 页。

② 余家菊：《教育原论》，第 108 页。

“藏息相辅”。同时，余家菊针对当时学生“以疲劳为借口不学习”的现象做了批评。他认为凡事都须有一个合理的度，学生不能以寻找自由为由而逃避学习。所谓劳逸结合的前提必然是劳，放松是消化知识的过程而不是贪图享乐的过程，教师不应放任学生不学习，要通过布置功课和定期考试的方法提高学生的学习积极性，及时发现学生学习上所存在的问题以便更有效地开展教学。

综上所述，余家菊的教学论兼容中西，不仅具有浓厚的传统文化色彩，还涵盖了西方近现代先进教育思想的精华。他在教学论思想中重视学生的活动教学而不是死板的课堂教学，在人性自然和人格训练背景下，更重视师资能力和素质的提高。作为一位国家主义教育家，他的教学思想具有克服教学自然主义或个性主义弊端的积极作用，给予当代教学理论以十分深刻的启迪。

第三节 教育管理论

余家菊作为国家主义教育学派的代表人物，始终怀抱“教育救国”的使命，针对当时中国教育的弊端，极力引进、介绍西方教育理念，积极参与、推动教育革新，形成了较为丰富的教育思想体系。在余家菊任教武昌师范大学前后，中国发生了一场规模宏大的非基督教运动，掀起了一阵前所未有的宗教及教会教育批判热潮，并演变为声势浩大的收回教育权的爱国运动。在这场时代浪潮中，余家菊起到了积极的带头主导作用，并向世人阐述了他的教育管理思想理论。

一 收回教育权

余家菊作为近代留学知识分子的代表，最早在武昌的文华大学接受高等教育，后来又进入中华大学求学。由于自幼便受到了传统文化熏陶和民族独立思想的侵染，余家菊对教会办学并无钟情倾心。在近代以后中华民族救亡图存时代主题的感召之下，他对西方教会以开办学校为名侵犯中国教育主权之实感到愤懑不已。在余家菊看来，国家必须有适于其精神的教育维护之，而这只有国家主义的教育才能办到，因为国家主义教育的主旨“对内则在使国民有公共的志趣而无党派的龃龉，对外则在抵抗强权，延存国脉”①。

五四时期，由于思想得到解放，各种教育思潮、教育主义并兴。余家菊对此的热情不高，无欢欣鼓舞之情，却有观望持重之心。甚至有时会认为这些新思潮和学说导致国民思想的混乱和无从归依，教育也成为无中心思想的教育。在这种形势下制定的教育要义“养成健全人格，发展共和精神”完全没有体现国家性，忽视了国民精神的养成，而且笼统、不着边际，失去了作为宗旨的约束作用。余家菊认为，首先，教育宗旨必须合于下面三点：“国家性”，即教育宗旨必须适于此时、此地、此民族之需要；“渗透性”，即教育宗旨可以贯彻于各项教育活动中，避免适于此而不适于彼；“确定性”，即能够明确指示教育者努力的方向，便于把握与实施。上述三点缺一不可，如此方能使教育宗旨发生作用。他进一步指出，要制定今日中国的教育宗旨，并非一件易事，必须认识中国的文化与历史，使教育宗旨体现出鲜明的民族性。此外，还必须有助于“救亡”，有助于培养国民的独立性、责任性、和谐性。他主张中国的教育宗旨宜定为精忠报国、慈祥恺悌、独立进取。其次，必须建立国家主义的教育行政。教育事业由国家办理和监督，是国家主义教育的一条重要精神，余家菊主张国家对教育事业的行政管理拥有绝对的垄断权力。为此余家菊要求把外国人开办的学校悉数收回。在他的文字中隐含着对教会教育的强烈不满：“于中华民族之前途有至大危险的，当首推教会教育。教会在中国取得了传教与教育权，实为中国历史上之千古痛心事。”② 余家菊认为，外国在中国设立学校，“不存政治侵略之心，即怀经济侵略之图，即具文化侵略之念”③。而文化侵略的结果“实为政治侵略与经济侵略的前驱”。因此，“为国家之生存计，为文化之延续计，为社会之安宁计”，必须收回教育权。

在《中国教育的统一与独立》一文中，余家菊进一步表明自己对教会教育的态度：一是西方教会在华办学，“是一种由条约得来的权利”；

① 余家菊：《教育原理》，上海中华书局 1929 年版，第 34 页。
② 余家菊：《教会教育问题》，《少年中国》1923 年第 7 期。
③ 余家菊：《国家主义之下之教育行政》，《中华教育界》1925 年第 1 期。

二是教会的“煽惑办法”与“群众运动式的传教”，是与中国人崇尚儒学文化和伦理道德的熏陶习染方式相违背的；三是中国自春秋后期儒家私学办学及思想观念传播以来，宗教性便十分淡薄并大体认同教育应该是中立的。接着，他严正地声明：“教育界曷为而不主张‘收回教育权’?”① 此时距离上海青年学生以“非基督学生同盟”名义发表《非基督学生同盟章程》正好整整一周年，也就是说，正值国内非基督教运动开展得如火如荼之时，余家菊在英国首都伦敦以反问的形式发出了“收回教育权”的战斗口号，提出了收回教育权的明确主张。

余家菊在分析教会教育的本质时，所取证的材料正是巴敦调查团《基督教教育在中国》的调查报告，这样就更加真实、准确地将其企图揭示在众人面前。他指出：第一，基督教“以传教为目的，以收服信徒为荣誉，为宗教而传教，为上帝而传教……对于教主就硬加以圣子之名，对于教典就硬认为启示录。将根本基础建立在神道之上，理性之外”。所以说，“教会教育是侵略的”②。第二，教会教育通过“师范生之培植”“与美、英之在华工商势力相结托以为其毕业生谋丰衣足食之道”“利用青年会之社会服务的招牌以侵入非教会学校”等途径，在中国培植宗教势力。同时，还利用“外交上的机会又使得若干基督徒入主内阁，或直接间接握有教育上之最高权”，扩大在中国的政治影响。这样在中国“制造宗教阶级”，导致“以素无宗教问题之中国，必欲使她变到欧洲这种状况”。第三，教会教育“一面既坚不承认向我国政府机关注册，遵守中国法律。一面又自为种种组织，设官立职，发号施令，中华民国国土内俨然又出现了一个基督教王国”③，与中国现行的教育体制相违背，严重妨害中国教育的统一。

1923 年 9 月，余家菊在“少年中国学会”月刊《少年中国》第 4 卷第 7 期上发表了《教会教育问题》，进一步申述了自己的“收回教育权”的主张及提倡的理由。在他看来，外国教会在中国取得了传教权和教育权，“实为中国历史上之千古痛心事”。他揭露教会教育的危害在于：

---

① 余家菊：《中国教育的统一与独立》，《中华教育界》1923 年第 8 期。

② 余家菊：《教会教育问题》，《少年中国》1923 年第 7 期。

③ 余家菊：《教会教育问题》，《少年中国》1923 年第 7 期。

"一、教会教育是侵略的"；"二、基督教制造宗教阶级"；"三、教会教育妨害中国教育之统一"。因此，中国对教育权之收回"实为一紧急问题"。关于如何收回这种教育权，他进而提出了五项"具体可行的措施"："一、于宪法教育章中明白规定教育于各宗教恪守中立"；"二、施行学校注册法""有违反注册法或径自不注册者，由该校所在地长官封闭"；"三、施行教师检定法""凡未经注册之师范及其他之毕业生，不得享受做教师之权利"；"四、严格施行义务教育法规""凡未经注册之学校者，不得视为已尽受教育之义务，其父母所应受之惩戒与完全不送子弟人学者同"；"五、未经注册之学校之各级学生或毕业生不得享受各该级学生或毕业生之权利"①。上述方案一方面使教会办学受到本国政府控制和管辖，另一方面则例行国家办学活动，尤其强调推行义务教育国家的行为担当。

上述设计主要是从制度操作层面立意的，其中最关键的一条是："教会之于宗教流派的中立"。如果其他条款属于治表、治标之举，那么此乃治本、治根之法。因此，余家菊一再强调："在使全国国民无论在内在外皆确信宗教与教育之混合，有百弊而无一利，皆愿诚心恪守教育中立之原理"。关于教育中立问题，余家菊指出："教育为国家立国根本，亦为下代国民之基本权利。一切教诲，皆须汲取文化上最为精粹之目项而多数有识者以教授之。不得利用学校以作私的宣传机关。"② 从中除了可以看出余家菊对于国家管理教育的强烈主张之外，还可以看出学校这个场所在他的眼中是非常神圣的，应该保持完全中立的姿态，除了用以传授知识给下一代之外绝不可做以他用。余家菊在此突出了在神圣寓意下教育行政独立思想理念的确立，堪为内在根本。应该认为，这些谋划设计较之同时期的教育独立论倡言者和非基督教或收回教育权运动推行者的主张，都更具实践操作的作用，并从观念到行为方式上提出了行动方略。余家菊提出的这些主张无疑是"非基督教运动"转变为"收回教育权运动"的一个重要演进环节，是这一历史篇章的一个关键点。正如有学者所评价的：余家菊作为收回教育权理论的倡导者，直接推动了 20 世纪 20

① 余家菊：《教会教育问题》，《少年中国原会月刊》1923 年第 7 期。
② 余家菊：《教育原论》，大陆书局 1933 年版，第 132 页。

年代收回教育权运动的发展，极大地鼓舞了中华民族的志气，增强了中华民族的自信心，这也是国家主义教育思想最直接的实践成果。这场运动迫使教会教育最终走向中国化和世俗化，无疑是中国教育早期现代化的一个重要的历史步骤，其中余家菊功不可没。

将教育完全统一于国家集权控制之下。为了维护教育主权的独立与统一，反对任何党派、私人、地方、教会的教育和外国殖民教育，将教育权收归国家，使教育真正成为一种国家办理或监督的事业。这些观点在当时国内军阀专权，战乱频繁，外国列强侵略加深，民族危机日益严重的社会背景下，颇合当时教育界人士之心。这一思潮在 1924—1925 年达到其最高点，在一定程度上促成了 20 世纪 20 年代的收回教育权运动，促进学校教育中国民教育和爱国教育的加强。

二 国家统一管理教育

就教育宗旨而言，自清末颁定“五项宗旨”后，执政者已开始意识到“新民德”的重要性。诚如余家菊所言：“救国救种之论，忠君尚武之说，如春笋怒发，振奋人心之功颇为不小。”① 但此时所要维护的国家，却鲜有民主气息。余家菊在 1925 年《中华教育界》第 15 卷第 1 期发表的《国家主义下之教育行政》一文中，明确将国家主义教育的真髓概括为六个方面：“教育应由国家办理或监督”“教育应保卫国权”“教育应奠定国基”“教育应发扬国风”“教育应鼓铸国魂”“教育应融洽民情”。这六个方面构成国家主义教育思想的核心内容，其中第一方面就是确立国家之于教育的管理和监控功能，同时也是应负责和承担职责的主体。后五个方面则是对国家主义教育视域下教育功能和作用问题的思考及表述。可以认为国家和民族的精神及意蕴融汇其中，透彻明晰，酣畅淋漓。余家菊对每一方面都做了不同程度的例证和阐释，鉴于前文对此已有所述，在此从略。

既然将教育的管理和实施委诸国家，国家政权由一系列行政机构部门组成，行使国家管理政权和事务。因此就有了教育行政部门以及

① 余家菊：《余家菊（景陶）先生教育论文集》（上），慧炬出版社 1997 年版，第 342 页。

怎样实施的相关问题。余家菊认为，设置中央政府教育部依据于国家的宪法，对一国教育权加以统一执掌，体现国家对教育事业的行政管理拥有绝对垄断权。“举凡创校之允准、旨趣之厘定、教师之进退、教材之规划等无不属之。”① 对国家、社会发展起着重要作用。这些权利都是独立国家所应享有的教育主权，绝对不允许外人干涉。教育部的下级机关为省教育厅，省教育厅的下级机关为县教育局，在这种等级明确的教育行政之下，督学制度能更好地发挥其自身的作用。教育机关的各个岗位都是由视学讲习所中的师范生担任，这个制度在确保教育机关专业性的同时也更利于国家的督察。但他继而提出另一个观点，教育行政管理的设计层级关系确定及职责内容均应依据法律，应该有法可依。与此相应的问题是下级教育机构可以不依据法律，只需要依据上级机关发布的命令即可，因为上级机关发布命令的权力是由国家法律赋予的，机关发布的命令不可以变更法律，更不能违背法律。在这个主张之下教育的主要权力在于立法机关，而不是行政机关。余家菊的上述见解或许是依法治教的一种设计思考，而至于从教育法学视角作何种理解，可作讨论。

由于教育所牵涉的事项以及由此卷入的影响因素颇多，国家所设的教育行政机关所从事教育的管理工作不可能事无巨细都加以具体落实，或使问题得到有针对性地解决。余家菊意识到了这个问题，于是提出上级机关将教育具体化，对下级机关分配任务，使各级教育机构拥有自由把控的伸缩余地。由此理解，高一级教育部门向下发布命令的方式不能绝对化，并使教育作用于人出现异化问题。在《教育原论》一书中，余家菊明确指出：“政令只宜规定要领，不可设计细目。又宜多采用提示方式，不宜常用命令行事。盖必如此，然后执行者始有斟酌情形善为裁处之可能。以中国之广大，情形之复杂，整齐划一之办法，绝不能行。”② 也就是说，教育在由国家组织管理的前提下，也应给各级教育机构一定的自主权。因为中国的情形与其他国家是不同的，因地制宜、差异性目标要求是最有效地提升教育机构功能的方式。

① 余家菊：《国家主义下之教育行政》，《中华教育界》1925 年第 1 期。

② 余家菊：《教育原论》，大陆书局 1933 年版，第 133 页。

余家菊从教育均等的视角出发，论述国家举办义务教育和促进边疆少数民族教育的必要性及相应举措，并且教育就是面向全体公民的，不能有所偏颇，无论这个学生的家境是好还是坏，智力是高还是低，他都拥有接受教育的权利，没有任何人有资格放弃他。余家菊认为，凡一国之民都有接受教育的权利。学龄儿童接受教育是一种义务，各级教育机关以及教育设施都必须力求公平。由于义务教育的国家责任性质以及社会治理需求特性，这类教育是教育正义的集中反映，对于家境贫困的学生应该免其学费，实施免费教育，并赋予其伙食书籍的补助津贴。对于地理比较闭塞、交通比较偏僻的地区，国家应该给予发展教育的重视和经济与政策上的扶持，在经济和师资等方面加以有针对性的帮助，以此达到全国所有地区义务教育实施的最终目的。余家菊十分注重蒙藏教育和少数民族教育，他认为，蒙古、新疆、西藏同为中华民族的组成部分，而且与国家安全与社会稳定的关系密切。因此，推行蒙藏教育是教育行政管理的重要组成部分。

余家菊在《国家主义下之教育行政》一文中指出：教育在维护国家统一中有着重要的作用，“借教育与宣传之力以通其情意培其同心”“教育边疆之民使与吾人同心同德协力协作”①。在此基础上，余家菊在文中还提出了实施蒙藏教育的几项具体措施：（1）设立蒙藏师范学校，“招收有志之士，授以蒙、藏文字与风俗，及其必要的教育理想”，学生毕业后任职于蒙藏地区，使之“启发民智、宣传文化”。（2）重视蒙藏子弟教育。“开设蒙、藏子弟来学之例，或于内地相当之学校酌留蒙、藏名额，或于北京、甘肃、四川等省特设蒙人藏人学校。”以提高内地文化对蒙藏地区的吸引力。（3）中小学史地教科书宜尽量采用有关蒙藏地方材料，“使对于该地人民有较良的了解，兼以启发其开拓边疆之壮志”。在这些措施中可以看出余家菊对于蒙藏教育发展的重视以及对于国家教育管理的独特见解。

三　教育管理的专业化

余家菊在《教育原论》中按照时间顺序分析了中国不同时代的教育

---

① 余家菊：《国家主义下之教育行政》，《中华教育界》1925 年第 1 期。

行政制度，同时还同法国的大学区制教育管理模式加以对比，希望能从教育历史经验和外国教育制度比较中探索中国的教育行政体制。余家菊说："介于现制与学院制之间者，尚有光绪二十九年拟议的总理学务大臣制。若行此制，教育总理与国务总理相平行。教育可独立于政策之外，而教育行政与学校事务又可分离，似为一堪讨论之问题。"① 由此见得余家菊支持政教分离的观点，他认为教育应该与行政分离，也就是独立于政策之外。他希望学校有自主权，具有专业研究的特点，"教育为精神事业，并非纯粹事务处理所可比。"② 在行政上应该以教师等具有教育专业素养及能力者为依托，教师和教育专业研究者的思想和方法毫无疑问应成为教育管理和办学实际的行为导向或准则，这也正是政教分离的意义之所在。

余家菊的主张是，教育行政部门就要由真正懂教育的人经营管理，因为在他所处的时代，教育科研院所机构缺乏，大学教研组织及学科专业稀少，大量存在的与此相关联的组织是师范教育。因此，余家菊十分垂意师范教育，希望通过向教育机关源源不断地输入优秀师资来达到教育的专业水平提升。他认为教育事业具有很强的科学性，并不是所有人都能成功地担任与教育相关的岗位，在教育行政上应该更加吸取专业教师的经验与意见，这也是他为什么提出教育管理专业化的原因。为了保障教育管理及人才培养工作的专业化水平，必须开展教育的评估及督促改进事项。为此，余家菊主张在全国统一设立视学所，采用视学国派制，以保障国家教育宗旨、教育政策及课程教材的有效实施，以便真切地解决各地教育发展中的各种问题。他设想在北京开设一所视学讲习所，招收师范毕业生，学习教育原理、教育政策、教育方法等相关知识，使他们具备相关的知识。毕业后，由教育部统一派遣。"然后各省教育方可于若干程度上收同风一道之效，而国家教育之精神乃可以普遍地实现也。"③ 同时，余家菊还提出必须正确处理视学与地方教育的关系，即"不应影响地方教育自由发展的活力"，以体现教育管理或办学活动中的统一性与

---

① 余家菊：《教育原论》，大陆书局 1933 年版，第 131 页。

② 余家菊：《教育原论》，第 132 页。

③ 余家菊：《国家主义下之教育行政》，《中华教育界》1925 年第 1 期。

多样化结合的灵活方法及举措。

以上所呈现的内容主要是余家菊教育行政管理的思考和见解。教育管理论中的另一部分即学校管理也是重要的，且是不可或缺的。余家菊对此有不少论述，其论述具有学校办学管理具体而可操作的特点，其中的教育学和行为科学专业化的要求更加明确。相关的材料、观点在余家菊对学校或教育类型的思考论辩中有所体现。限于篇幅不再加添文字言论。

第六章

余家菊国家主义教育学理论建构（下篇）

第一节　师范教育论

余家菊是中国现代著名的教育家，他的教育理论极为丰富，而师范教育是其中重要的一部分。他十分重视师范教育在整个教育体系中的重要作用，积极倡导师范教育独立，并结合自身教育实践对中国现代师范教育制度的设计提出了见解。

余家菊于1921年冬赴英留学，归国后长期从事师范教育教学和研究工作。他不仅在《教育丛刊》《中华教育界》《新教育》等刊物上发表了《我对于师范学校的希望》《论师范学制书》《师范教育行政》《师范生实习问题》等有关师范教育的文论，而且所撰专著《师范教育》于1926年由上海中华书局出版，长期被用作师范学校的教材，其中构建了较为完整的师范教育思想体系。

师范教育依教育学理而言，可理解为培养师资的专业教育，按纵向学段分为中等师范教育和高等师范教育。前者主要培养小学和幼儿园教师，后者主要培养中学和相应程度的学校师资。而从学制横向结构划分上，可以分为普通师范教育、职业师范教育和特殊师范教育。其中普通师范教育包括体育师范教育、艺术师范教育、外语师范教育、民族师范教育等，余家菊所述的师范教育主要是前两种类型。

一　师范教育的对象

余家菊在1926年5月发表的《师范教育行政》一文中，根据1922年北洋政府颁布的《学校系统改革令》，即“壬戌学制”有关规章，把师范学校依程度差异归纳成四级，分别是师范大学、师范专修科、师范学校，最后是补充初级小学教师额的师范培训班。并指出“就师范学校之目的言之，大别之可得二种。一为中小学普通教师之养成，一为职业教员之养成”[①]。他对师范教育的目标作了思考，“依吾之意，师范学校所培养之人员，至少须有下列各种：1. 幼稚园及小学初年级（一、二年级）教师，2. 小学高年级（三至六年级）教师，3. 初中普通学科教师，4. 高中普通学科教师，5. 乡村学校教师，6. 师范学校教师，7. 教育行政人员，8. 体育教师，9. 艺术学科教师，10. 各种职业学科教师。”[②] 因此，在余家菊的师范教育视域中，师范教育的培养对象包括了一般意义上的教学人员，同时也涉及关乎教学的各个学科门类，还把教育行政人员囊括进来。此外，他设计的师范教育师资培养范围，既包括了普通学校，又特别关注乡村学校。

二　师范生的培养质量

（一）普通师范学校培养师资的质量要求

1. 具有高尚思想品德和健康人格

师范教育培养怎样的教师，这是首要的问题。余家菊从国家主义教育学理论视角出发，对此加以论述。余家菊认为，教师职业的最终目的是发展学生的个性，塑造健康的人格。“发展其个性以培植其美满的人格，此则师范职业之要旨。”[③] 教师是世人行为的模范，“教师一念之差为学生终身之患，一朝之失为学生百年之忧。”[④] “学生之行为思想皆于无形中备受其束缚。”[⑤] 这里的束缚显然不是压抑、控制的意思，而是熏陶、侵染的代名词。那么，教师自身就要有高尚的品德、健康的人格。因此，教师具有在教学过程中应当以“生活化的人格教育”为指南针，让学生在日常学习、生活中领悟“为人之道，修己之方，处世接物之理”[⑥]，特别是发展学

① 余家菊：《师范教育》，上海中华书局 1926 年版，第 132 页。
② 余家菊：《师范教育》，第 133 页。
③ 余家菊：《师范教育》，第 116 页。
④ 余家菊：《师范教育》，第 105 页。
⑤ 余家菊：《师范教育》，第 105 页。
⑥ 余家菊：《师范教育》，第 106 页。

生“爱人之德”“治人之能”[①]。

2. 教师应对学科专业有深刻造诣

由于教师承担着促进社会新一代成长及文化传授的重任，知识技能的教学是教师在教学过程中的主要活动。教育学术的进步，应建立在理性基础之上的教育活动中，“因袭的辨法已不复盲目的承受”[②] “主观的见解已不复任其具有最后的权威”[③]，因此，教师具有丰富的学科专业素养和经验非常重要。一位教师应当对专业学科内容有较深的理解和领悟，才能有“新的创见，新的理法”[④]，成为其特有的学科教学原则及方法，增强教师对所教学科的理解及掌握，提高教师的学科教学传授能力及创新能力。没有丰富的专业学科知识素养作为后盾，教师教育技能的发挥便如“无源之水”，苍白而无力。

3. 教师要有扎实的教育理论与教学技能

作为一位教师，掌握相关的教育理论知识很重要，这其中包括教育学、心理学、教育心理学等。学科理论知识固然重要，但离不开对所从事的具体专业学科，如语文、数学、外语、历史等的精湛掌握，以及基础文化背景和领域前沿水平的积淀或把握。仅有学科理论知识也会使教学徒有形式，成为镜花水月般的臆想。教与学的双向过程离不开教师的教，也离不开学生的学。教师如果掌握了相关的教育理论知识，可以更好地进行教学活动。如运用教育心理学的相关原理有效地激发、维持学生的学习动机，帮助学生更好地记忆所学的知识，运用教育学的理论提高班级凝聚力，创建一个具有良好学习氛围的班集体等。有了相关的教学理论指导，教学实践就会更有针对性和科学性。《荀子》记载：“师术有四，而博习不与焉，尊严而惮，可以为师；耆艾而信，可以为师；诵说而不陵不犯，可以为师；知微而论，可以为师，故师术有四，而博习不与焉。”[⑤] 即是说要成为老师，要有“师道尊严”，要有资历和威信，能准确、恰当地解读经典，明微言大

---

① 余家菊：《师范教育》，上海中华书局 1926 年版，第 106 页。

② 余家菊：《师范教育》，第 103 页。

③ 余家菊：《师范教育》，第 103 页。

④ 余家菊：《师范教育》，第 104 页。

⑤ 张觉撰：《荀子译注》，上海古籍出版社 2012 年版，第 194 页。

义。这里强调的是作为教师应有的威信和教育能力，博学并不是最重要的。而韩愈的《师说》云："师者，所以传道、授业、解惑也。"由此可以看出，一位教师需要有丰富的知识、一定的教育技能和充足的耐心，才能更好地教导学生。"授人以鱼，不如授人以渔"。同样的教学内容，有扎实教育技能的教师能深入浅出地讲解，让学生一点即通、心领神悟。反之，缺乏扎实教育技能的教师则会使学生浑浑噩噩、似懂非懂。教育技能不是光凭经验就能获得的，是建立在科学的基础之上的。因此，余家菊认为想要提高师范生的教育技能，"则必求之于练习"①。师范学校在对学生进行培养的过程中，要让学生通过各种方式如参观、见习、实习等方式获得教育的初步技能，在具备了基本教育技能后，"方许其离校就业，必俟其任职成绩昭著后，方承认其为正式教师"②。此外，教师还需要具备多方面的素质。如博览群书、胸怀宽广、专业积淀深厚、观察敏锐等，才能对良莠不齐的学生有"正确的了解，而施以恰当的应付，或中正的指导"，达到良好的育人效果。

4. 教师需要有专业精神

这里所说的专业精神，是指对教师职业的认同感及从事教师职业的乐业、敬业的精神。余家菊说："有专业修养，始能乐于从事""师范教育之在今日，培养此专业精神乃为其主要职责之一。"③ 如果教师缺乏职业热忱及教育信念，放任毫无专业精神的教师混入教育界，那么"教育的效用因教师材质之粗略而减少"④。因此，应以师范学校为中心，帮助学生树立明确的人生坐标，培养学生从事教育活动的兴趣，"振作其发奋有为之精神"⑤。教师所肩负的责任重大，教学任务繁重，收入微薄，如果没有坚定的教育信念，很容易受到利益的诱惑而产生转业之心，没有爱岗敬业的精神，则容易消极怠工。因此，"教师之物质待遇与社会地位固大有改进之必要"⑥。另外，除了提高教师的物质待遇及社会待遇，使

---

① 余家菊：《师范教育》，上海中华书局 1926 年版，第 108 页。

② 余家菊：《师范教育》，第 109 页。

③ 余家菊：《师范教育》，第 104 页。

④ 余家菊：《师范教育》，第 104 页。

⑤ 余家菊：《师范教育》，第 104 页。

⑥ 余家菊：《师范教育》，第 104 页。

其能够安居乐业以外，还要培养教师对于教育事业的自尊心与责任心。通过阐明“教育之价值与夫教育者在国家兴衰社会隆污中之关系”[①]，引发教师对自身价值的思考，“预为一伟大之人，欲有所贡献于社会国家，则从事教育事业，实为最优的机会”[②]。

（二）乡村师范学校培养师资的要求

从广义范围而言，乡村师范教育同属普通师范教育，只是对象特指广袤的乡村而已。余家菊认为：“乡村教育既有其异于都市教育者在，乡村师资之训练当然随而有其特异之点”[③]，因此，在普通师范教育培养目标共同、一般性基础上，尚应突出这一特殊对象的个性要求。对于乡村教师来说，由于乡村的学术机关不完备，知识阶级所占的比例小，教师就成了所有文明的代表。培养乡村教师，不同于普通师范教育教师的培养，除了要注重培养教师的“专门学识，教育兴趣教育技能，精密忍耐淡泊诸种性格”[④] 以外，还应使其具备以下特殊的必备修养：

首先，乡村教师要有丰富的常识。教育事业的属性具有综合性的特征，教育对象为完整的人，教育背景为复杂的社会，乡村教师的背景更为特殊，为广袤的乡村。因此，余家菊认为，乡村教师应“当一矫崇尚‘专家’的心理，而力求成为一个‘通人’”[⑤]。了解乡村各项生产生活情况，探究其中的渊源，充分掌握一些农业常识，在课堂教学中加以渗透运用。虽然不能做到无所不通，但也应该有广博的多学科专业领域知识，以便能随时解答乡村孩童学习的疑惑，对他们进行有针对性的指导。对学生而言，在专门范围内，如果教师自诩自己是全知全能的，那就有失学者之本色，在专门范围之外，不准学生问任何问题，那就有失教师之态度。因此，乡村师范教育要培养有“百科全书般的常识”[⑥] 的教师。

其次，要有勤劳的习惯和开创的气概。勤劳是乡里人的特质，人们鄙视不劳而食之人，家风优良的家庭，即便是丰衣足食，也以勤劳自励。

① 余家菊：《师范教育》，上海中华书局 1926 年版，第 105 页。
② 余家菊：《师范教育》，第 105 页。
③ 余家菊：《乡村教育通论》，上海中华书局 1934 年版，第 115 页。
④ 余家菊：《乡村教育通论》，第 117 页。
⑤ 余家菊：《乡村教育通论》，第 118 页。
⑥ 余家菊：《乡村教育通论》，第 118 页。

教师作为知识阶级，更应该在乡里树立典范，去除城市的“淫逸之风”①，勤于劳作，对青少年的品质养成及乡里良好风尚的形成都大有裨益，这样才能赢得乡亲们的尊重和信任。教师的事业，“不仅在办理学校，亦且在办理世界”②。况且乡村教育，一切都处在实验和振兴的过程之中。如果教师缺乏进取的精神，安于现状，那么一切改良都无从谈起。因此，乡村教师尤其要“勇猛精进”③，有“进步而无止境，有追求而无懈怠。人为其易，我当其难。人守其成，我开其初”④ 的精神。

最后，待人要有谦和的态度、真挚的情感和与人为善的精神。在乡村，人与人之间的关系相比城市而言更为密切。因此，作为乡村教师，对乡村社会、对乡民要怀着一颗真诚的心，发自内心地喜欢乡民，喜欢在乡村工作，和乡民真诚相待。余家菊指出，乡村教师不能因为个人私欲而产生嫉妒之心，对同事“倾轧排挤”⑤，对乡民“攻短讦长”⑥。乡村教师应时刻怀有宽宏纯正的态度，对待同事“乐于见他人之努力利人而赞助揄扬之”⑦，善于发现同事的长处，鼓励赞扬同事取得成绩，营造团结向上，互敬互赞的教学氛围；对待乡民要“拿起锹锄翻土，放下锹锄研究，扛起社会的担子，站在农人前面走”⑧，卷起裤脚能下地，收拢袖管做研究，这样才能与乡民建立起相互信任、相互支持的良好关系，共同促进乡村教育的发展。

三　教师的任职资格

“振兴教育之要道，其次于培养师资一等，而亦异常重要者，则为教师之检定。”⑨ 余家菊认为培养师资对于振兴教育十分重要，教师的检定也是必不可少的。当时，在我们国家里，师范类毕业生可以担任教师，

① 余家菊：《乡村教育通论》，上海中华书局 1934 年版，第 119 页。

② 余家菊：《乡村教育通论》，第 121 页。

③ 余家菊：《乡村教育通论》，第 121 页。

④ 余家菊：《乡村教育通论》，第 121 页。

⑤ 余家菊：《乡村教育通论》，第 120 页。

⑥ 余家菊：《乡村教育通论》，第 120 页。

⑦ 余家菊：《乡村教育通论》，第 120 页。

⑧ 余家菊：《乡村教育通论》，第 112 页。

⑨ 余家菊：《师范教育行政》，载余子侠、郑刚《中国近代思想家文库：余家菊卷》，中国人民大学出版社 2013 年版，第 388 页。

中学毕业生也可以担任教师；有教员许可状的人可以担任教师，没有教员许可状者也可以担任教师，教育界各个层次的组成过于复杂。

各处私立学校风起云涌，表面上都是为了教育的发展，实际上对于教育发展并没有多大益处。私立学校的大批出现，与其说是展现了教育蓬勃发展的现状，不如说是教育即将破产的结果。为什么要这样说呢？总归创立私立学校的人，当然其中是有真心服务于教育、服务于社会的人士，但是大多数都是以投资和营业为目的的。创立学校的动机不够纯正，在办学能力方面又没有专人监察，不止学生的前途会被耽误，教育在民众心目中的地位也会被损坏，进而影响社会国家。想要止损就必须制定教师检定制度，凡是想要从事教育工作的人，无论是入职公立学校还是私立学校，都必须取得教员许可状，然后才能办理入职相关手续，从事教育工作。这样做，误人子弟的学校才有可能减少一些。

中国原有教师检定章程，1920 年《给予教员许可状规程》第二条："凡非依照本规程得有许可状者，除有特别规定者外，不得充当教员。"① 由此可见，原有的政策对于教员，就是检定制度。规程第三条："高等师范学校并其他为养成中等教员所设立之学校毕业生及中等教员检定合格者，其教员许可状由教育总长给予之。"② 可见对于中等教师，本来也应该采用检定制。事实上，各省已经实施了对小学教员的检定，但是对于中等教师的检定还没有听说过，这应该是中学教育较劣于小学教育的原因之一了。规程第十一条："高等师范学校本科毕业证书与依照本规程所给予之中等学校教员之许可状有同等效力，师范学校本科毕业证书与依照本规程给予之小学教员许可状有同等效力。"③ 意在尊重师范教育。师范学校办理者不能严格办理，从而导致毕业生能力薄弱不能胜任教师职位的现象比比皆是。因此，为挽救眼下的师范教育，就应该取消师范学校之特权，通过考试检定毕业生，这样才能保证毕业生的任职水平和师范能力。考试包括普通专业修养、担任学科所需知识、教育智能等，并进行实地演习、试讲，以充

---

① 陈光春：《生成与失范 民国时期中学教师管理制度研究：1912—1949》，华中科技大学出版社 2016 年版，第 94 页。

② 陈光春：《生成与失范 民国时期中学教师管理制度研究：1912—1949》，第 94 页。

③ 陈光春：《生成与失范 民国时期中学教师管理制度研究：1912—1949》，第 96 页。

分证明毕业生能胜任教职员的工作，之后颁发教员许可状，就业时就不必再过问是否是师范学校毕业生了。师范生如果想要保持免检定的特权，那么师范学校的毕业考试应该大加整顿，必须使其能证实毕业生的能力，而且能督促未毕业生努力进取。如果能做到这些，师范教育的效率就会大大增加，师范生的特权也不至于被社会各界所议论。

培养师资是振兴教育的关键环节，而教师的检定又是培养师资的中心环节。当时师资力量参差不齐，一些没有教员许可状的师范毕业生和中学毕业生都到学校教书，私立学校蜂起，师资状况令人担忧。当时教育部制定的《教师检定章程》部分条文不清导致执行不力，相当于一纸空文。余家菊提出："凡欲从事教育者，无论其所办理者为公立学校抑或私立学校，皆须得有教员许可状，然后准其从事。"① 而要获得教员许可状，不管是师范生还是非师范生，都必须通过专门的考试。考试的内容包括普通修养、所任教学科的教育智能、实地演习。学生还要参加学校组织的教育参观、进行教育见习或实习，获得一定的教育技能。考核通过后，才能获得教员许可状，才能离校就职。毕业生在学校担任教师后，还需要通过用人单位在一定期限内的考核，才能转为正式教师。由此可见，这样的教师鉴定制度是相对比较完整和严格的，检定的内容不仅包括了知识和理论层面，也包括了实践层面。不仅注意到了学校如何让合格的教员"出炉"，也让用人单位能参与到教师的检定中来，以便更好地选择优秀的教师。

四　师范教育的体制

师范教育的质量保障从教育政策管理层面而言，一则重在选拔优质生源，二则保障就学期间优裕充足的学习待遇，使之无后顾之忧。余家菊对此作了充分剖析。

（一）师范生的选拔制度

教师之于个人成长、国家社会发展以及民众生活之福不止关系重大，其职业的重要性及意义十分崇高。那么，未来教师任职的条件要求自然应从选拔师范生入手。这里有必要套用西方的谚语："教师是生成的，而非

① 余家菊：《师范教育》，上海中华书局 1926 年版，第 150—151 页。

教成的。”余家菊则认为应将此语改成“生成的教师方可教成之。”[①] 也即是说，优秀教师的培养主要受制于两方面的因素：教师自身的个人修养，专门的训练，其中又以前者为重，“欲养成优良的教师，当先选拔其生而具有能为教师之材性者”[②]。如何检测人是否具有成长为教师的“材性”呢？对此余家菊提出了八项指标：（1）身体强健，能忍耐教职的困累，考试时由医院检查。（2）言语清朗，言语能力是教师成功的首要条件，口试时进行考察。（3）态度亲和，对待师友，亲和为上。（4）意境恬适，教育烦劳而待遇清苦，愉快之情与冲淡之怀，皆为必要。（5）忍耐力强，急切求功，则必不达。（6）注意精密，丝忽之差，危险丛生。起居饮食，德行学业每一样都不能疏忽。（7）存心真挚，人与人交往，真诚最重要。（8）智力优秀。[③] 以上八项指标有的可以通过测验来判定，比如智力；有的可以通过观察来知晓，比如态度。而究其内容则包括身体、心理、智力以及教师职业的认同感等多个方面，由外而内，由表及里，比较全面地概括了一位未来教师入学前应具备的基本素质。这就要对欲入师范学校的学生资质进行各种途径的考核，这样一方面提高了师范生的准入门槛，那些只想把教师职业当作谋生工具，丝毫无敬业爱岗之心的人就被排除在外，教师队伍培养和建设的整体质量也就能得到保障；另一方面，有助于改变社会流行的“家有三斗粮，不当小孩王”以及“读书做官论”“学而优则仕”的观念及风尚。

除了师范生入学素质及潜力之外，师范学校所接收的学生数量，还受制于地方办学的实际状况，如果某县需要的教师数量少，但所录取该县的学生反而多，或某县需要的教师数量大，而所录取的学生反而少，都会发生供求脱节的矛盾，就会造成师范教育资源及人才的浪费。

（二）师范生的公费制度

中国近代师范教育办学模式自清末始即为定向型师范教育模式，其特征是师范教育的公费培养与师范毕业生任教职年限及要求的共同并举，这种师范教育模式对保障师范生权益、稳定教师队伍、推动师范教育稳

① 余家菊：《师范教育》，上海中华书局 1926 年版，第 144 页。

② 余家菊：《师范教育》，第 144 页。

③ 余家菊：《师范教育》，第 144 页。

步发展，发挥了应有的积极作用。同时，国家的调控及责任与教育培养的国家工具取向十分明显，但受美国实用主义教育突出地方及个人作用的影响，有人提出要废除师范生公费制度，究其原因主要包括：（1）师范教育是职业教育的组成部分，师范生独享公费权利，这对其他类型的师范教育是极其不公平的；（2）公费制度带有慈善济贫成分，容易使公费生滋生依赖的心理；（3）国家投入教育经费不足，师范生公费政策，限制其他类型学校发展的经济力支撑；（4）师范生求学期间在学校享受公费待遇，但部分毕业生任职后却并未承担约定的责任；（5）一些贫穷家庭子女的动机在于享受公费待遇而报读师范学校，内心却并不热爱教师工作，有违于教师培养机制的预设及师范教育目的的达成。

对上述意见，余家菊承认部分情形属实，但认为不能因噎废食，要使困惑消除的万全之策是不存在的，只有比较而言在调整改进基础上的选择利用才是明智之举。不能因为师范公费制的局部流弊而放弃所有，这无异于“把小孩同洗澡水一起泼掉”。接下来，余家菊又为师范教育加以论辩。首先，平等不是等同，而是就相对意义而言的。教师职业责任重大，实行师范生公费待遇是为了形成“尊师”的社会风尚。中国自古以来就有尊师重道的传统，在排座席时，师长往往向南而坐，以示地位尊贵。村邻里间有矛盾争执不下时，往往请私塾先生决断，而不致诉诸官府。其次，不能因少量师范生而殃及池鱼，这样难免以偏概全。如果师范教育中有突发或新的问题出现，应当由教育长官加以协调并纠正，“何可因无端的诟念而牺牲师范生应得之权利哉?”[①] 况且学校处于纷争矛盾中，大多并非出于师范生公费制，而是出于其他方面。“校内各班级间之风潮，起于日常生活中地位之悬殊者有之，起于经济的待遇不一者则未之前闻。”[②] 因此，实行师范生公费待遇并不会导致学生之间的不和睦，也不会有伤学校风化。再次，师范教育的特殊性决定其公费性质的必要性。“师范生公费为食志而非济贫”[③]，与义务教育国家予以发补贴或免费相类似，公费师范生制度是合理的。这对于选择师范教育专业的学生而言，无疑是他们享有的权利，

① 余家菊：《师范教育》，上海中华书局 1926 年版，第 148 页。

② 余家菊：《师范教育》，第 148 页。

③ 余家菊：《师范教育》，第 149 页。

不能和慈善事业混为一谈。师范教育是国民教育之母，因为有了公费政策，贫困家庭的孩子才有机会接受师范教育。至于教育经费缺乏问题的发生，固然与国家财力不足所导致的教育经费比例偏低有关，但在那率兽食人的时代，军阀、资本家以及贪官污吏为了自身的私利，不惜挪用、侵吞有限的教育经费。余家菊愤慨地提出："乃不与军阀争，不与资本家争，又不与贪官污吏争，而独与师范生争此戋戋，何所见之浅耶!"[①] 与此同时，余家菊还明确说明师范生在享受公费待遇的同时，要履行相应的义务。接受公费师范教育的学生在毕业以后，应一心一意、踏踏实实地履行从教的职责和使命，为推动教育事业的发展尽自己的绵薄之力。之所以出现部分师范生只享受权利而不履行义务的事件，是因为规章制度不健全。如果预先规定好服务的年限，对未履行义务，提前退职者予以问责追究，预设需补充的教职人数加以协调补救，那么就能确保师范生在享受权利的同时，更好地履行自己的义务了。总之，如果想要解决其中出现的问题，那么"不在消极的取消师范贷费制，而在积极的于其他中等学校内，设奖学金额或免费生额，以资补救而免偏倚可也"。[②]

余家菊除了强烈要求推行师范生公费政策之外，还主张增加教师的物质待遇，即提高教师的社会地位。教师的物质待遇改善，安居乐业，衣食无忧，方能"久于其任，专一其志"[③]。不必为家人的温饱问题而奔波劳累，不至于因工商利益之优厚"而起废然思返之念"[④]。提高教师的社会地位，形成全社会尊师重教的风气，使从教者更有尊严和自我价值感，带着愉快的心情工作，从而形成良性循环，促进教师教育教学工作更有效率和高质量地进行。

五　师范教育的课程设置

师范教育，这里主要指师范学校。学校的课程编制及实施是学校教

---

① 余家菊：《师范教育》，上海中华书局1926年版，第149页。

② 余家菊：《师范教育行政》，载余子侠、郑刚《中国近代思想家文库：余家菊卷》，中国人民大学出版社2013年版，第386页。

③ 余家菊：《师范教育》，第149页。

④ 余家菊：《师范教育》，第104页。

育目标任务的保障。余家菊所论课程包括普通师范学校和乡村师范学校两大类不同方案。师范学校的实习也是特种类型课程。在教师培养中有特别和必要的作用及价值，因而格外受到余家菊的垂顾。

（一）普通师范教育的校内课程

师范教育的目的必须通过师范学校课堂教学来实现。教学内容及资源构建的主要媒介或载体则是课堂。开设什么样的课程，每门课程又该如何设计内容及单元学时分配，这是一个至关重要的问题。余家菊思考的课程问题相关因素主要有：课程拟定所依据的原则，如设公共必修课的用意和依据何在；各科目如何按年级分配，某课程占多少学分，学科之间知识的衔接问题；所开设课程的教育意义；课程交叉重复及脱节问题的解决；课程基本理论在课程计划、课程表中的依据。① 针对这些问题，余家菊拟制的6年制师范生课程表如表6－1所示。

表6－1 **六年制师范学校课程**

	课程	学时
第一、二学年诊查期（68学时，一学时为一年，每周上课50分钟）	修身及公民（为人处世，经济要义，教师道德）	4
	教育常识（教育事业的性质，相关学术问题）	6
	心理入门（与教育学日常相关的心理学知识）	3
	国语及国文	10
	英语	10
	数学（算学，代数算法，代数，几何）	10
	科学	6
	乐歌	2
	图画	2
	手工	2
	习字	1
	体育及军操	6
	历史地理（可合并教授或轮换）	6

① 余家菊：《师范教育》，上海中华书局1926年版，第183页。

续表

<table>
<tr><th></th><th colspan="2">课程</th><th>学时</th></tr>
<tr><td rowspan="7">第三、四学年（基本期段，32 学时）</td><td rowspan="4">人本修养
（16 学时）</td><td>公民及修身</td><td>2</td></tr>
<tr><td>科学概念</td><td>2</td></tr>
<tr><td>体育</td><td>6</td></tr>
<tr><td>英语</td><td>6</td></tr>
<tr><td rowspan="3">专业修养
（16 学时）</td><td>教育学</td><td>5</td></tr>
<tr><td>教育史</td><td>5</td></tr>
<tr><td>教育心理</td><td>6</td></tr>
<tr><td rowspan="4">第三、四学年（基本期段，34 学时）</td><td rowspan="4">担任教科科目
（分组制，任选一组，34 学时）</td><td>图文（8），史地（10），科学（10），数学（6）</td><td>34</td></tr>
<tr><td>图文（8），科学（10），数学（10），图画（6）</td><td>34</td></tr>
<tr><td>图文（8），科学（10），图画（8），手工（8）</td><td>34</td></tr>
<tr><td>图文（8），科学（10），史地（8），音乐（8）</td><td>34</td></tr>
<tr><td rowspan="10">第五、六学年（精进期段）</td><td rowspan="3">担任教科科目分组制（前三组中可各选一科，再在四组中自由选修 6 学时，共 15 学时）</td><td>语文组（国语及国文，中国文学，英语）</td><td></td></tr>
<tr><td>社会科学组（历史，地理，政治学，经济学，社会学，家政）</td><td></td></tr>
<tr><td>自然科学组（算学，代数，几何，三角，物理学，化学）</td><td></td></tr>
<tr><td rowspan="7">教育职能科目</td><td>艺术组（图画，手工，音乐，缝纫，烹饪）</td><td></td></tr>
<tr><td>导学法</td><td>6</td></tr>
<tr><td>小学行政（包括图书馆管理法）</td><td>2</td></tr>
<tr><td>教育行政（包括职业教育，乡村教育）</td><td>6</td></tr>
<tr><td>儿童卫生与体育（包括急救技术）</td><td>2</td></tr>
<tr><td>教育的游戏（童子军）</td><td>3</td></tr>
<tr><td>实习</td><td></td></tr>
</table>

资料来源：余家菊：《师范教育》，上海中华书局 1926 年版，第 184 页。

表 6－1 的课程计划是余家菊对普通师范学校师范生培养的教学内容构思，其中体现出课程教学阶段性任务的差异性思想。第一、二学年，从事教学科目专业课程学时居多。教师任职需要以所教学科的扎实功底为前提，不能“以其昏昏使人昭昭”。第三、四学年，应偏向“人本修养的教育”。即注重师范生的人格修养。一位优良的教师，首先是人格健全的人，继之施以专业精神的教育使其具有教育家品质，从而衡量师范

生是否适合于教师职业。第五、六学年，突出加强师范生的教育教学专业能力及素养训练修养。通过教育学专业理论学习，让师范生形成就教育问题进行深入研究的习惯，提高他们发现问题、分析问题的能力，并参加教育实习锻炼，达到理论应用于实践及教育研究能力的发展。

（二）乡村师范学校的课程

余家菊认为，师范教育是乡村教育的组成部分，而且发挥着有序、高效运行引擎的机制作用。乡村师范教育课程编订不能等同于普通师范教育，而应考虑乡村教育实际、设学目的、学生已有的程度和将来的工作要求，为此，把乡村师范学校的必修课程归为五大类：担任学科（毕业后从事教学的学科）、教育学科、公民学科、技术学科以及常识学科。乡村师范学校的选修学科分为三组：自然农事组（包括生物学、农业学等）、文史教育组（包括国文、教育学、心理学）等、艺术组（包括图画、音乐、手工），学生选择其中一组从事学习。他以三年期的乡村师范教育为例，设计了表6－2所示的课程表。

表6－2　**三年制师范学校课程表**

学科／学时／学年	担任学科（语文，数学，自然，社会等）	教育学科（心理学，教育学，管理法，教学法等）	公民学科（政治，经济，社会，法律等）	技术学科（农林，畜牧，养蜂，饲兔）	常识学科（文学，哲学，美学，中外历史，地理）	选修学科	总计
第一学年	14	4	4	4	4	4	34
第二学年	12	6	4	2	2	2	28
第三学年	10	8	2	2	2	2	26
总　计	36	18	10	8	8	8	88

说明：此表所列数字系指每周间授课时数而言。

资料来源：余家菊：《乡村教育通论》，上海中华书局1934年版，第123页。

从表6－2内容可知，余家菊设计乡村师范学校课程与普通师范学校课程有明显的一致性，但其中增加了技术学科，旨在使乡村教师了解农业生产技术，熟悉农村人的生活。这个课程表主要是针对培养乡村小学教师而言的，余家菊提出师范生在校时，每人皆认定两个科目，一科为主科，一科为副科，如主攻国文的可以史地或者政治经济为副科。这样一来，就可以更好地满足乡村小学教学的实际需要，乡村师范教育就能更充分地发挥其积极效用。

（三）课外实习

1. 实习活动

余家菊对师范教育的实习活动予以重视，并从教育专业角度加以诠释。在他看来，实习是师范教育的焦点，“举师范教育之理论与计划措之于实际的活动，使学生躬亲其事以求得预期的成效者”①。实习并不等同于平常所说的“试教”，其范围应当包括试教、见习和参观三个方面。试教是指师范生前往学校担任“课程导学”，即辅导功课，见习是指“受责任者之委托与指导而助同处理或独立措办校务上训练上之诸般事项”②。参观是“所以观察优良教师之教育法与优良学校之办事法以为实习时之楷模”③。这三者构成了完整的实习活动。

2. 实习时间

对于师范生，一些学校要求具体的实习时间。有的学生不重视实习，实习效率不高。针对这些问题，余家菊提出采用日单位制，以保证实习时间。具体时间可以是连续的，如几周，也可以是叠加的，如每三日一实习，最好还是有若干周的连续实习，以便能对学校生活有更全面的深刻体验。如果条件允许的话，应当安排一个学期的实习，其中数周试教和见习，数周参观。有了时间的保证，如何分配内容及任务就很重要了。实习不一定安排在最后一学期，至少参观一项应如此。如此是为了避免出现实习拥挤现象，拟将学生分为两组，一组上学期实习，另一组下学期实习。这样就能使实习学校“终年在实习之状态中，其计划与精神亦不至游移扰攘”④，学生也有所收获，提高实习效率。

3. 实习的科目和学级

实习科目和学级安排是师范教育实习的核心部分。流行的做法是让

① 余家菊：《师范教育》，上海中华书局1926年版，第205页。
② 余家菊：《师范教育》，第206页。
③ 余家菊：《师范教育》，第206页。
④ 余家菊：《师范教育》，第210页。

学生轮换试教的科目或学级，从而使实习生熟悉多门学科。但这样安排的结果是“多而不专，滥而无用”。师范学校实习生不了解学生，与学生之间缺乏某种程度的亲切感，在选择适合学生的教法上自然就很困难，教学的组织管理秩序混乱或机械呆板，学生的成绩也就无法提高。因此，他主张采用“级任制”，把实习生分为若干组，分别担任指定学级的教员，全权负责该学级多门学科的教学工作。还可以把试教分作三期，每期两周，期满更换学级，但不宜过于频繁地轮换，目的在于使实习生能了解各学级学生的学习情况，收获初步的教学经验，更好地适应毕业后的教学挑战。

4. 实习的场所与指导

师范教育的主体承担者——师范学院一般均有附属学校，师范生实习任务主要由附属学校承担，附属学校的一项职责是协助培养师范生成为合格的新教师，并承担指导与考评的工作要求。但这样的设计方案也有偏颇：一是实习期延长，实习课时量过多，打乱实习学校正常课表进度或影响教学质量；二是师范生实习场地单一、过少，会降低教育实习的有效性。针对上述种种情形，余家菊提出几种构思：师范学校的实习学校并不限于附属学校，应从附近的学校中挑选一些校风优良、教师素质较高的学校，由双方协商，订立实习协议，明确双方的权利和义务；由教育部门指定公立学校作为实习点，保证实习的顺利进行。在实习点已确定以后，实习过程就成为重心所在。余家菊认为，这需要实习学校和师范学校的共同协作。实习学校应该派出经验丰富、有较好的教学能力和教学热情的教师负责实习指导工作。他们与实习生的接触最多，其行为举止，将会影响实习生实习效率以及教育信念。光靠实习学校教师指导是不够的；师范学校也应设专任教师参与指导，并且应常去实习学校视察，以便及时指出实习中所存在的不足或需要改进的地方。有条件的师范学校还可以设立专业学科组，如理科组、国文组、英语组，有针对性地对实习生加以指导。在乡村，则可以设立乡村实验学校作为乡村师范学校的实习基地。如南京高等师范学校曾在江宁县设立沙洲农村学校，北京高等师范学校则办有北京朝阳门外乡村小学。乡村师范学校实习生经历乡村实验学校的实习，有助于熟悉乡村教育的真实情形，学会管理与城市学校不同的乡村学校事务。乡村实验学校有着极大的作用。“直接是做试验学理的场所，间接就是做乡村教育的模范”①。

5. 实习程序

余家菊反对在实习伊始就让实习生试教的安排，他认为，与教学活动一样，师范生的实习应该是一个循序渐进的过程，由参观以至见习，由见习以至试教，由简至繁，由易到难，依序推进，不可躐等。教学参观看起来是件小事，但其实要做的工作很多。教学参观的最佳时机是在学生学习教育学时，为了让学生很好地把理论和实际结合起来，应该多次组织参观，参观的步骤包括：师范学校指导教师带队前往实习学校参观；参观后，召开总结会；学生总结其参观所得，以及讨论参观时的注意事项；在多次参观后，学生可以小组或个人的形式前往，但需要学生做好参观计划。② 余家菊进一步思考进行教学参观的主要内容：明确参观目的、价值，普遍洞察学生的情况，如何吸引学生注意，学生的习惯如何，班级班风学风以及教师运用学科教法的有效性等。③ 带着这些具有针对性的问题开展教学参观，才会更有实习活动的预设效率。教学见习是试教的预备阶段。作为师范生走上教坛的预演及教职角色的尝试呈现，其作用之大便可想而知了。开展教学见习的时间应该维持 1 个月左右，一位教师指导四名左右的学生。见习的任务主要包括：熟悉学校的规章制度、做好教学计划表及进度表、做好学生的座位表及认识学生、检视并纠正班级的卫生状况、制定班规等。试教阶段分为助教期和自教期，助教期是在实习指导教师的指导下，承担部分教学任务，并开始尝试运用各种班级课堂教学法，如讲授法、问答法、练习法等，以便实习生以后在独立承担教学任务时能运用自如。自教期则标志着实习生尝试独立承担教学任务。他们开始自行探索制订课程教学计划、运用教学法，发挥出实习小组或实习生个人的主导作用，指导教师在双边活动中的地

---

① 余家菊：《乡村教育运动的涵义和方向》，载《余家菊（景陶）先生教育论文集》（下），慧炬出版社 1997 年版，第 420 页。

② 余家菊：《师范教育》，上海中华书局 1926 年版，第 220 页。

③ 余家菊：《师范教育》，第 220 页。

位不显，仅起辅助作用。[①]

通过制定严密的实习章程，从时间、地点、科目、内容、程序及指导各方面对实习过程进行限定和指导，能让实习生在教学技能、班级管理、处理教务、发现和钻研教育教学问题方面的能力得到提升，还有助于师范生“优良性习之养成”[②]。此外，还可以让师范生产生“书到用时方恨少”之感，激励他们坚定自己的教育信仰，养成富于研究的习惯，树立不断改进、求新求变的精神和耐得住寂寞和诱惑的态度。最后，余家菊就教学实习在师范教育培养体制中的意义发出由衷赞叹与感慨：“实习之作用可谓大矣，而其必要益可见也。”[③]

六　余家菊师范教育论的现实意义

余家菊在求学期间和踏上从教道路之际，正是中国新式教育处于动荡变革和寻求发展的时期，也是中国教育早期现代化行程究竟何去何从的择向时期，因而作为教育事业的主体——教师的培养以及培养教师的师范教育，成为当时教育界讨论的一大热点问题。在此教育变革时期，他以一个“穷年兀兀于教育学术之钻研者”的身份，本着发展教育培养人才以救中国的时代使命感，积极投入这一热点讨论的时代潮流中，提出了诸多能经受住历史验证的真知灼见。

余家菊对于教师及师范教育的关注并发表见解，应起步于北京高师教育研究科攻习期间。据现今可见的留世文字，他最初讨论师范教育的文章《我对于师范学校的希望》，发表于北京高师主办的《教育丛刊》1920 年 6 月发行的第 1 卷第 3 期上。据文后所注日期，知该文正式完稿于 1920 年 6 月 5 日之夜，显然为他入校一个月间经过广泛阅读教育名著和结合中国的教育实际有感而发的思想结晶。在该文中，他针对中国当时的师范教育“应该改革”的问题，从内外两个方面剖析了中国的师范学校应该如何办理，即强调指出师范学校的内部改革和向外扩张。于其前者，他认为师范学校的目的“是在养成良好的教育人才”而非为“学

① 余家菊：《师范教育》，上海中华书局 1926 年版，第 223 页。
② 余家菊：《师范教育》，第 207 页。
③ 余家菊：《师范教育》，第 208 页。

者”和“著作家”，因此“校内改革”要“注重教育学科”“注重中学教育”，加强“各学科的联络与普通化”，养成学生“独立的改进的平等的精神”，加强“教育者的修养”，并让师范生明白自身的责任是“为社会服务”。于其后者，他指出师范学校要做好“扩张”，必须做好三个方面的工作：一是要在社会中尽其“教育言论之责”，即把握教育舆论，包括制造舆论、纠正舆论、整理舆论和传播舆论的主动权；二是要当好“教育顾问”，即当好“教育者的顾问”“教育行政的顾问”和“研究教育的顾问”；三是要做好学生的“升学指导”与“职业指导”①。

余家菊的师范教育论述不仅有历史贡献或师范教育的宝贵资源，而且其现实意义也十分显著，主要包括三个方面。

（一）严格师范生的培养，养成良师

师范生的培养是一个庞大而复杂的体系，从师范生的选拔制度到课程设置，都大有学问。如今中国并没有严格的选拔标准，师范生准入门槛较低。对师范生的培养主要体现在课程设置上。在德国的师范教育体系中，四年制的师专毕业生可以担任幼儿园及低年级教师，但要具备教授德语、数学、音乐、劳作、体育和图画的能力。由大学或师范学院制培养的师范生可以担任高年级的教师，他们则要有教授两个科目以上的能力，如数学与物理，德语与历史等。而在中国，只要是师范大学的毕业生，几乎可以“通杀”所有学段，只要通过教师招聘考试，一个大学专科毕业生可以在小学或者初中任教，一个本科生可以“通杀”小学到高中，一个研究生也可能在小学任教，这在课程的设置上就缺乏针对性。师范学校的课程设置要注意理论与实践的结合以及各培养阶段之间课程的衔接，以免出现重复累赘的状况。

（二）加强附属学校建设，严抓实习

如今，某某师范大学附属中学、附属实验学校的名称已经屡见不鲜，许多知名师范大学在各地建立了自己的附属学校，从附属幼儿园到小学到初中再到高中，形成了一个相当完整的体系。但是大多数所谓的附属学校与其所挂靠的大学在实质上联系并不大，一些附属实验学校属于私

① 余家菊：《我对于师范学校的希望》，载余子侠、郑刚《中国近代思想家文库：余家菊卷》，中国人民大学出版社 2013 年版，第 26—30 页。

立性质，可以自行组建自己的教学和管理团队，在许多方面并不受大学的约束，甚至有些附属学校拒不接受大学的实习生，在一定程度上可以说，这样的附属学校与大学之间并无教学理念及思想的承袭，只是打着华丽的招牌吸引学生而已。余家菊认为附属学校、实验学校都应该是有特定的意义的。如果是为师范生实习而设，应该称之为“实习学校”，如果不是用于实习而是用于研究，应该名为“实验学校”，“不受实习亦不为实验（亦可谓于相当程度上既受实习亦为实验）但做种种有效措施以备学生之观摩者，是为示范学校”①。学校在设立之初，就应该明确其办学目的，不应该随意套用“实验学校”“示范学校”的招牌，如一些大学，既有“某某大学附属学校”亦有“某某大学附属实验学校”，则会让人陷入云里雾里，不知所然。

附属学校作为定点的实习基地，无论是对学校自身及大学还是对学生来说，都是大有裨益的。实习生通过实践，把自己所学的理论应用到实际问题的解决上，给学校注入新鲜血液，能提出更多好的建议，更好地促进学校的发展。对于大学而言，其教育理念能得以承袭，而不是与附属学校独立分隔开来，否则，附属学校其实也就形同虚设。对学生而言，有了统一的实习基地，也就杜绝了少数师范生逃避实习或找不到对口的实习单位现象的出现，有了固定的基地，学生就必须按照学校的要求，完成实习任务，提高实习效率，收获教育技能。因此，师范学校要充分发挥其附属学校的作用，共同优化师范生的培养。

（三）注重农村师资培养，促进教育公平

中国农村教育发展水平较低，许多人是文盲或者半文盲。农村师资力量薄弱，大多数毕业生不愿意到条件艰苦的偏远农村工作，人才流失、经费不足等问题更令农村教育雪上加霜。前段时间在网上热传的《寒门再难出贵子》在一定程度上反映了农村孩子在教育竞争中所处的劣势。而近几年来风生水起的“校长实名推荐制”，入选名单上几乎找不到农村孩子。不仅社会的贫富差距在扩大，教育资源的不均衡性也在逐渐拉大。因此，农村师资的培养、农村教育的发展是一个重要的课题。通过

① 余家菊：《师范教育》，上海中华书局1926年版，第165页。

定向培养农村教师、提高农村教师待遇、完善农村教师的职前职后培养体系，鼓励有志青年到农村发展教育、合并规模过小的学校，优化师资配置等措施，充实农村师资力量，逐步促进教育公平。

（四）提高教师地位，注重教师的终身发展

余家菊提出要完善教师的检定制度，学生在毕业前必须取得“许可状”，在入职后通过考核才能转为正式教师。而如今教师的终身考核、终身发展成为一个越来越热门的话题。20 世纪 60 年代后期，现代终身教育思潮崛起，国际教育会议在《致各国教育部的建议》中提到：“需要一个全面的政策确保把师范教育重组为一个连续协调的过程。师范教育起自职前培养，并要贯穿教师的整个职业生涯。在这样一个体系中，职前和在职教育应该连成一体，以符合终身学习的概念，满足回归教育的需要。”20 世纪 60 年代中后期，中国的师范教育“重心上移”。即职前教育学历提高，小学教师要求有大专以上学历，中学则要求有大学本科以上学历。教师的考核不应止于拿到教师资格证或者是转为正式教师，应该存在于这个职业的始终。它昭示着教师的专业特性，除了掌握学科内容、必要的教学技能技巧之外，还必须拥有一种“扩展专业的特性”，即通过系统的自我研究、通过研究别的教师和通过在课堂研究中对有关理论的检验实现专业上的自我发展。教师的职业活动由传统的“学而不厌、诲人不倦”，扩充为“学而不厌、诲人不倦、研而不休”，即由过程的“教学相长”变成“教、学、研三位一体”。只有当教师把研究变成一种态度、一种职业生活方式，教、学、研才能真正融为一体；也只有这样，教师才能不简单地重复别人的劳动，才能创造性地游历自己的专业世界，体验专业生涯给自己带来的幸福和快乐。

第二节　乡村教育论

乡村教育是余家菊费心竭力探讨的重要论题，较之同时代人们所熟知的乡建教育家而言，其理论色彩更浓，且教育学专业化突出。乡村教育论成为余家菊国家主义教育学的有机组成部分，而且带有由学校走向社会的特色。鉴于此，尽管本书第三章已对余家菊《乡村教育通论》作了叙述，在其他章节也多少涉及了相关内容主张。此处仍集中对其加以阐述，以完善国家主义教育学在乡村教育方面的资源和学说，同时弥补民国乡村教育家往往在教育学与乡村教育问题结合贯通方面学理不足的问题，并相信这对当前民国乡建运动的研究也是十分必要而有益的。

一　乡村教育运动中的余家菊

19 世纪末 20 世纪初的中国处在水深火热之中，民族危机严重。由于国际社会过于动荡，国内形势也不容乐观，各类军阀混战，到处是战争留下的残垣断壁，百姓的生活更是苦不堪言。生活在农村的乡民不仅受到地主阶级的残酷剥削，还要遭受官僚政府的严重压迫，生活处在崩溃的边缘。由于受五四运动和新文化运动的影响，中国知识分子的思想得到了史无前例的解放，他们对整个国家和中华民族的未来充满期待，无奈，北洋政府依旧不作为、乱作为，使国家再一次陷入危险的边缘。知识分子对政府彻底失望，于是社会下层成了他们救国的稻草，乡村教育成为提高民主政治的一块基石。如上所述，时至 20 世纪 20—30 年代，乡村教育运动如日中天，成浩荡奔流之势。

余家菊出生于一个书香门第之家，他年幼时在乡村学习传统儒学。对于出生于农村，成长于农村的余家菊来说，农村生活是难忘的记忆，对农村的感情淳朴而深厚，幼年时在农村接受传统儒学教育，“施仁政”“重民”的思想在他的脑海中挥之不去。这些都为他的乡村教育理论打下了早期生命体验的坚实基础。

余家菊视野中的乡村教育总体情况不容乐观：乡村各方面经济条件薄弱，学校缺乏正规教学设备，乡村居住环境较差，生活水平远不如城市，进而导致年轻教师不愿前往乡村教学，乡村教职员工严重不足。这些情况都导致乡村教育滑坡，学生受教育程度偏低。一些学生为了追求更高水平的教育，小学毕业之后选择去城市求学。城市的繁华，教育资源的优良深深吸引了乡村学生，他们不愿再生活在落后的农村，于是纷纷选择留在城市。城市集中了大部分的人才，而乡村发展则面临着巨大的困境。在余家菊看来，要想挽救国家的危亡，救国救民，必须从乡村教育着手。

1918 年，余家菊与朋友共同创办《教育改进》杂志，并发表了《乡村教育的危机》，堪称“为国中言乡村教育之第一文”。1920 年 7 月，《中华教育界》第 10 卷第 1 期对其作了全文转载。在文章的开篇，余家菊就指出：“我时常觉得乡村无教育，教育是都市的出卖品，也是特别阶级的专利物。”他犀利地指出乡村教育的弊病：

> 这种教育集中都市的状况，不是社会的一种病象吗？这种集中都市的教育，不是制造特别阶级的教育吗？从事新文化运动的人，嗜爱平民精神的人，不应该把这种情形放在脑筋内打几个转吗？我敢大胆说一句，现在的文化运动是偏枯的、局部的。虽说是过渡时代的必然现象，但是我们不应该以他为满足，不应该延长下去，我们还应该努力乡村的文化运动。乡村教育的运动，就是内面的一种。

余家菊的呼声也成为中国乡村教育思潮的源头。从此之后，国内关于改进乡村教育的呼声逐渐攀升，在 20 世纪 20—30 年代成为风靡一时的乡村教育运动。余家菊之所以提倡进行乡村教育的改革，原因是要以改进教育挽救社会危机。

1919 年，余家菊忧心家乡的教育、族中儿童的失学，于是在家乡建立自进小学校。这是一所介于私塾与新式学校之间的乡村学校，是依教育原理以求改进的试验乡村学校。在各方的共同努力下，该校成绩显著，但因为各种因素，于 1925 年停办。

余家菊于 1920 年发表了《农村生活彻底的观察》一文，阐述其从事乡村教育的决心和信心，紧接着 1921 年发表《乡村教育运动含义和方向》，1922 年发表《乡村教育的实际问题》。这些文章的发表均表明余家菊对乡村教育的关注度日益增加，对乡村教育的理论认识也不断深入，并且开始形成了自己独有的乡村教育理论学说。

1922 年，余家菊公费到英国留学。在留学的短短两年时间里，他深切感受到了各国乡村教育的迅猛发展，其中美国和丹麦尤其突出。美国实行的乡村运动形式众多，包括教育的提高、社会的发展、农业的扩大以及民众政治生活的参与等，在余家菊看来，这些繁多的种类无疑消耗了大量的时间和财力。对于此时积贫积弱的中国来说，缺乏实施的条件。相较而言，他更加推崇丹麦的乡村教育运动形式。这是一种路径简单的乡村教育模式，学校教授的所有科目都与丹麦人的日常生活密切相关，不局限于书本的知识，而是更加看重实践。哲学家、诗人以及音乐家的故事时常出现在丹麦的课堂上，不仅如此，对于国际社会所关注的科学问题也在课上进行讲授和讨论，师生互动愉快，学生积极主动参与课堂，极大地提高了学生的学习兴趣。反观我国的教育目的就是一味地追求升官发财，没有更高层面的精神需求。长此以往教育将无出路可言。丹麦的乡村教育更值得我们学习和借鉴。1930 年春，回国 6 年之后的余家菊应邀前往北京，在北京师范大学、北京大学等地讲授乡村教育，对当时研究乡村教育的中英文著作详加阅览，“取中英文研究乡村教育之著作而遍览之”①。并结合讲稿创作完成《乡村教育通论》一书，此书“以学术的系统为骨干，以实际的办法为血脉。为事业家制图案，为研究者辟草莽”②。《乡村教育通论》的撰成，标志着余家菊乡村教育理论体系的形成。他的乡村教育理论不仅吸收了中华传统儒家文化，也借鉴了西方先进文化，为改造民国乡村教育注入了新鲜的理论血液。

二　乡村教育的理论构建

（一）乡村教育的本质

1. 教育是乡村运动的立足点

余家菊认为，发展乡村教育是振兴国家的必要条件，需要引起足够的重视。但无奈城市是当时社会教育的主要集中地，乡村教育处于远远落后的弱势地位。余家菊在深入考察乡村社会状况之后，指出乡村教育已经“破了产”“对于乡村教育事业大家都不愿去干”，乡村教育有“三大弱点”，即“落后、不经济、都市化”。

第一，乡村教育是“落后”的，无论是软件还是硬件设施，乡村学校都比不上城市学校；由于教学条件差，师资力量薄弱，导致教学水平低下，学生的学业成绩停滞不前。与此同时，乡村儿童的入学率更远低

---

① 余家菊：《乡村教育通论》，中华书局 1934 年版，第 1 页。

② 余家菊：《乡村教育通论》，第 1 页。

于城市儿童，不少乡村的儿童因为缺乏资金等一系列问题而处于失学状态，没办法读书识字接受教育。

第二，乡村教育是“不经济”的。乡村教育运动资金耗费大，需要大量的资金支持，但取得的成果却鲜足称道，落差明显，甚至在局部方面事与愿违，收效甚微。据1922年的调查，全国国民平均每名学生所需教育经费为3.57元，而成都平原中之乡村，其每一儿童之教育费，则平均为8.35元，峨眉山下之乡村，其每一儿童之教育费，亦平均为4.93元。① 依照常理来说，花费高额学费接受教育所收到的回报应该更多，然而实际情况却恰恰相反，在乡村中那些没有受过教育的人反倒比受过教育的人的收入高。这种一反常态的情形，更加剧了乡村教育的衰落，使得乡民无心向学。

第三，乡村教育的“都市化”。乡村教育仅仅模仿都市教育，未能因地制宜，适应乡村环境，量体制衣打造。这就致使一些受过教育的青年学子远离乡村，踏入都市寻求更高的平台，还有部分则无所事事，游手好闲，坐吃山空，不务正业。这些“无业游民”的存在无疑给社会带来了巨大隐患。因此，乡村教育运动的推行势在必行，而且乡村教育的改革也必不可少。

毫无疑问，民国的乡村建设运动是乡村建设运动的组成部分，而且两者结合为一体，很难截然分开，甚至其中还有彼此渗透、交织缠绕的关系。同时，乡建运动作为一项复杂而宏大的社会工程，究竟以何为抓手或杠杆的支点论者纷纭，莫衷一是。余家菊深入剖析乡建运动，他把倡导者的立场总结为四大类：教育的立场、社会的立场、经济的立场、政治的立场。在这四类立场中，余家菊倾向于教育的立场。作为一名彻底的教育救国论者，他认为教育是第一位的，一切活动都是以教育为出发点。从事乡村运动的各位仁人志士虽然立场不相同，但他们是殊途同归的，都有一个共同的目的，那就是拯救乡村，进而建设民主、富强国家，复兴光大民族。乡村建设的根本动力在于提升国民素质水平，共襄其事，而这是必须借助教育的力量才能够达到的。所以“乡村教育运动，

---

① 《中国教育统计概览》第44页；李锡周：《中国农村经济实况》，第171页。转引自余子侠、郑刚《中国近代思想家文库：余家菊卷》，中国人民大学出版社2013年版，第416页。

乃所以改进教育，乃所以救济乡村的危机，乃所以救济社会的危机”①。这是一个层层递进的关系，最终目的是实现全社会的发展。

2. 乡村教育的内涵

在余家菊看来，人们对乡村教育内涵的理解会随着视角的不同而有所改变。因此，他并没有准确地给出关于乡村教育的定义。如果单单以地域来区分的话，那么在乡村里实行的教育就是乡村教育，乡村教育可分为幼稚教育、初等教育、中等教育、高等教育。乡村教育具有多种不同形式。

乡村教育具有独立性与综合性的双重特点。乡村教育所涉猎的内容，与其他教育会有不同程度的交叉和重合。尽管如此，乡村教育的内容也有其独特的方面。教育学就是心理学、伦理学、生理学等多个学科综合研究的成果，尽管是综合形成的，但教育学也有自身的特点。而乡村教育作为教育学的一部分所研究的内容与对象同样具有特殊性，加大乡村教育的研究必然可以推动整个教育学领域的进步。我国对乡村教育的探讨处于起始阶段，需要加大研究力度，相信经过几代人的不懈努力，乡村教育理论定能走向振兴。

（二）乡村教育的制度

1. 建立专职管理机构

一个国家是否重视教育会影响这个国家的未来。发展乡村教育，不仅可以为乡村培养更多的优秀人才，也可以为城市输送源源不断的人才，而乡村教育的发展需要完备的教育行政管理组织，这样乡村教育的实施才能得到有效保障。我国的教育行政系统主要设置在县级以上的地方，而县以下之教育行政机关就形同虚设一般，始终若有若无，甚至完全没有任何的作用和价值。近代以来，中国的乡村教育早已凋敝不堪，处于摇摇欲坠的境地，亟须通过教育行政组织管理加以拯救。

教育行政制度的改革对于教育的实践有重要的指导作用。现代乡村教育家古楳在 1932 年撰写的《乡村教育新论》中提出要对乡村教育行政制度进行变革，设立村制建设委员会。余家菊十分认可这一观点，他将

① 余家菊：《余家菊（景陶）先生教育论文集》（下），慧炬出版社 1997 年版，第 402 页。

名称改为“学校管理委员会”，意在明确委员会的专责是监管乡村教育事宜。村长及乡村小学校长要肩负起组织本村学龄儿童入学工作，督促其按时入学；同时还要负责教师的聘用、学校的推广以及经费的筹措等诸多问题。乡村教育的管理应该避免阶层过多，政出多门，以及冗余复杂。余家菊认为，为了切实提高教育行政管理的实效性及科学化，应该要求行政人员提高教育专业知识和能力，而当时的许多教育行政人员对教育专业没有充分的理解和认识，欠缺专业知识和能力，不能有效解决乡村教育的实际问题。余家菊审时度势提出要建立三级教育议会，这个议会是要建立在国家、省、县三级之上，它与三级教育行政机关处于平行状态，二者的职权并不会产生交叉和冲突。设置三级议会的主要作用是用于集合各个专家的意见和建议，为制定完备的教育政策做准备，有助于合理地制定各项乡村教育政策。

2. 构建学制体系

余家菊出生在科举考试盛行的时代，学生参加科举考试的目的非常之明确，那就是考取功名，有朝一日飞黄腾达。所以清末新教育机构学堂并没有起到提升学生国民精神文化修养的作用，而是相当于功名利禄的养成所，因此当时的学堂亦被称作“贵族学校”。学生们学习并不是真心实意地想要获得知识，提升自己的内在修养，而是带有一种功利目的，这是不利于教育事业发展的。于是，余家菊提出必须建立起有助于乡村儿童学习的学制体系，使得贫困的学生也能获得接受教育的机会，体现了“教育平等”的理念。

要想振兴乡村教育，必须让更多的乡村子弟能够有机会进入学校学习，乡村因为各方面条件比不上城市，故而学校的数量和质量都处于落后状态。因此，建立乡村学校成了当前的第一要务。新学制应广泛设置乡村小学、中学、师范学校和大学乡村分院，注重对学生实践能力的培养，让他们获得更多实用的知识技能。

在余家菊看来，应当在乡村设立两类学校：一类是一般学校，一类是补助学校。一般学校主要面向适龄的人群，保证他们能够按时入学，接受教育，而补助学校则是招收超出适龄范围的年长失学人群，目的是让他们同样获得接受教育的平等机会。

补助学校依照学生入学程度的不同可以分为三级：接受过一段时间的义务教育，但由于特殊原因而小学未能毕业的人群在一级补助学校入学，一级补助学校附设于小学之内。那些小学已经毕业，但是没有继续上中学的人群，进入二级补助学校。二级补助学校的程度与中学相等，附设于中学之内。那些已经中学毕业，但没有继续读大学的人群，进入三级补助学校。三级补助学校的程度与大学相等，附设于大学之内。这样乡村中大部分的人群都有机会进入学校继续学习，也就形成了一套完备的学校系统。此种乡村学制的建立，有利于乡村教育的实际推行。

3. 筹措乡村教育经费

乡村教育的振兴，离不开乡村学校的筹办，而要想创办各方面条件优良的学校就需要充足的教育经费。“教育之效率，不全系于教育经费之充足；而经费之充足究为增进效率之必要的条件。”[①] 教育经费一旦充足，大批的乡村学校得以建立，不论学校的硬件设施还是软件条件都可以得到有效的改善。学校可以选购精良的教学设备，为学生营造良好的学习环境，教师的待遇水平也会有所提高，教学积极性就会明显增强。这样长此以往，乡村教育振兴必然指日可待。但是当时时局动荡不定，经济凋敝，教育经费经常被挪用到其他地方，乡村学校举步维艰。针对这一情况，一些人大力提倡“教育经费独立”，以此来确保教育事业的稳定。但余家菊并不认可这种方案，他认为这只不过是一种权宜之计，并不能从根本上解决乡村教育的窘境。余家菊认为，教育经费的筹措当然离不开国家以及地方政府的大力支持，采取“地方自筹”和“国家拨款”相结合的方法是必需的。余家菊认为乡村教育经费主要来源于三个方面：一是来源于公共财产，学田可以用于资助上不起学的贫困子弟，为他们提供升学费用，同时政府应奖励乡民将族款和庙款用于助学公款的行为。二是设立捐税。乡村教育财政应有部分教育税的来源，采取“量出为入”的原则，“须用之费，即须用之，不能采节缩方针”。三是国库省库补助。国家应因地制宜，根据各地方的不同情况，给予相应的补贴，同时要充分考虑教育的效率问题，不能浪费每一分钱的教育经费。

① 余家菊：《乡村教育通论》，中华书局 1934 年版，第 70 页。

（三）乡村教育的实施

乡村教育在20世纪30年代世界范围内都是一项重大工程，中国的乡村教育情形岌岌可危，不容乐观。乡村教育的振兴不仅可以拯救薄弱的乡村社会，更能够振兴整个中华民族。推进乡村教育决不能采用单一僵化的办法，而应将多种方案结合起来，并根据具体的情况，因地制宜，采取合适的方法。

在《乡村教育运动的涵义和方向》与《乡村教育的实际问题》两篇论文中，余家菊明确指出乡村教育已经“破了产”，乡村教育存在“落后、不经济、都市化”等弱点，需要在三方面进行改造：首先“向师范学校去运动”，创设更多的师范学校，培养更多能够为乡村教育奉献的师范生，满足乡村教育发展的需要；其次，“向乡村学校去运动”，建立“教育信用”，使乡村学校成为“乡村教育的实施地”；最后，“向一般社会去运动”，从根本上转变民众的思想观念，为乡村教育的实施扫除思想障碍。

1. 向师范学校去运动

（1）向乡村师范学校运动的必要性

一个国家的强大，一个民族的复兴，都要依靠发展教育来实现。我国是以农业生产为主要工作的大国，土地面积辽阔，农业人口众多。在乡村中普及教育并不是一件容易之事，这需要大批具有良好素质的优秀教师，因此发展乡村师范学校刻不容缓。在余家菊看来“教育的发源地是师范学校，教育的根本是师范教育……师范教育不改进，乡村教育将无从改进”①。教师对于整个教育的发展走向起着至关重要的作用，优秀的教师可以影响学生的一生，只有教师的素质得到提升，学生的发展才能得到保证，如此一来，中国乡村教育局面自然会得到改观。

有数据显示，在20世纪20—30年代，我国乡村师范学校数量极少，无法满足乡村庞大的人口受教育之需，师生比例严重失调，教师的数量远远少于学生的数量，适龄儿童入学率只有12%。因此，亟须尽快创设师范学校以满足乡村学校对教师的需求，推行乡村教育应从

① 余家菊：《余家菊（景陶）先生教育论文集》（下），慧炬出版社1997年版，第418页。

乡村师范学校去运动。

（2）向乡村师范学校运动的措施

①增加乡村教育科

余家菊大胆设想未来我国教育会呈现出“分化的趋向”，乡村教育和都市教育会逐步走向分离，呈现出各自的特色。为此，未雨绸缪，尽早增设专门研究乡村问题的乡村教育学，在乡村教育学发展成熟之后，马上设立乡村教育科。教育界对“乡村教育学科的特设，是不能自禁的”[①]。乡村教育科完备之后，有助增强一些乡村师范学校的专业理论和实践针对性。

②课程内容应因地制宜

清末以来的乡村师范学校课程大部分都是效仿外国的模式，或者照搬都市的课程，以这种模式培养出来的师范生往往不能适应乡村学校的发展需要。由于这些师范生所接受的教育是“因袭的，无目的的”，师范生不能全部留在都市工作，所以当他们回到乡村学校讲授课程时往往不能满足乡村学校、学生的实际需要。

余家菊指出，课程内容应着眼于乡村的实际需要，使课程设置“乡村化”，博物、理化、历史、地理诸科的知识内容都要针对乡村的实际情况展开。“与其侈谈什么珍禽奇兽，何如多讲点农家的园艺畜牧?”[②] 教师所讲授的内容应联系乡村的实际，让师范生能够适应乡村的环境。为此提出设置六大类课程：人文学科、教育学科、公民学科、技术学科、常识学科、选修学科，师范生通过这些科目的学习可以更加深入了解乡村，解决乡村中出现的诸多现实困惑。乡村师范学生只有将良好的专业基础知识与相应的农学原理和自然、社会知识结合起来，才能够更好地为乡村教育事业服务。

③创立乡村试验学校

余家菊认为，“乡村试验学校，直接是做试验学理的场所，间接就是

---

① 余家菊：《乡村教育运动的涵义和方向》，载余子侠、郑刚《中国近代思想家文库：余家菊卷》，中国人民大学出版社 2013 年版，第 104 页。

② 余家菊：《乡村教育运动的涵义和方向》，载余子侠、郑刚《中国近代思想家文库：余家菊卷》，第 104 页。

做乡村教育的模范"[①]。由于当时师范生做试验学理的场所基本都是在都市型师范学校完成的，毕业生回到乡村学校从教根本无法适应乡村的环境。这对于他们的教学工作是十分不利的。于是，余家菊创立乡村实验学校。此后出现的南京高师江宁县沙洲圩农村学校，以及北京高师朝阳门外乡村小学，都是师范学校附设乡村学校的典型。但乡村师范学校为数不多，并且或多或少带有几分贵族色彩，仍未能适应乡村教育的需要。为此，余家菊倡导建立更多平民化的乡村师范学校。

④培养服务乡村的精神

中国传统学校的教育目的重在培养圣贤名流，这就导致一些学生在毕业之后不愿意回到乡村担任教师这一职业，"师范生不愿服务乡村，又由于个人的野心太大"[②]。乡村需要那些踏踏实实、具有奉献精神和服务精神的师范生。于是余家菊倡导应大力培养师范生服务乡村的精神和态度，这样他们才能对乡村有真挚的感情，真正与乡民打成一片。师范生不仅要态度谦和，而且要养成勤劳的好习惯，这样乡村教育事业的振兴才有希望。

2. 向乡村学校去运动

乡村学校作为乡村教育的主要实施场地，不仅是乡村生活的中心，而且承载着传承乡村文化的重要使命。然而，乡村学校数量少，师资力量极其薄弱，乡村教育运动的实效及水平也随之出现断崖式下跌，要想改变这一问题，就必须大力发展乡村学校。

（1）乡村学校的意义

乡村教育的策源地在乡村师范学校，而乡村教育的实施地则是乡村学校，"向着乡村教育的实施地去运动乃当然之事"[③]。乡村学校作为传播乡村文化和培养乡村人才的重要渠道，肩负着重大而特殊的责任。余家菊指出，义务教育可以帮助乡村民众提高文化知识水平，进而促进乡

---

① 余家菊：《乡村教育运动的涵义和方向》，载余子侠、郑刚《中国近代思想家文库：余家菊卷》，中国人民大学出版社 2013 年版，第 104 页。

② 余家菊：《余家菊（景陶）先生教育论文集》（下），慧炬出版社 1997 年版，第 421 页。

③ 余家菊：《乡村教育运动的涵义和方向》，《中华教育界》1921 年第 10 期。

村经济社会的进步。但是，我国的初等教育发展一直处于消极落后状态，基础较差的乡村更是不容乐观，情况极其恶劣。

依据余家菊的统计，1923 年，全国有学龄儿童 72682492 名，全国小学生为 6601802 名，失学儿童为 66080690 名。[①] 由此看来，学校数量需要大量扩充增加，以满足学生入学的需求。乡村教师们并没有充分的时间去钻研乡村教育的出路以及如何有效教学、提升效率等问题，大部分时间都用来备课、上课以及处理与学生家长之间的关系。这就导致“学校数则依然如故，谁保他们不在教育界闹乱子”。[②] 与此同时，乡民们缺乏对乡村学校的认同感。因此，需要对乡村教师进行关于教育乡村化的培训和宣传，也要加大乡村教育经费的投入力度，确保乡村学校各项工作实施的经费保障。

总之，乡村学校的创设对于提升乡村教育具有重大意义。

（2）向乡村学校运动的措施

初等教育是国家义务教育实施阶段的设计，国家要求适龄儿童全部按时入学。为此就必须广泛设立学校。相较于城市学校而言，乡村学校在学校总量中的比例本身就偏低，因此更需要增设乡村学校。余家菊主张划分学区，建设小学。也就是说，根据乡村分布的地理位置以及人口稠密程度来划分学区，然后设立相应小学。

在余家菊看来，“提倡乡村教育，要从精神和经济两方面去援助他，缺少一项就不成了”[③]。精神方面是教育专业培训的内容，这在上文已有叙述。乡村学校的教育经费主要来自地方公款以及发起人自行出资，各项支出要合理，并且做到恰到好处。乡村学校的校舍建设要符合一定的标准，既要在安全领域达标，又要达到教育的要求。乡村学校所需要的教学设备既可以通过购买来实现，也可以充分发挥师生们的创造力，鼓励他们自行制作完成，这样就会节约一部分经费开支。

在乡村学校的科目开设上，余家菊认为要增设与乡村日常生产、生

① 余家菊：《余家菊（景陶）先生教育论著》（第五辑），慧炬出版社 2000 年版，第 598 页。

② 余家菊、刘炳黎：《中国教育界之当前问题》，《晨报副刊》1925 年 3 月 11 日。

③ 余家菊：《乡村教育运动的涵义与方向》，《中华教育界》1921 年第 10 期。

活相关的学习科目，以此来增进学生实用知识和技能，启发民智。乡村学生有许多空闲时间，余家菊提出要把这些时间有效利用起来。于是，他提倡在小学开设职业教育的课程，例如手工艺、畜牧、园艺等课程。这样，不仅可以丰富学生的课余生活，同时也可以为乡村学校节省或增加经费，是一件一举多得的事情。另外教育经费的来源，除了上述常规方式之外，还可以组织教育团体从事募捐活动。以此所得的经费一部分作为补贴奖励给努力工作的教师，另外一部分用于购买图书，同时也可用来补充维持学校运行的支出。

3. 向一般社会去运动

乡村教育不能只依靠学校的力量，同时还需要调动乡村民众办学的积极性，让他们能够主动认识到受教育的好处。“如果中国教育不在乡村民众教育上特别努力求其普及，则教育宗旨所规定的，就成为纸上具文。”[①] 余家菊的认识与此完全一致。

（1）乡村社会之于乡村学校的价值

乡村社会可以为乡村教育的实施起到很好的补充作用，虽然乡村教育的主要场所是在学校，但是跨出学校大门之外的社会也是一个重要的大舞台。实际上许多乡民没有充分认识到学校存在的价值，认为乡村学校中的“主张违反他们的习惯，学校的教师有许多无赖”[②]。乡民们对学校以及教师存在着这样的误解，导致他们不会支持乡村学校的建设。这样无疑不利于乡村学校的发展。因此，余家菊提出要对乡民进行全面的教育，让他们从内心中明白发展乡村教育的重大作用，向乡村社会进行教育，“为乡村学校除去障碍，博得同情”[③]。

（2）向乡村社会运动的举措

考虑到都市的居民中有很大一部分来自乡村，余家菊提出“间接地开发乡村教育”的方法，即在都市中通过报纸或者演讲等多种形式宣传

---

① 郭人全编：《乡村民众教育》，黎明书局 1934 年版，第 14 页。

② 余家菊：《乡村教育运动的涵义和方向》，载余子侠、郑刚《中国近代思想家文库：余家菊卷》，中国人民大学出版社 2013 年版，第 106 页。

③ 余家菊：《乡村教育运动的涵义和方向》，载余子侠、郑刚《中国近代思想家文库：余家菊卷》，中国人民大学出版社 2013 年版，第 106 页。

乡村教育思想。针对中等以上的都市学校学生也是多半来自乡村的事实，余家菊提出，让教育团走进学校进行宣传，使他们了解乡村教育与社会安危的关系，增强责任感，鼓励学生毕业后回到乡村，继续为乡村服务。同时，余家菊还提倡多办乡村学校，并且开设与民众实际生产及生活息息相关的课程，激发民众对乡村教育的兴趣和支持态度。[①] 通过乡村社会教育组织方式，让他们获得乡村教育的相关认识。

三 《乡村教育通论》的乡村教育学说

《乡村教育通论》一书是余家菊乡村教育学说的系统和集中展现，该书于1931年编写完成，三年之后由上海中华书局倾情出版。余家菊《乡村教育通论》的撰写绝非偶然，这是他潜心研究多年的重大成果，丰富或深化了他的乡村教育论内容，并弥补民国乡村教育运动偏于实践，而弱于理论探讨、学术总结及引领导向的严重缺失。鉴于本书第三章对此有所介绍，此处重在从乡村教育思想学说方面加以探讨。

（一）《乡村教育通论》的宗旨

《乡村教育通论》是余家菊乡村教育思想学说的汇总，系统性极强，共分成11个章节，分别对乡村教育的意义、内容、背景、目的、对象、管理以及各类学校的开办等方面进行了系统论述。此书不仅体现了余家菊多年的教育理论积淀，而且借鉴了国内外乡村教育的宝贵资源，为后人探索和实践乡村教育提供了重要依据。

《乡村教育通论》的宗旨是“以学术之系统为骨干，以实际之方法为血脉。其为事业家制图案，为研究者辟草莽”[②]。第一，《乡村教育通论》具有很强的系统性，11个章节紧密联系，不仅呈现了国内关于乡村教育的状况，而且向人们介绍了国外乡村教育的成就，同时也包含了余家菊本人多年的经验，从而勾勒出一幅活生生的乡村教育蓝图。第二，在《乡村教育通论》中，余家菊提出了振兴乡村教育的有效方法，针对乡村教育的三大弱点——“落后”“不经济”和“都市化”，提出了小学

---

① 余家菊：《乡村教育运动的涵义和方向》，载余子侠、郑刚《中国近代思想家文库：余家菊卷》，第106页。

② 余家菊：《乡村教育通论》，中华书局1934年版，第1页。

划分学区、设立教育科，以及创办乡村学校等改良方案。

（二）《乡村教育通论》的主要内容

《乡村教育通论》是余家菊乡村教育的精髓，仔细思考其中的内容，有助于更好地理解余家菊探索中国教育的艰辛努力及谋求教育现代化遍及城乡的良苦用心，尤其更能充实余家菊国家主义教育学的资源素材。

1. 乡村教育的目的

人类的一切教育活动都带有一定的目的性。乡村教育的目的不同于普通教育的目的，它更加具体地规定了乡村教育与乡村生产生活结合的丰富而独特的项目，这与都市教育是不同的。同时期的另一位民国乡村教育理论家古楳认为，普通教育的目的主要包括三方面：第一为发展民族主义之思想，第二为培养爱慕乡土之观念，第三为增进改良乡村生活之能力，以乡村教育改进乡村生活。余家菊从另一个角度将普通教育目的分为三种：第一种是公民教育，目的是使人们养成“乐群”和合作互助的习惯与理想，具有一定的文化知识和技能，以及“社会良心”；第二种是经济教育，锻炼人们的职业技能，培养人们进行生产和消费的能力；第三种是个己教育，意在培养个体的健康生活心态以及良好的社会责任感，使个体以充分饱满的精神参与到社会生活中去。这些普通教育的目的显然是高屋建瓴的，具有一定的统筹作用，但这并没有将教育目的具体化地落实到乡村。乡村教育的目的应适应乡村的社会环境，符合乡民生产和生活改进的期望和要求。因此，余家菊指出乡村教育的目的要明确立场，且与乡村社会条件及环境相适应。

首先，余家菊认为乡民的思想观念单纯淳朴，邻里之间互帮互助，相处融洽。所以乡村教育就要充分发挥乡村的长处，让乡土观念深深根植在乡民的内心深处，使教育目的适应乡村，培养乡村伦理亲情笃厚的观念。其次，余家菊认为要注重培养乡民的爱国热情，开阔乡民的眼界，鼓励他们关心国家大事，积极参与乡村集体活动，相互团结合作。乡民由于忙碌于土地的实物从而没有闲暇关注国家大事，有些人由于本性懒散而很少参与社会活动，缺乏集体意识和大局观，不关心外界情形，认知视野封闭在一个狭小的范围内。因此，应努力弥补乡民的缺点，丰富他们的业余生活。最后，余家菊认为乡村教育要以乡村和乡民为中心，深入田间地头，以改进教育实施内容及方法为目标。“吾国之乡村运动，气势虽极微弱，而思想极复杂。唯其复杂，故从事之人不一其类，殊途同归，大有各行其是之可能。”[①] 为此，余家菊提出了四种教育立场：一为教育的立场，二为社会的立场，三为经济的立场，四为政治的立场。

2. 乡村教育学制

各级各类学校的统称即为学制。考察教育学专业知识，余家菊发现清末民初的学制章程所设计的学制体系是一种充满贵族色彩的制度，具有明显的阶级性，不利于教育的普及以及教育事业的公平正义，势必会导致教育的分崩离析。因此，余家菊提倡应建立乡村学校学制，适时分析情况，对北洋政府和南京国民政府实施的“壬戌学制”“戊辰学制”中需要变革的地方大胆地进行变革。

乡村学校应采取县立为主的原则，并且学级划分也应当充分考虑学生的学习能力。乡村小学是每个学区都必须设立的，而且学生的入学年龄不能超过 12 岁，学制为 6 年；每个县至少要设立 1 所乡村中学，学生的入学年龄应在 12—16 岁，不得超出范围，中学的学制为 4 年；每个省应设立一所涵盖乡村建设及乡村教育系科专业或学科课程的大学，大学的学制可以不同，可分为 3—6 年，并且可以推广至某大学乡村分院。另外，为了让成年人能够获得再教育的机会，余家菊提倡要建立补助学校系统。补助学校分为省县乡三级。一级补助学校主要招收没有修完小学课程的成年人，前提是他们接受过小学教育，这类学校附设于小学；二级补助学校招收那些小学已经毕业但是没有完成初中课程的成年人，这类学校与中学平行，附设于中学以及图书馆、科学馆之内；三级补助学校，招收的是中学毕业但是没有修完大学课程的成年人，与大学平行，附设于省立大学乡村分院及大学认为适当的机关。

余家菊非常重视乡村学校建立课程标准问题。他认为国家应当制定适用于全国的最低级乡村学校学程标准。具体来说，对于学科的数量和

① 余家菊：《乡村教育通论》，中华书局 1934 年版，第 9 页。

年限的长短不必进行统一规划，但是要明确最低标准的考核质量要求。确立并实施乡村学校最低课程标准不仅可以使乡村学校教育切实发挥统领作用，同时也可以使各地乡村学校教学具有较为充分的自由。

3. 乡村教育体系

关于乡村教育的含义，余家菊认为，它是一种包含了除都市教育以外的各种教育，它是“一种横断面”的研究①，但仍是一个整体性的体系。乡村教育包括乡村初等教育、乡村高等教育、乡村师范教育和乡村民众教育四大部分。

（1）乡村初等教育

义务教育是推行民治的必备条件，在当时主要归属于初等教育。由于中国农村面积、人口最显著，义务教育在乡村的分量及责任显得格外突出。教育界人士对于义务教育的关注点较多地停留在学生入学率以及办学规模上，没有深入探讨怎样办好乡村义务教育。余家菊从义务教育视角出发设计了乡村初等教育的图景。

第一，义务教育阶段要实施强迫入学。在余家菊看来，初等教育是乡村教育的基础环节，可以有效提升乡民的整体素养，因此必须强制适龄儿童入学。他认为 7 岁为学龄，强迫年数定为 4 年。如果学习年满 4 年，但没有获得相应的学历，那么就要强迫学生接受补习教育；如果学生刻苦努力学习在 3 年内达到了第 4 学级程度，那么就可以免除学生的义务。学生每天的课时数应为 4 个小时，以免学生的负担过重。每年的学日数不应高于丹麦的 35 周，不能低于美国的 30 周。

第二，乡村学校小学阶段应划分学区。学区要根据不同情况进行划分，每个区都要设立 1 所小学，一般以交通便利及行政管理习惯进行划分，以“1 英里学区”作为标准，人口稀疏的乡村当随人口分布的形态，学区可以大于 1 英里，相反人口稠密的乡村，学区不必小于 1 英里。这样“不致因学校之设立而发生地域的龃龉”②。

第三，乡村学校应设置补充教员。学校进行了学区划分之后，常态下教员的数量只有两人，正副教员相互配合，通力合作完成任务。但是

① 张雯雯、耿琰杰：《简述余家菊乡村教育思想》，《现代企业教育》2014 年第 16 期。

② 余家菊：《乡村教育通论》，中华书局 1934 年版，第 84 页。

总会有一些突发状况，不能圆满处理，因此就要设置补充教员来分担他们的任务。补充教员平时辅助教员观察学区，当教员因不可抗因素而不能进行正常教学时，由补充教员代课，这样就保证了课堂教学不会被耽误。

（2）乡村高级教育

乡村高级教育，即高等教育，属高于初等教育的教育阶段。乡村学校学生在小学毕业之后前往城市的中学、高等学校深造学习。他们远离乡村，逐渐适应城市的生活，在毕业之后往往不愿意回到乡村，甚至对乡村产生抵触心理。同时，在余家菊看来，初等教育是最基础的教育，“小学之所授予，只是人生日常生活之低级工具与粗浅常识”[①]，其有待于高级教育作为补充。因此，乡村需要建设一批高级学校，以此来培养更多的高级人才。

余家菊有时将中学学段归入高等教育。乡村中学的设立应采取县立制，对于一些财政薄弱的县，可以采取两县“暂设联合中学”的方法，使教育的中心不至集中于城市，省立中学应逐步转变为中心学校，以辅助县立中学，这样可以有效促进乡村教育的发展。

县立中学的课程设置应当符合社会活动的需要，余家菊把社会活动分为五种，主要是公民活动、经济活动、教育活动、保健活动以及娱乐活动。学校要逐一设置相应课程，政治学科训练公民活动，经济学科和自然学科训练经济活动，教育学和心理学训练教育活动，操练术训练保健活动，音乐文学美术训练娱乐活动。此外，各地可根据自身特点，增加选修学科，各学科的授课时间和内容，经济和自然学科占 1/3，第二年有所减少；教育学科占 1/5，第二年有所增加；公民学科占 1/10；技术学科占 1/12，第二年有所减少；选修学科占 1/6，第二年有所增加；英语学科在第一年则为必修科目，从第二年开始就变为选修科目。课程的编制，“调和于实用主义与自由主义之间，于自然学科，人本学科，艺术学科，各予以适当的地位”。余家菊认为此为“最经济而最均衡的配置”[②]。潜隐的教学思想在于不仅可以坚定学科基础，而且可以充分考虑

① 余家菊：《乡村教育通论》，第 102 页。

② 余家菊：《乡村教育通论》，中华书局 1934 年版，第 112 页。

学生的自身需求来决定选修与否，避免被动强迫学习。

乡村高等教育更高层次的教育采取全省分区制，每个区设立乡村学院 1 所，或者省立大学乡村分院 1 所，或者由非大都市的省立中学改良整顿变为乡村分院。乡村学院可以促进乡村文化的繁荣，要满足乡村的社会生活之需。余家菊将其分为五组：文史组、社会科学组、自然学组、农学组和艺术组。其中必修课为农学组，每个学生都必须学习，助必修课为社会科学组和自然学组，选修科为文史组和艺术品组。高级学校的教师要有农夫的身手，科学家的头脑，艺术家的兴趣和政治改革家改造社会的精神。

（3）乡村师范教育

一个学校教师的素质高低，影响着整个学校办学的成果，教师潜移默化地影响着学生的一举一动，“教师的事业，不仅在办理学校，亦在办理世界”[①]。因此，培养素质良好的乡村教师尤为重要。乡村的环境恶劣，这就导致都市的教师不愿到乡村进行教学工作，乡村教师本身能够接受再教育的机会有限，因此乡村师范教育任务迫在眉睫，任重而道远。

余家菊认为都市的教师不愿到乡村来，“青年不愿服务乡村，必由于师范的训练不全，乡村学校的措施不合社会需要，必由于师范的注意不精密”[②]。因此要培养专心为乡村教育事业服务的教师。乡村师范学校要独立，乡村师范学校应加强和其他学校之间的联系，根据当地的实际需要，适当增加乡村师范学校的数量，人口数量少、地域贫瘠的县，可以采用“暂设联合中学”的政策。

乡村教师对于改进乡村教育起着至关重要的作用，乡村师范课程应区别于城市课程。乡村教师不仅要具备“百科全书般的常识”，而且要有“服务乡村的精神”，并且要养成勤劳的习惯”，具备“谦和的态度”和“与人为善的精神”。乡民的知识能力欠缺，眼界范围狭窄，乡民就把教师看作“所有文明之代表，全般社会之顾问”，所以教师要力求达到一个“通人”，乡村教师要具备丰富的专业知识和技能。乡村教师应

① 余家菊：《乡村教育通论》，第 121 页。

② 余家菊：《余家菊（景陶）先生教育论文集》（下），慧炬出版社 1997 年版，第 418 页。

怀着一颗真诚的心与乡民来往，获得乡民的信任，只有教师得到了乡民的认可，乡民才会以一种积极的态度进行学习，所以乡村教师能够“拿起锹锄翻土，放下锹锄研究，扛起社会的担子，站在农人前面走”①。与乡民融为一体，乡村教育的发展才能指日可待。乡村教师要以一种谦和的态度对待乡民，不能高高在上，否则必然会使乡民心生不满，进而影响后续教育工作的开展。

（4）乡村民众教育

民众教育是普及乡村教育一种重要方式。余家菊认为，乡村民众教育与平民教育是不同的。平民教育是教育机会民主的教育，强调人与人之间教育权的平等。民众教育指的是“年长失学者之教育”②。乡村中大批失学的人，因为年龄较大而不能进入普通学校，同时因为没有知识基础，也不能进行补习教育。因此需要对他们进行单独的教育。民众教育应注重教授一些实用性较强的知识，采取民众喜闻乐见的方式，例如说书、讲故事等方式，这样便于乡民接受。余家菊也十分重视妇女的教育问题，考虑到妇女照顾家庭，琐事繁重，因此应改进按日就学制度，同时不得进行训斥责罚，应以鼓励为主，采取暗示、推奖的方法。

（三）《乡村教育通论》的意义

《乡村教育通论》一书集中体现了余家菊的乡村教育理论学说，对于我国今天的乡村振兴的策略构思有重要意义。

1. 理论意义

余家菊在《乡村教育通论》中分析了乡村教育的三大弱点，指出乡村教育“落后、不经济、都市化”，并且汲取美国和丹麦乡村教育运动的经验，揭示我国教育应采取的教育立场。在此基础上提出乡村教育的独立性，不仅要有自身明确的教育目的，并且包含乡村初等教育、高级教育、师范教育和民众教育四种体系。其中所渗透的国家主义思想，成为余家菊国家主义教育学的构建内容。余家菊认为乡村教育应大力推进平等公正的思想，人与人之间是平等的，是没有高低贵贱之分的，乡民之间应当团结友爱，互帮互助，真诚以待。

---

① 余家菊：《乡村教育通论》，中华书局 1934 年版，第 96 页。

② 余家菊：《乡村教育通论》，第 129 页。

教育公平是我国教育所要达到的理想状态，关乎教育的全局和社会的稳定，历来是教育理论界和一线工作者所思考的问题。教育公平和教育效率是紧密相连的。乡村教师教育一直以来与城市教育都存在着差距。城市教师待遇和生存状况较乡村为优，乡村教师大量流失，反映出乡村和城市在教育质量上的严重差距。余家菊认为，近代城市教育发展于先，依据乡村教师大部分来自都市的事实，“于是乡村教育对于城市教育，亦步亦趋，模仿唯恐不肖”。教授的内容和方法同城市教育趋同，“都市之所教者，乡村亦教之……是其所教，已欠妥当”，致使“乡村衰落与田园之荒芜，危险之大，有不堪言者”。余家菊将这些问题归结为“教育之不能使人认识乡村之优美以享受流连于其间”①。这种贵族化的城市教育是造成乡村教育不公平的关键。时至今日，这一问题依然存在。要解决乡村教育问题，必须先加强乡村教师队伍的建设，激发教师从事乡村教育的服务精神，才能使中国农村教育走出困境。

2. 实践意义

余家菊在进行乡村教育的理论建构的同时，也对乡村教育如何实施和开展进行了论述。针对乡村学校同乡村社会生活二者之间的联系不密切以及师范学校与乡村生活之间隔离的情况，他明确提出要采取县立乡村办学，实行分区制，设立乡村教育科，创建乡村实验学校等措施，以解决乡村教育的问题，或提供进一步解决问题的对策指南。

乡村教育运动旨在从教育农民着手来改进乡村生活以及推进乡村建设。余家菊为了深入提高乡民的素质，使年长失学者可以有机会获得受教育的机会，深入剖析了乡民身体、心理以及道德信仰等特性，提出要大力发展民众教育，教授乡民实际实用的知识，并采取喜闻乐见的方式达到全民受教育的理想愿景。

余家菊对于乡村初等教育格外关注。他对乡村初等小学的校舍建设以及教学设备的配备这些具体办学中的微观问题加以探讨，列举了10条校舍建设的注意事项：校舍的选址要适中、校址要干燥、校舍方向要以南为最佳、式样以平房为宜、教育面积以容40名学生为宜、教室窗户的

---

① 余家菊：《近代乡村教育之缘起》，载余子侠、郑刚《中国近代思想家文库：余家菊卷》，中国人民大学出版社2013年版，第416页。

总面积和最佳距离、教室出入有两个外向开的门、厕所有冲洗设备、留有学生憩游的庭园，等等。校舍要设有两个外向开的门，以备发生危险时可以有序地撤离。为了有效保护学生的视力，要求校舍的墙壁粉刷成淡黄色、淡紫色和淡青色。由此可见，余家菊对乡村教育的建设积极关注，并且考虑全面，细致入微。

四　余家菊乡村教育论的贡献

理论是时代的产物。余家菊乡村教育论与当时的时代有密切关联。面对中华民族的危机，黎民百姓的窘迫，余家菊开展乡村教育运动，发出深深的呐喊。乡村教育是一股强大的潮流，乃至社会力量，余家菊乡村教育论所存在的精神及作用值得我们仔细思考，从中反映出余家菊在乡村教育及乡村建设运动中的独特贡献。

（一）乡村教育理论的首创性

余家菊从小即在乡村生活，对乡村有着深厚的感情，乡民的热情好客，勤劳善良的优点都深深地吸引着他，看到民风淳朴的乡村教育资源如此落后，他深感痛惜。

余家菊1919年发表《乡村教育的危机》一文，首次提出乡村教育，在之后的《乡村生活的彻底观察》《乡村教育的涵义和方向》以及《乡村教育的实际问题》等论文中，又分别从不同层面对乡村教育进行深刻阐述，并且设计了很多实施方案，比如设立乡村教育科、建立乡村实验学校、成立乡村教育团等举措，认为乡村实验学校在于“直接的是做试验学理的场所，间接的就是做乡村教育的模范”。尤其是在轰轰烈烈的五四运动之后，更是感受到了发展乡村教育的重要性。余家菊无疑是提倡乡村教育的第一人。

继余家菊呼声之后，乡村教育得到了更多人的关注，人们开始纷纷研究和反思乡村教育的问题，引发了研究乡村教育的热潮。余家菊对乡村教育研究投入了毕生的心血，经过了历史的沉淀，虽然后来的乡建派教育家从实践方面推动乡村教育的开展，但是余家菊依然是乡村教育的首创者。这是毋庸置疑的。

（二）乡村教育论的科学性

任何理论都要以科学性为前提和出发点。余家菊的乡村教育论是具有科学性的，是建立在事实基础之上的。余家菊亲自到乡村进行实地考察和调研，对乡民的生活习惯、心理状况、品性及信仰等问题做了细致入微的调查。不仅如此，余家菊还从国外乡村教育经验中，汲取适用于中国乡村教育的因素。依托于上述背景，余家菊认为乡村教育是“落后”“不经济”“都市化”的，乡村运动“皆以教育为其主旨”，乡村教育自身又必须有所改革。例如，乡村教育独立的构想，加大对乡村教育的经费投入，建立一个集乡村初等教育、乡村高级教育、乡村师范教育和乡村民众教育于一体的教育体系等都是其中的举措。余家菊力争以科学思想改进乡村教育，以乡村教育挽救社会危机，使教育与社会发展相适应，同时又发挥教育促进学生身心发展的内发力。余家菊乡村教育论构建的科学化努力及成就，对民国时期的乡村教育运动具有积极意义。

（三）乡村教育论的民主性

五四运动之后，新的思想不断出现，中国的平民教育有了一定的发展，但中国的乡村教育依然没有任何的进步，乡村教育没有得到实质性的改善。有感于乡村教育依然止步不前、千疮百孔，余家菊提出了实行民众教育的主张，目的是要使所有的乡民都能够具有接受教育的机会，从而使“整个的一律平等，并无阶级观念”，让教育渗透到所有的贫民之中。在清末新教育运动以来的30余年间，优质教育资源主要集中在城市中，城市的居民比乡村的乡民享有更多的受教育的机会。余家菊要求实现教育的平等，让乡民和市民、市民和民众、乡村和城市教育层次处于一种平等的状态。要实行民众教育就要公平地对待每一个人，抛却阶级和地域的偏见，“认定每一个人皆是一个人，而互以一个人相待。不问其从事何种职业，在政治上或社会上占有何种地位，乃至有无权势金钱，一切先天的，后天的资格，概不过问，只是以一个赤裸裸的人，而得到他人的尊重，是谓人的价值之承认”。“共和国的主权在于全体人民，所以全体人民都当受教育，国势才可蒸蒸日上”[①] “教育成为都市的出卖品，也成为特别阶级的专利物”这样的局面是不平衡的，要打破这种教

---

① 余家菊：《余家菊（景陶）先生教育论文集》（下），慧炬出版社1997年版，第392页。

育的不平衡，就要发展民众教育，实现教育的公平。余家菊这种乡村教育民主性的观点是十分值得重视的。

（四）乡村教育论的民族性

作为国家主义教育学的重要组成部分，“乡村教育就不能置于被遗忘的角落”。余家菊认为，由于长期生活在消息闭塞的乡村里，乡民的生活无外乎家长里短以及邻里关系，民族意识淡薄。在乡民的眼中只关注到了家庭和家族的重要性，对于国家和民族概念的认知是极其微弱的。余家菊希望通过乡村教育来唤醒乡民的民族认同，意识到有国才有家，国家的发展离不开每家每户的安康，每家每户的幸福生活又是由国家来守护的。发展乡村教育，国家负有很大的责任，家庭只负一小部分责任，对于乡民的教育应做到启发其对于国家活动与国民生活的各种文化知识，同时，“培养其对于国家活动与国民活动之理想与标准，且养成其适当的习惯”。余家菊认为乡村教育要发挥“恢复民族地位”的作用，乡村教育影响着国家的存亡和民族的未来，要引导乡民具有国家意识。

余家菊乡村教育论的民族性主张是从爱国精神和民族大义出发的，十分难能可贵。无论在当时还是今天，都是宝贵的教育资源。

国家主义派的另一位思想家左舜生在余家菊1922年《乡村教育的实际问题》“附志”中提到：“中国在未来五年或十年内，将会有一种空前绝大的运动，这便是乡村运动。”他的这一观点在之后迅猛推进的乡村教育运动中得到了印证。中国的乡村教育在之后的很短时间内，就由思想层面转向实践层面，而且乡村教育的方向也发生了重大的转变，改变了20世纪20年代以来平民教育以城市为重点的方向，由城市转向农村，激发了更多的学者、教育家去关注乡村教育的发展。余家菊并不是只有理论而严重缺乏实践的空想家，他提出的许多乡村教育构思及方法都是值得借鉴的。比如，培养乡村教师服务乡村的意识。乡村教育采取系统性的方法，适合乡村社会的发展，并与学生身心特点相结合，乡村教育要追求公民的、经济的和个己的多元化目标，开创乡村初等教育、乡村高级教育、乡村师范教育和乡村民众教育体系化的建设等，都独树一帜，标新立异，且具有积极的影响力。

余家菊的乡村教育论是他潜心多年钻研的结果，具有大量的事实经验基础。其中不仅深刻剖析了中国乡村的教育问题，而且提出了许多真知灼见，对当今社会主义新农村振兴战略背景下农村教育体制改革有一定的现实意义。

诚然，余家菊主要站在研究者的姿态和立场上剖析乡村教育的问题，“坐而论道”式的文字创作多少缺乏务实性。他并没有像乡村教育家陶行知、晏阳初、梁漱溟及卢作孚那样实际领导乡村教育实验活动。这就导致了余家菊乡村教育思想的固化，他认为乡村的一切都是需要改变的，乡村的一切都是落后于城市的，都是需要救助的。由于历史的局限性，余家菊畅想凭借一己之力把教育改良进行到底，他没有意识到乡村问题的本质还是土地问题。余家菊的乡村教育改良论并没有调动广大乡民的积极性，乡村没有兴趣参与其中。

作为典型的“教育救国论”者，余家菊把挽救国家的希望全部寄托在发展教育上，他提出要靠改进乡村教育以救济乡村社会危机，这一想法认识到教育的关键作用，但是没有看到政治的黑暗和社会的阶级矛盾才是导致教育落后的根由。仅仅依靠教育改革，把自己当成改革的主导者，是根本不可能扭转乡村教育衰败的局面的。

余家菊以一种非当事人的心态考评乡村教育，多少带有魏晋南北朝田园诗人陶渊明观光农业、生态园艺的超然观赏情趣。而梁漱溟、晏阳初等乡村教育实验者是以改革者的角色担当并身体力行的。余家菊站在整个国家的角度主张发展乡村教育，在乡村教育中加入了国家主义的影子，蕴含着明显的政治因素。“今后的救国途径，只有借集团的智慧，用倡导的方式，建立各种行为规约，使其成为共同的信念，切实奉行，国家的前途方可稳定，国民的统一方可趋于稳固。”① 但是他却忽略了乡村教育发展的原本特点和微观细节的构思及实践操作的模式提炼，这自然成为余氏乡村教育论的明显局限性之所在。

① 余家菊著，余子侠编校：《教育哲学论稿》，华中师范大学出版社 2008 年版，第 203 页。

参考文献

一　著作类

［德］费希特：《对德意志民族的演讲》，梁志学、沈真、李理译，商务印书馆 2010 年版。

［德］黑格尔：《法哲学原理》，范扬、张企泰译，商务印书馆 1961 年版。

［苏］加里宁：《论共产主义教育和教学》，陈昌浩、沈颖译，人民教育出版社 1957 年版。

（汉）许慎：《说文解字》，清嘉庆九年（1804 年），孙氏五松书屋刻本，平津馆丛书本。

《孙中山选集》（下卷），人民出版社 1956 年版。

《陶行知全集》（第 1 卷），四川教育出版社 2005 年版。

陈光春：《生成与失范 民国时期中学教师管理制度研究：1912—1949》，华中科技大学出版社 2016 年版。

陈启天：《寄园回忆录》，台湾商务印书馆 1965 年版。

陈学恂：《中国近代教育大事记》，上海教育出版社 1980 年版。

郭人全：《乡村民众教育》，黎明书局 1934 年版。

贺麟：《德国三大哲人歌德、黑格尔、费希特的爱国主义》，商务印书馆 1989 年版。

华中师范大学教科所：《陶行知全集》（第 2 卷），湖南教育出版社 1985 年版。

梁启超：《梁启超全集》（1—10），北京出版社 1999 年版。

梁启超：《乙丑重编饮冰室文集》第 29 册，上海中华书局 1926 年版。

梁启超：《饮冰室文集全编》（第1册卷1），广益书局1948年版。
马秋帆：《梁漱溟教育论著选》，人民教育出版社1994年版。
南京师范大学教育系：《教育学》，人民教育出版社2005年版。
曲铁华：《中国教育发展史纲》，东北师范大学出版社2006年版。
任钟印主编：《世界教育名著通览》，湖北教育出版社1994年版。
上海经世文社：《民国经世文编》，台湾文海出版社1966年版。
舒新城：《近代中国教育史料》（第3册），上海中华书局1928年版。
舒新城：《收回教育权运动》，中华书局1927年版。
舒新城：《中国近代教育史资料》（下），人民教育出版社1961年版。
孙培青、李国钧：《中国教育思想史》（第3卷），华东师范大学出版社1995年版。
孙培青：《中国教育史》，华东师范大学出版社2009年版。
陶孟和：《社会与教育》，商务印书馆1934年版。
王光祈先生纪念委员会编：《王光祈先生纪念册》（图书二期），王光祈先生纪念委员会，1936年。
姚淦铭、王燕编：《王国维文集》，中国文史出版社1997年版。
余家菊：《道德学》（上、下），上海中华书局1935年版。
余家菊：《国家主义概论》，新国家杂志社1927年版。
余家菊：《国家主义教育学》，上海中华书局1925年版。
余家菊：《教育原理》，上海中华书局1929年版。
余家菊：《教育原论》，大陆书局1933年版。
余家菊、李璜：《国家主义的教育》，上海中华书局1923年版。
余家菊：《孟子教育学说》，上海中华书局1935年版。
余家菊：《民族主义的教育》，上海中华书局1923年版。
余家菊：《师范教育》，上海中华书局1926年版。
余家菊：《乡村教育通论》，上海中华书局1934年版。
余家菊：《荀子教育学说》，上海中华书局1935年版。
余家菊：《训育论》，上海中华书局1931年印行。
余家菊：《余家菊（景陶）先生论著》（第5辑），慧炬出版社2000年版。

余家菊：《余家菊（景陶）先生论著》第6辑（二）《中华文化要义》，慧炬出版社2001年版。

余家菊著，余子侠编校：《教育哲学论稿》，华中师范大学出版社2008年版。

余子侠、郑刚：《中国近代思想家文库：余家菊卷》，中国人民大学出版社2013年版。

张斌贤、褚洪启：《西方教育思想史》，四川教育出版社1994年版。

张觉撰：《荀子译注》，上海古籍出版社2012年版。

章太炎：《章太炎全集》（第4卷），上海人民出版社1985年版。

周太玄：《王光祈先生与少年中国学会》，载《王光祈先生纪念册》，文海出版社1968年版。

朱有瓛：《中国近代学制史料》（第2辑上册），华东师范大学出版社1987年版。

二　学位论文、期刊、报纸类

[日]八木光贯：《国家主义教育》，“光益”译，《新民丛报》1906年第4卷第22期。

《欧美人在中国之教育的设施》，陈俶达译，《教育公报》1921年第8卷第2期。

部令：《教育部布告第一六号（十一月十六日）：布告外人捐资设立学校请求认可办法》，《江苏教育公报》1925年第8卷第11期。

陈启天：《国家主义与教育》，《新教育》1924年第8卷第1期。

陈启天：《新国家主义与国民教育的改造》，《中华教育界》1924年第14卷第3期。

陈启天：《新国家主义与中国前途》，《少年中国》1924年第4卷第9期。

广州“圣三一”学校全体学生：《广州“圣三一”学生宣言》，《民国日报》1924年4月22日第7版。

李国昊、范明：《高等教育发展对区域影响的研究》，《未来与发展》2001年第3期。

刘以钟：《论民国教育宜采相对的国家主义》（续），《时报》1912年7

月 27 日第 2 版。
陆费逵：《民国教育方针当采实利主义》，《教育杂志》1912 年第 3 卷第 11 期。
马松玲：《论农村与都市》，《新农村》1934 年第 10 期。
社说：《论平民主义与国家主义之废兴》，《东方杂志》1907 年第 4 卷第 8 期。
宋彩萍：《关于民族性教育的现实思考》，《教育理论与实践》2003 年第 12 期。
王光祈：《本会发起之旨趣及其经过情形》，《少年中国学会会务报告》1919 年第 3 期。
徐则陵、张绳祖、诸葛龙：《教育上之国家主义》，《教育汇刊（南京 1921）》1921 年第 1 期"讲坛"。
杨思信：《对 20 世纪 20 年代国家主义教育学派的历史考察》，《学术研究》2008 年第 7 期。
余家菊：《国家教育协会第一年进行计划大纲》，《醒狮》1925 年 12 月 12 日第 7 版。
余家菊：《国家主义概论》（续），《新国家》1927 年第 8 期。
余家菊：《教会教育问题》，《少年中国学会月刊》1923 年第 7 期。
余家菊：《中国教育界之当前问题》，《晨报副刊》1925 年 3 月 11 日。
曾慕韩、黄根源、陆洸：《国家主义者之四大论据》，《弘毅月刊》1925 年第 2 期。
张淑芬：《余家菊师范教育思想研究》，硕士学位论文，华中师范大学，2014 年。

三　论文集、讲演集、回忆录

茅仲英、唐孝纯编：《俞庆棠教育论著选》，人民教育出版社 1992 年版。
少年中国学会编：《国家主义论文集》（第 2 集），上海中华书局 1926 年版。
少年中国学会编：《国家主义论文集》，上海中华书局 1925 年版。
醒狮周报社编：《国家主义讲演集》（第 1 集），醒狮社 1926 年版。

余传韬:《余家菊（景陶）先生教育论文集》（上、下），慧炬出版社 1997 年版。
余家菊:《余家菊（景陶）先生回忆录》，慧炬出版社 1994 年版。

后　　记

20 世纪上半叶的中国，是具极不平凡意义的。在半个世纪的岁月中，经历的重大历史事变是如此的密集和具有里程碑意义，乃至于发生翻天覆地的巨大变革。清末新政、立宪运动、辛亥革命、五四新文化运动、北伐战争、中国共产党独立武装和根据地的建立、抗日战争以及国民党政府败亡台湾和中国共产党领导的中华人民共和国建立，如此等等，都可以说是社会波澜壮阔的震荡或革命，用惊涛骇浪、席卷一切、波涛汹涌、浪花飞溅、风云际会、上下求索等词汇加以描述都不为过。在社会激荡的场域下革命暴力与改良转型以及两者的折中妥协，各种争论和主张是尖锐而复杂的。其中的矛盾抗争和道路探寻，体现了不同阶级和政治势力对中国前途和命运的思考与追求。与此相应，教育变革和思潮激荡以及流派纷争也从未停止过，反映了社会矛盾与抗争的一个方面。教育救国、实业救国、工业救国、科学救国及农业救国等不同主张，曾经与革命救国并行存在，发生过争鸣和讨论，最终以革命救国赢得了中国新民主主义革命的胜利和社会主义新中国的诞生。但我们不能简单地认为近现代中国其他救国方案的设计和道路寻觅都是毫无价值的，甚至是逆潮流而动的，属于反动阵营。历史证明，各种学派对中国道路的差异性思考，所付出的艰辛努力和不懈探求都有一定的意义和作用，尤其是教育救国论，更是其中的代表者。本书所探讨的主人公余家菊的思想和业绩便属于这一范畴。

本书作为河北省 2017 年度社会科学基金项目（HB17JY018）“余家菊国家主义教育学研究”的最终成果，在经历近四年的断断续续探讨历程后，终于得以脱稿，初步完成项目工作。此时的我百感交集、五味杂陈，以致内心不知该用什么语言来表述，在感悟和体验中交织着复杂的情绪，不仅有怅然、迷惑，而且有难以排遣的思绪烦乱的迷离和困顿，因而绝对谈不上轻松、释然和宽慰，更没有喜悦和兴高采烈之性情。何以会如此呢？其一是由于自身的教学、研究生培养和其他科研任务繁重，以及岁月沧桑的老气横秋所带来的聚焦研究的力量不足，致使项目工作进展缓慢，也未能达到预设的目标和水准；其二是余家菊作为现代思想家和教育家，人物活动和著作内容复杂、多元，以及国家主义教育流派和其他教育流派之间的纠缠和纷争，颇有剪不断、理还乱的纷扰，常常使人陷入迷乱和彷徨中；其三是目前学界对余家菊的研究偏重于社会政治思想和社会活动内容，而且评价和分析都带有社会批判性色彩，教育学视角的分析和论证颇为缺乏。作者所进行的系统探讨和评述是一项填补空白性的学术工程，但在学术创新的同时，就面临着挑战和风险。这真成为一把双刃剑，常常使我有诚惶诚恐，甚至如履薄冰、如临深渊之感。由于这些缘由，摆在面前的这部教育学史专业性理论作品并未完成答卷，还有许多未竟之事需要探求。但是时间已经不允许我拖延了，无论是社科管理部门，还是出版社都需要我交差了。因此，这部带有不成熟性的书稿的面世，只是该研究领域工作的阶段性成果，期待学界同仁的批评指正，我将虚心接受，并在提高认识的基础上，能有机会和时间进一步完善研究。

本书是由河北大学教育学院教授吴洪成组织研究生协作攻关所取得的成果。具体职责分工如下：第一章撰稿人是吴洪成、闫倩（河北大学教育学院教育史专业硕士研究生）；第二、三章撰稿人是吴洪成、姜梦楠（河北大学教育学院教育史专业硕士研究生）；第四章撰稿人是吴洪成、张媛媛（原河北大学教育学院教育史专业博士研究生，现任河北民族师范学院教师培训中心副教授）；第五章第一、二节撰稿人是吴洪成、谢济聪（河北大学教育学院教育学原理专业硕士研究生），第三节撰稿人是吴洪成、冯钰蓉（河北大学教育学院教育学原理专业硕士研究生）；第六章第一节撰稿人是吴洪成、郭曦垚（原河北大学教育学院教育学原理专业硕士研究生，现首都师范大学附属中学教师）；第六章第二节撰稿人是张美玲（原河北大学教育学院教育学原理专业硕士研究生，现保定市徐水区巩固庄中学教师）、吴洪成。闫倩配合课题主持人吴洪成完成书稿的统稿、修订以及格式排版等系列工作，她为此付出了许多的时间和心血。由上可见，该著作是师生合作探索的成果。这应该是符合当前教育学所提倡的探究性教学思想方法的，也是研究性学习在研究生培养中的集中表现。这是对中国古代书院教学优良传统的当代弘扬，也是对西方德国习明纳教学模式和英国导生制师生合作思想的吸收与应用。

最后，还要感谢河北大学教育学院胡保利院长将该书列入教育学一级学科博士点建设项目给予经费支持。所有这些都将成为我们以后工作和学习的一种宝贵资源以及不竭的精神力量。

吴洪成

于京南门户保定河北大学教学主楼教育科学研究所办公室

2021 年 7 月 10 日